12000 Jahre Weihnachten

Gerald Huber

12000 Jahre Weihnachten

Ursprünge eines Fests

Volk Verlag München

Die Deutsche Bibliothek verzeichnet diese Publikation in der Deutschen Nationalbibliografie; detaillierte bibliografische Daten sind im Internet über http://dnb.ddb.de abrufbar.

2. Auflage, 2019

Neumarkter Straße 23, 81673 München
Tel. 089 / 42 07 96 98 - 0, Fax 089 / 42 07 96 98 - 6
www.volkverlag.de

Druck: DZS Grafik d.o.o., Ljubljana

ISBN 978-3-86222-293-3

Inhalt

Weihnacht 151

Finsternis

Nacht

Spiel

Mette

Die Wirklichkeit selbst nämlich,
die man heute als christliche Religion bezeichnet,
bestand auch schon bei den Alten,
ja, sie fehlte niemals seit Beginn der Menschheit,
bis dass Christus im Fleische kam;
seither begann man lediglich die wahre Religion,
die schon immer bestand,
die christliche zu nennen.

Augustinus von Hippo (354 – 430), Philosoph und Kirchenlehrer

Vorwort

Dieses Weihnachtsbuch will Sie vom Glauben abbringen. Oder von dem, was man so landläufig unter *Glauben* versteht. In unserem deutschen Wort *glauben* steckt das *Laub*. Mit Laubbüscheln lockt man Vieh an, macht es folgsam, handzahm – *geloubig* wie es althochdeutsch heißt. Warum vertrauen die Tiere dem lockenden Laub mehr oder weniger blind? Ganz einfach, sie sind so gemacht – gefräßig eben. Man könnte auch sagen: Tiere sind von Natur aus gläubig, hinterfragen nichts. Aber stimmt das wirklich? Wer schon einmal probiert hat, Schafe anzulocken, der weiß, wie schwierig das ist. Wie zögerlich sie vorgehen, wie sie prüfen und schnuppern und schnauben, bevor sie vorsichtig die Lippen spitzen und durchaus mit Genuss zu kauen beginnen.

Zu Zeiten des Kirchenlehrers Augustinus im 4. Jahrhundert nach Christus war die Welt voll von ungläubigen Schafen: Die belesenen und im Disput geübten sogenannten *Heiden* verloren damals zwar gerade ihren langen Kampf gegen das Christentum, aber sie lächelten noch oft genug über die christlichen Theologen, die bierernst und unkritisch über ihren heiligen Schriften grübelten. Viele Christen nahmen für bare Münze, was geschrieben stand, und stritten leider oft blutig über Auslegungsfragen. Die Heiden dagegen pflegten vor dem Hintergrund einer jahrhundertelangen kulturellen Tradition ein verfeinertes Denken. Sie wussten, dass es keine Geschichte ohne Geschichten gibt. Und dass keine Geschichte, kein Satz, kein Wort, kein Buchstabe nur eine Bedeutung hat. Sie wollten gewissermaßen die Kirche im Dorf lassen.

Leute wie der Rhetoriklehrer und Philosoph Augustinus und vor ihm schon viele andere christliche Denker sind angetreten, die Intellektuellen mit der neuen und so überaus erfolgreichen Religion um das Wort, das Fleisch geworden ist, um den Sohn Gottes, der sich ganz dem Menschsein hingibt, zu versöhnen. Deswegen versuchten sie, das neue, revolutionäre religiöse Bekenntnis mit den althergebrachten Glaubensvorstellungen zu verbinden – mit Erfolg. Denn – das wussten die christlichen Philosophen und ihre sogenannten heidnischen Vorbilder – Mythen und der Glaube daran sind vernünftig, gerade aus philosophischer Sicht. Weil Mythen manchmal wahrer sind als das, was sich für Wirklichkeit ausgibt. Um im Bild zu bleiben: Die ungläubigen Schafe begannen zu fressen, weil sie gute Hirten hatten.

Glauben heißt nichts wissen, sagt das Sprichwort – und hat natürlich nicht recht. Tiere wüssten zwar von Natur aus, was ihnen guttut, manchen aber hat die *Gewöhnung* die Natürlichkeit *abgewöhnt*. Wenn Futter immer verfügbar ist, verliert sich eben jede Achtung im Umgang damit. Entweder die Schafe fressen gar nichts, weil sie satt sind, oder sie fressen alles. Werden fett und merken gar nicht, dass sie in den Schlachthof gelockt werden.

Was gibt es Gewohnteres, Gewöhnlicheres als unser *Alle-Jahre-Wieder-Weihnachten*? Und was gibt es gleichzeitig Unnatürlicheres? Wenn jedes Jahr im Herbst auf den Titeln der Illustrierten die kalten, grellen Modefarben zugunsten von Rot und Gold und Tannengrün weichen und mager möblierte Betonvillen gegenüber üppig ausgestatteten Landhausensembles den Kürzeren ziehen? Wenn es *Christmas – it's a decoration!* schallt und allüberall in den Fußgängerzonen und auf den Tannenspitzen kalte LED-Lichter blitzen? Wenn sich die Leute Geborgensein, Nähe, Heimat versprechen und diese Versprechen im Fernsehen und in den Kinos mit bunten Weihnachtsmann-Märchenfilmen eingelöst werden?

Zu anderen Zeiten, an anderen Orten hatten und haben die Menschen andere Probleme, existenziellere. Viel schneller drängen sich da sogenannte große Fragen auf. In der kleinen westlichen Provinz, wo man gewöhnt ist, überall, schnell und umfassend elektronische Antworten verfügbar zu haben, hat man es sich abgewöhnt, solche Fragen überhaupt zu stellen. Einfach deswegen, weil es auf letzte Fragen keine letztgültigen Antworten gibt. Trotzdem sind die Fragen natürlich da. Und natürlich gibt es darauf auch Antworten. Sie waren zwar zu keiner Zeit schnell zu haben, auch nicht allumfassend und endgültig. Doch sie können durchaus befriedigen.

Mögliche Antworten, das wussten die Menschen immer, sind Annäherungen, Vergleiche, Metaphern, Symbole, Bilder und vor allem Geschichten. Mythen eben. Denn Mythen berichten nicht einfach Fakten, sondern erklären sie. Mythen erzählen davon, was wirklich und wahr ist – in einem höheren Sinn. Mythen machen alles begreiflich und sparen nichts aus, auch keine Klischees. Aber sie sind viel mehr als eine Sammlung von Abziehbildern. Nie eindeutig, immer *mehrdeutig* und deswegen erst *bedeutend*.

Ungebrochene Tradition seit der Antike: Die deutsche Wendung *Es fällt mir ein* ist eine Lehnübersetzung aus dem lateinischen *id mihi incidit* (= wörtlich: *Es fällt mir (in den Kopf) hinein*). Die Antike verstand Ideen als Eingebungen von außen. Ähnlich wird hier der Kirchenlehrer Augustinus von Christus gesegnet.

Man muss nicht alles glauben, was heute so erzählt wird: Entgegen landläufiger Meinung gehört das Christentum nicht zu den Buchreligionen. Denn weit vor die ersten schriftlichen Zeugnisse der Apostel oder der Evangelien reicht die Überlieferung der Kirche zurück – Erinnerungen und Erfahrungen einer vom Pfingstereignis im wahren Wortsinn begeisterten Gemeinschaft, die sich angeschickt hat, in den kommenden Jahrzehnten zu erzählen, was los war. Diese mündlichen Berichte waren es, die die sogenannten Evangelisten später verschriftlicht haben.

Sich allein auf das zu berufen, was geschrieben steht, bedeutet eine schwerwiegende Einschränkung. Man kann nur auf das schriftliche Zeugnis einiger weniger Autoren zurückgreifen und muss zugleich alles ausblenden, was jeder einzelne, die frühe Kirche insgesamt, an Reichtum mitgebracht, weiter gesammelt und mündlich überliefert hat. Die Schrift ist ohne Zweifel wichtig. Die Tradition (lateinisch: *traditio = Überlieferung*, wörtlich: *Weitergabe*) hat aber mindestens einen ebenso hohen Stellenwert. In ihr sammelt sich all das, was längst in Worte gekleidet ist und was man übernimmt, weil es sich nicht besser sagen lässt. Dazu aber kommt auch vieles, was sich nicht so einfach fassen lässt: Gefühle, Bräuche, Rituale und vor allem Bilder und Geschichten!

Wer nur glaubt, was papieren geschrieben steht, ist arm dran. Er darf einerseits *nur* und muss andererseits *alles* glauben, was Einzelnen eingefallen ist: Wort für Wort, Zeile für Zeile, Buchstabe für Buchstabe. Und was Brief für Brief und Buch für Buch mehr oder weniger inspirierte Redakteure danach zusammengefasst haben. Wie würde unsere heutige Welt aussehen ohne all die Ideen und Vorstellungen, die die strengen Auswahlkriterien in den Kreis des Neuen Testaments nicht bestanden haben? Was wäre die Kultur des Abendlands ohne etwa die apokryphen Evangelien oder die literarischen Kostbarkeiten der „Legenda Aurea", in der erbauliche, erleuchtende und wundersame Geschichten verzeichnet sind, deren Motive, ähnlich wie die Märchen, weit zurückreichen in das kollektive Gedächtnis der Menschheit?

Mythen, Märchen, Legenden enthalten häufig allgemeingültigere Wahrheiten als die sogenannte Realität, von der wir nur wissen, dass jeder sie anders erlebt. Aus irgendeinem Grund aber hat sich unsere Zeit angewöhnt, alles gering zu achten, was als bloß *erfunden* gilt. Wenn aber auf einmal aus der *Jungfrau*, die gebären soll, eine *junge*

Frau wird, dann ist es aus mit den Wundern und dem Wundern und auch mit dem Staunen. Wenn alles ganz normal ist, dann ist auch alles ganz schön langweilig – und nervtötend spießig!

Wie befreiend ist es da, zu staunen über die Wunder der Welt und des Lebens! Sich die Freiheit zu nehmen, all das nicht glauben zu müssen, was die meisten meinen, und stattdessen all das glauben zu wollen, zu können, zu dürfen, was die Mehrheit nicht glauben will!

Die Advents- und Weihnachtszeit ist mittlerweile fast die einzige Zeit im Jahr, in der noch Reste der großen Mythenkultur Europas lebendig werden, die ein Band knüpft zwischen uns und den vielen Generationen unserer Vorfahren seit es Menschen gibt. Sie ist aber auch eine Zeit, in der noch erlebbar ist, worin die ungeheure Leistung des Christentums bestand: die Wahrheit des alten Mythenglaubens, die Realität mystischer Präsenz zu verbinden mit der revolutionären Rationalität der Tatsache, dass Gott Mensch geworden ist, unser Nachbar.

Womit wir wieder beim Glauben wären. Denn mit dem *Laub*, das im *Glauben* steckt, hängen auch die Wörter *Lob* und *Liebe* zusammen. Schafe lassen sich gern anlocken, weil sie das Laub lieben. Uns lockt die Liebe zum gemeinschaftlichen Erlebnis, das viele erhoffen, aber kaum mehr erwarten, weil es uns viel zu oft enttäuscht. Wenn es dann aber, gänzlich unerwartet, auf einmal doch eintritt, dann ist das wundervoll. Dieses Weihnachtsbuch möchte Sie dazu einladen, dem Unnormalen, dem Unerwarteten, dem Wunder wieder einen Platz im Leben zu geben, so wie es die vielen Generationen vor uns getan haben.

Weihnachten ist wirklich ein alter Hut, sehr alt, uralt sogar: Unmodern scheint er zu sein, mitgenommen, abgetragen, mit Sicherheit viel zu oft bis zur kitschigen Unkenntlichkeit aufgebrezelt. Aber man kann aus diesem alten Hut trotz allem und immer noch Überraschungen hervorzaubern. Vorausgesetzt, man will sich verzaubern lassen von der Größe der alten Fragen und der Schönheit der alten und doch gleichbleibend aktuellen Antworten darauf.

Advent

✳

hoffen
warten
Abend
gestern
Vergangenheit
alt
schlafen
Müdigkeit

✵

Winter kommt über die Welt: Die Nacht hat ihre Grenzen weit in den Tag geschoben. Glasig steigt der Morgen herauf. Aus den Kaminen ringelt sich spärlicher Rauch. Kalt und blass und beinhart erstreckt sich das Land. Die Luft und ihre Klänge sind gefroren. Über bleiträgen Flüssen und Seen dunstet der Nebel. Zweige erstarren im Raureif. Die Farben sind in der Winternacht erstorben, der schwache Tag schafft es kaum, sie zum Leben zu erwecken. Knapp über dem Horizont huscht die Sonne dahin, nur um früh wieder hinter dunkelnden Hügeln und Bergen zu verschwinden. Lang wird sie brauchen, um aus dumpfen Tälern wieder aufzusteigen.

Im Prinzip ist es unerheblich, welcher Zeit und welcher Kultur die Menschen angehören – die Natur wirkt auf sie in immer der gleichen Weise. Egal, ob im konkreten oder im übertragenen Sinn: Nie ist die Sehnsucht nach Wärme, nach Nähe größer. Und durch alle Zeiten hat der Mensch mit ähnlichen Gefühlen und Ideen auf diese ähnlichen Herausforderungen reagiert: in Bräuchen, Ritualen und Liturgien. Die treten im Winter wie kaum sonst im Jahr an die Oberfläche und werden wirksam mit einer Macht, der kaum jemand widerstehen kann.

In der Jungsteinzeit entdeckten die Menschen die Götter, die auf hohen Bergen im Himmel wohnten. Solche Erhebungen waren Landmarken, weithin sichtbar, mit einem guten Blick hinauf in den Nachthimmel und einer weiten Rundschau ins Tal. Auf diesen Bergen verabredeten sich die noch verstreut lebenden Menschen, um die Götter zu feiern, das Gefühl, ihnen nahe zu sein, zu zelebrieren. Und dieses Gefühl stellte sich am besten in der Gemeinschaft ein, wenn man gemeinschaftlich aß und trank und redete.

Die Menschen bezeichneten diesen Vorgang als *mun* – ein Urwort der indoeuropäischen Sprache der ersten Bauern, das in vielen Sprachen vorkommt. *Mun* steckt drin in den deutschen Wörtern *gemein(sam)*, *Gemeinde* oder *Meinung* oder im lateinischen *communis* (= *gemeinsam*), in der *communio* (= *Gemeinschaft*) oder der *communicatio* (= *gemeinschaftliches Handeln, Reden*).

Die Götter zu spüren in der Gemeinschaft, das liebten die Menschen. Und weil die Götter, die sie liebten, sich so selten sehen ließen, schenkten sie an ihrer statt ihre Zuneigung den Nachbarn am

Tisch, mit denen sich so trefflich essen, trinken, reden, eben *kommunizieren* ließ.

Deswegen gaben sie ihr naturverbundenes Jäger- und Sammlerdasein auf. Sie wurden sesshaft, kümmerten sich um Gärten und Felder, auf denen sie Wein anbauten und Gerste und diese zu Rauschgetränken vergoren, die sie noch näher zu den Göttern brachten. All das ging besonders gut gemeinschaftlich. Und am besten genoss man die Früchte der Arbeit, wenn die Ernte eingebracht war, wenn die Sonne nachließ, wenn die Welt kalt wurde und die Bauernarbeit ruhte. Die Feier- und Festzeit im Winter war das eigentliche Ziel des Jahres, das jeder ersehnte und auf dessen Ankunft jeder hoffte. Daran hat sich letztlich bis heute nichts geändert.

Obwohl es heute Ersatz gibt für Gemeinschaften, obwohl man dem Winter auskommen kann, obwohl Ablenkung überall winkt: Irgendwann ist der Fernseher aus, irgendwann kommt immer der Rückflug, irgendwann wird alles fad. Irgendwann stellen sich die Fragen, die sich schon jedem gestellt haben. Sie drängen heran, sie steigen herauf, sie kommen an: Advent.

Der ganze, einfache und sichere Kreislauf,
der dem Menschen so viel und so schwer zu denken gibt
und an dem alle Religionen ahnungsvoll verehrend deuten,
geht in jedem kleinen Gärtchen so still und rasch und deutlich vor sich.
Kein Sommer, der nicht vom Tode des vorigen sich nährt.
Und kein Gewächs, das nicht ebenso still und sicher zu Erde wird,
wie es aus Erde zur Pflanze ward.

Hermann Hesse (1877 – 1962), aus: „Im Garten“

Dreiviertel unseres Lebens liegt irgendwo im Leben der anderen. Können wir das nicht mitmachen, so bleibt uns nur ein Viertel.

Eduard Graf von Keyserling (1855 – 1918), Schriftsteller

Feuer

Kultur

Tiere fragen nicht warum. Menschen dagegen tun es. *Warum* ist die Frage nach dem *Grund*. Der Mensch will *ergründen*. Doch jede seiner Fragen ergibt noch eine und wieder eine, bis irgendwann und unweigerlich die Frage aller Fragen auftaucht – die nach dem letzten Grund: Was war am Anfang? Die möglichen Antworten darauf waren schon bei den allerersten Menschen vielfältig: Am Anfang war – nichts. Oder alles. Oder ganz was anderes. Ein *Kreis* hat keinen Anfang. Weder der Kreis, den die Erde um die Sonne zieht, noch das Jahr oder die kugelige Welt selbst, der *Erdkreis* der Antike, die Unendlichkeit des Universums können auf einen klar definierten Beginn, einen Nullpunkt zurückgeführt werden.

Aion: Sonnengott, Herr der kosmischen Ordnung und der Zeit, auf einem römischen Mosaik, das in der Münchner Glyptothek verwahrt wird. Unter Aion liegt die Personifikation der Erde mit ihren vier Kindern, die die vier Jahreszeiten symbolisieren. Im Mittelalter wurde Christus ebenfalls häufig als junger Mann im Kreis des Lebens und der Welt dargestellt.

Nicht nur ikonografisch eine Weiterentwicklung des Aion, sondern auch in seiner Funktion als Herr des Kosmos: Christus als *Pantokrator (= Herrscher des Alls).* Zu seinen Füßen die vier Evangelistensymbole, dazu die Kirchenpatrone Petrus und Paulus; Fresko aus der romanischen Basilika auf dem Petersberg bei Dachau.

Tiere nehmen den Jahreslauf, den Wechsel der Jahreszeiten vermutlich einfach hin. Die Menschen aber fragen, warum sie frieren müssen, wenn die Sonne im Winter ihre Kraft verliert; und die Findigen unter ihnen erkennen den Tag, an dem das *Sterben* der Sonne ein Ende hat, wenn das Licht *neu geboren* wird. Sie können jetzt *Antworten* geben über Vergehen und Werden und werden künftig *Verantwortung* tragen. Um ihre Erkenntnisse zu beschreiben, brauchen sie Bilder, Vergleiche, kurz: Symbole (griechisch: *symballein = nebeneinanderstellen, vergleichen*).

Auch Wörter sind solche Bilder, entstanden aus sogenannten Lautgesten und Lautmalerei, ganz ähnlich wie später die Schrift aus Bildzeichen entstanden ist. Die uralte Wortwurzel *str-* ist so eine Lautgeste. *Str-* bezeichnet alles, was *fest, unbeweglich* ist, sich *nicht (mehr) bewegen* kann. Altgriechisch *stereos* heißt *fest, unbeweglich, verankert* – unser Wort *Stereo*, bei dem der Klang im Raum verankert wird, kommt davon. Auch die deutschen Wörter *starr, stur* oder *sterben* gehören dazu. Wer stirbt, ist bewegungslos geworden und starr. Er wird ein *Stern*, wie die seit jeher ewigen Götter.

Wir haben uns heute angewöhnt, die Welt auf vielfältige Weise, unter anderem mithilfe von mathematischen oder physikalischen Symbolen zu beschreiben. Diese Mittel standen den ersten Menschen noch nicht zur Verfügung. Dafür malten sie das Ungreifbare, das Unbegreifliche an Höhlenwände, spielten es beim Tanz ums Feuer nach, schlugen Bildwerke aus dem Felsen oder erzählten das Wunder mit Lauten und Worten.

Am Ende der letzten Eiszeit, vor rund 12.500 Jahren, änderte sich alles. Die Menschen, die zuvor für Jahrmillionen Jäger und Sammler gewesen waren, also im Einklang mit der Schöpfung von dem gelebt hatten, was ihnen die Natur anbot, fingen plötzlich an, größere Gemeinschaften zu bilden und ihre Umgebung zu gestalten. Im Land des sogenannten Fruchtbaren Halbmonds, in Ostanatolien, Palästina, Mesopotamien, das nicht umsonst als das Land des biblischen Paradieses gilt, entwickelten sie die Landwirtschaft. Was sie bisher von der Natur geschenkt erhalten hatten, begannen sie nun, im Schweiße ihres Angesichts selbst zu erzeugen. Sie machten sich unabhängig von der Natur, stellten sich gewissermaßen *auf eigene Beine*, wurden *selbständig*. Gleichzeitig taten sie den bedeutendsten Schritt ihrer Geschichte, einen Schritt, der ein Sprung war: von der Natur zur Kultur.

Der wichtigste Grund für den Menschen, sesshaft zu werden, war vermutlich der Wunsch nach gemeinschaftlichem Rausch. Die Wirkung des Alkohols war den Menschen längst bekannt. Und nicht nur den Menschen. Auch viele Tiere schätzen den Rausch, in den sie geraten, wenn sie zuckersüße, überreife Früchte fressen, die in ihren Eingeweiden zu gären beginnen. Die Menschen, die darüber nachdachten, was da mit ihnen passierte, haben den Rausch, dieses wunderbare Mittel, vollkommen außer sich zu geraten – gemeinschaftlich *aus dem Häusl* zu geraten – wahrscheinlich schon früh eingesetzt, um Kontakt zu ihren Göttern aufzunehmen. Die Sache hatte allerdings einen Haken: Früchte werden nur einmal im Jahr reif. Doch der Mensch experimentierte mit den Samen von wilden Gräsern. Die kann man nämlich auch vergären.

Das Biergetreide Gerste ist das erste kultivierte Getreide der Menschheit. Aber nicht nur im Fruchtbaren Halbmond – auch in Mitteleuropa scheinen die Leute auf die gleiche Idee gekommen zu sein. Erst vor wenigen Jahren haben Archäologen im Haspelmoor zwischen München und Augsburg den Nachweis gefunden, dass man dort schon vor etwa 9.000 Jahren, nur wenige Jahrhunderte nach der Entdeckung im Nahen Osten, angefangen hat, Gerste anzubauen. Aus einer mesopotamischen Inschrift wissen wir, wie wichtig die Gerste schon am Anfang der Menschheitsgeschichte war:

Der Reiche, der Gold besitzt, der Mann, dem Lapislazuli gehört, er, der Ochsen sein Eigen nennt und jener, der Schafe besitzt – sie alle warten am Tor auf den, der Gerste hat.

Es ist also bestimmt kein Zufall, dass es heute noch in Bayern von einem reichen Mann heißt, dass er ein *Gerstl* hat!

Für ihre Gelage haben die frühen Bauern zumindest teilweise ihr schweifendes Jäger- und Sammlerdasein aufgegeben, um an bestimmten Orten zusammenzukommen. Es waren heilige Orte, wo die noch dünn gesäte, verstreut lebende Menschheit das gefeiert hat, was ihr als das Allerheiligste erschien: die Gemeinschaft. An diesen zentralen Stätten hat man Gebäude errichtet, die alles zugleich waren: wichtige Landmarken, Versammlungsstätten, Tempel und eben, wenn man so will, Wirtshäuser. Kurz gesagt: Das Paradies war nichts anderes als ein Biergarten!

Die sogenannte *neolithische (= jungsteinzeitliche) Revolution*, die Einführung der Landwirtschaft, war tatsächlich die bedeutendste Entwicklung in der Geschichte der Menschheit. Die Leute ließen sich dauerhaft an einem Ort nieder und bildeten weit über die bisherigen Sippenverbände hinausreichende Dorf- und Stadtgemeinschaften. An deren Spitze standen nun weise – verantwortungsvolle – Männer, Priester und Könige in einem, die die Geschicke der Gemeinschaft lenkten. Denn in Zukunft brauchte es mehr als Geschick und Kraft. In Zukunft war Wissen Macht: Wer überlegte, war überlegen.

Die Menschen begannen zu unterscheiden: gut oder böse, richtig oder falsch. Sie wurden *kritisch* (griechisch: *kritein = unterscheiden*), lernten die natürlichen Bedingungen und Folgen von Hitze und Kälte oder Wachsen und Vergehen kennen, zu erkennen und zu verstehen. Sie entdeckten die astronomischen Bedingungen von Tag und Nacht, Sommer und Winter und machten sich auf vielen Gebieten daran, die Natur zu erforschen, aus der sie gekommen waren und die noch immer ihr Leben bestimmte. Sie hatten gewissermaßen vom Baum der Erkenntnis gegessen und machten sich auf den Weg heraus aus der paradiesischen Unschuld und Unwissenheit hin zu (Selbst-)Bewusstsein und (Er-)Kenntnissen: Euphrat und Tigris, die Flüsse Mesopotamiens, begrenzen nicht umsonst das biblische Paradies. Der Mensch hat es aus eigenem Antrieb verlassen.

Lateinisch *natura* (= *das Geborene, Erzeugte, die Schöpfung*) gilt als einer der wichtigsten philosophischen Begriffe der Antike. Im Altgriechischen entsprechen ihm *physis* (= *das Gewachsene, die Schöpfung*) und *kosmos* (= *göttliche Ordnung, Schönheit, Weltall*). Im Mittelalter wurde *natura* personifiziert, zusammen mit der Glücksgöttin *Fortuna* als Dienerin Gottes gesehen und entsprechend populär. Beim Händlervolk der Griechen standen der willkürlichen *physis*, auf die man keinen Einfluss hat, selbstausgetüftelte Spielregeln gegenüber: *nomos* (= *das vom Menschen Gemachte, Gesetzte, die Satzung, das Gesetz*). Bei den landwirtschaftlich geprägten Römern war die Gegenspielerin der *natura* die *cultura*. *Cultum* stand ursprünglich für den (landwirtschaftlich) bebauten Acker, später auch für die religiöse Verehrung, den *Kult*. Natur und Kultur bezeichnen also den in der Jungsteinzeit entstandenen Gegensatz zwischen Schöpfung, göttlicher Ordnung einerseits, Gesetz und Kult beziehungsweise menschlicher Gemeinschaft (Staat) und Religion andererseits.

Das neu entdeckte landwirtschaftliche System war den alten Jäger- und Sammler-Kulturen so überlegen, dass es sich in relativ kurzer Zeit über den ganzen eurasischen Kontinent ausbreitete. Nach Mitteleuropa kam es über Kleinasien, das Schwarzmeergebiet, die Donau aufwärts und erreichte Böhmen und Bayern endgültig um das Jahr 5700 v. Chr.

Blick in den Himmel

Jetzt lernten die Menschen der sogenannten Jungsteinzeit auch bei uns in Mitteleuropa zum Himmel aufzublicken. Sie beobachteten die Tag- und Nachtgleichen und die Sonnwenden, um aus dem Wandel der Gestirne die rechten Zeiten für Aussaat und Ernte zu lesen. Es entstand ein ganz neues Gefühl für Zeit: Jetzt hatte alles seine bestimmte Zeit – nicht nur Aussaat und Ernte. Auf einmal gab es auch die richtigen Zeiten zum Bauen und die richtigen Zeiten fürs Abreißen; die Leute entdeckten, wann die Zeiten von Zeugung und Geburt waren, und wann es Zeit zum Sterben wurde. Und ganz besonders faszinierte sie die Wintersonnenwende: Wenn die Sonne den Wintertod stirbt, erwacht sie gleichzeitig zum neuen Leben. Der Jahreskreis hat ein Ende gefunden und einen Anfang.

Für die Beobachtung der göttlichen Gestirne erbauten die Menschen in den mesopotamischen Hochkulturen künstliche Tempelberge, die sogenannten *Zikkurats* (babylonisch: *Himmelshügel, Götterberg*). Rund 25 solcher Zikkurats haben sich erhalten, u.a. ein Bauwerk aus dem sumerischen Ur, der sagenhaften Heimatstadt Abrahams, im heutigen Irak. Die Bibel erwähnt einen solchen Tempelberg in der Geschichte des Turmbaus von Babel. Zeitgleich wurden auch die jungsteinzeitlichen Bauern Mitteleuropas als Bauherren aktiv, besonders im fruchtbaren Niederbayern. Im Gegensatz zu den mesopotamischen Tempelbergen aus Stein handelte es sich hier aber um kreisrunde hölzerne Tempelanlagen zu ebener Erde. Diese sogenannten *Kreisgrabenanlagen* sind Jahrtausende älter als die ägyptischen Sonnentempel oder das berühmte englische Stonehenge, sie zählen zu den ältesten Monumentalbauten Europas. Gefunden und erforscht wurden solche Kultanlagen zum Beispiel in Schmiedorf-Osterhofen, Gneiding-Oberpöring und Ramsdorf-Wallerfing (Lkrs. Deggendorf), in Kothingeichendorf und Meisternthal bei Landau/Isar, in Viecht bei Landshut oder in Goseck (Burgenlandkreis) in Thüringen.

Dort konnten die Priesterkönige den Blick zur Sonne und zu den Sternen wenden und mithilfe der tiefen Gräben, die diese Tempel umgaben, in Kontakt treten mit den Totengeistern: oben die Götter im Himmel, auf Erden die Menschen, die zu den Himmelsherrschern aufblicken und sich zu ihnen erheben können, wenn sie tot sind aber unter die Erde kommen, zu den Regenten der Unterwelt, wo sie darauf warten, zusammen mit der Natur wieder zu erwachen. Von all dem, was sie im Himmel gesehen, was sie an unterirdischem Schauer verspürt und in der irdischen Betergemeinschaft erlebt hatten, erzählten sie später in ausdrucksvollen Worten, die sich allesamt in ein klares Weltbild fügten: die Heilige Hochzeit – oben der (Himmel-)Vater, der die (Erd-)Mutter darunter mit seinem Samen, dem Regen, befruchtet und neues Leben wachsen lässt.

In der Jungsteinzeit begann das unterscheidende, das kritische Bewusstsein des Menschen zu erwachen, es entwickelte sich das dialektische Prinzip, das später wieder bei den griechischen Philosophen auftauchte und schließlich im christlichen Gleichnis seinen Niederschlag fand. Eine uralte bäuerliche Erfahrung: Wenn das Weizenkorn nicht in die Erde fällt und stirbt, wird es keine Frucht bringen. Ohne Rauhnächte keine Weihnächte, kein Himmel ohne Hölle, kein Licht ohne Finsternis, ohne die Angst vor dem Tod keine Freude am Leben.

Was aber steckt hinter solchen Bildern und Gleichnissen? Wer kann den Grund von allem sagen? Das gelingt keinem von den Sterblichen. Nur einer kann das, einer, der in Zeit und Raum alles überblickt, weil er dahinter, darüber steht: Gott. Gott ist der Grund von allem – indem er das tut, was sonst keiner kann: Ihn sagen, aussprechen, den Grund, den Anfang, das Urwort. Schon bei den ältesten Bauernkulturen in Mesopotamien, bei den Sumerern und Babyloniern, erschafft Gott die Welt durch sein Wort: Gott spricht und es wird. Die Welt – das ist die revolutionäre Idee der Jungsteinzeit – ist das Gestalt gewordene Wort Gottes, sein ewiger Name – unbegreiflich, unaussprechlich. In den Lichtern des Himmels kann man davon lesen. Diese uralte Idee werden später die jüdischen Priester während des babylonischen Exils ihres Volkes übernehmen. Seitdem heißt es im Alten Testament am Anfang der Schöpfungsgeschichte:

Gott sprach: Es werde Licht. Und es ward Licht.

Die Idee vom göttlichen Wort, das am Anfang von allem steht, verbreitete sich in allen bäuerlichen Gesellschaften. Um 500 v. Chr., zur gleichen Zeit, zu der es Eingang in die Bibel fand, tauchte es auch bei den ersten griechischen Philosophen auf: der *logos*. Ein Begriff mit riesigem Bedeutungsspielraum. *Logos* bedeutet nicht nur *Wort*, sondern auch *Gedanke* und *Denken*, *Fähigkeit* und *Kraft*, *Verheißung* oder *Versprechen*, *Begründung* und *Grund*. Der Logos ist die Antwort auf alles, was der Mensch zu ergründen sucht. Ein halbes Jahrtausend später heißt es dann folgerichtig am Beginn des Johannesevangeliums im Neuen Testament:

Am Anfang war der Logos, das Wort. Und das Wort war bei Gott und Gott war das Wort.

Das ist die Erfahrung des Menschen in der Gemeinschaft, wo beim Erzählen ein Wort das andere ergibt und daraus eine Welt entsteht: die uralte Geschichte der Wintersonnenwende. Die Geschichte des Worts, mit dem die Welt zur Welt kommt. Diese Geschichte geschieht an Weihnachten. Ein großes Mysterium.

Wärme und Licht

Wenn es Winter wird, braucht man, um zu sehen und sich zu wärmen, das Licht, das Feuer. Es galt schon seit den ältesten Zeiten als heilig, man konnte es, im Gegensatz zu den anderen drei Elementen Erde, Luft und Wasser, nicht anfassen, nicht *begreifen*, aber fühlen! Das geistig und körperlich unberührbare Feuer wärmt, wo sonst alles friert, leuchtet in der dunkelsten Nacht, vertreibt die Dämonen der Kälte und Finsternis. Die heilige Flamme verzehrt die Opfertiere, deren

Der 837 im Salzburger Raum entstandene älteste Bildkalender des Mittelalters zeigt für jeden Monat des Jahres die typischen Tätigkeiten. Nach Ernte im August, Aussaat im September und Weinernte im Oktober beginnt das große (Schlacht-)Fest: Der November hält das Schwein fest und der Dezember schlachtet es. Im Januar sitzt der feiernde Mensch am Feuer. In anderen Kalendern kann der Mensch am Feuer auch für den Dezember stehen; später wurde die Feuerszene oft zu Kochszenen und ganzen Festmählern erweitert.
Der Kalender gehört zu einer Sammlung astronomisch-komputistischer und naturwissenschaftlicher Texte, die im 15. Jahrhundert im Besitz des Nürnberger Humanisten und Historikers Hartmann Schedel war. Später kam das Werk in die Bibliothek Jakob Fuggers des Reichen und von dort in die Herzogliche Bibliothek zu München, die heutige Bayerische Staatsbibliothek.

IAN
FEBR
MAR
APR
MAI
IUN
SEP
AUG
OCT
NOU
DECB

Fleisch man gemeinsam genüsslich verspeisen konnte, selbstverständlich erst nachdem sich die Götter am aufsteigenden Rauch gelabt hatten.

Das Feuer, das den Menschen wärmt, ihm leuchtet, an dem er gemeinsam isst und trinkt, zeigen praktisch alle antiken und mittelalterlichen Monatsbilderkalender: Nach der Weinernte im Oktober, der letzten Mast der Tiere und dem Schlachten im November und Dezember, sitzt der Mensch im Januar am Feuer und lässt es sich gut gehen. Manche Kalender zeigen für den Januar ein Festmahl, aber auch dann darf nie im Hintergrund das Feuer fehlen, über dem gebraten wird. Der älteste überlieferte Monatsbilder-Zyklus des Mittelalters ist im Jahr 837 in Salzburg entstanden und lässt in der Kleidung der präsentierten Figuren und der Bildfolge noch sehr deutlich die Einflüsse antiker Vorbilder erkennen. Das kommt nicht von ungefähr. Denn Bayern verstand sich im Frühmittelalter noch immer als nördliches Grenzland des Mittelmeerraums. Die bayerischen Bistümer hatten jahrhundertelang zur Metropole Aquileja gehört, bevor 798 Salzburg Sitz des bayerischen Erzbischofs wurde. Die Franken hatten zuvor das begehrte Bayern ihrem Reich einverleibt.

Das Wort *Feuer* entstammt übrigens der indoeuropäischen Ursprache, der Sprache der jungsteinzeitlichen Bauern, die nahezu allen europäischen und vielen asiatischen Sprachen zugrunde liegt. In dieser Sprache gab es eine Wurzel: *phu-*, *pha-* oder *phe-* – ein lautmalerisches Wort, das zunächst soviel bedeutete wie *(ein Feuer an-)blasen*, später, davon abgeleitet, konnte es auch *brennen*, *hell scheinen*, *erstrahlen* heißen. Diese Wurzel steckt in einer ganzen Reihe von lateinischen Wörtern: Das *fanum*, das ist der *geheiligte Ort*, der *Tempel*, dort eben, wo das *Fanal*, das Opferfeuer brennt und geheimnisvoll leuchtet. Die gleiche uralte Wurzel wie in *Feuer* oder *fanum* findet sich auch in den lateinischen Wörtern *feriae* (= *Festtage*, *Feiertage*) und *festus* (= *festlich*, *feierlich*), aus denen wiederum unsere Wörter *Feier(-tag)* und *Fest* geworden sind.

Im Bairischen ist die uralte Verwandtschaft zwischen *Feuer* und *Feier* besonders deutlich. Beides wird *Feier* gesprochen. An den *Feier-Tagen* sitzt man gemütlich am Feuer, am Ofen, erzählt, isst und trinkt. Die Mühsal der Ernte ist vorüber, im Winter gibt es weniger Arbeit, der Bauer hat wörtlich *Feuer-Tage*, die sich in lange *Feuer-Abende* dehnen. Es sind *Ferien-Tage*, *Fest-Tage*, grundiert vom Schein der heiligen Flamme, die in der Finsternis strahlt.

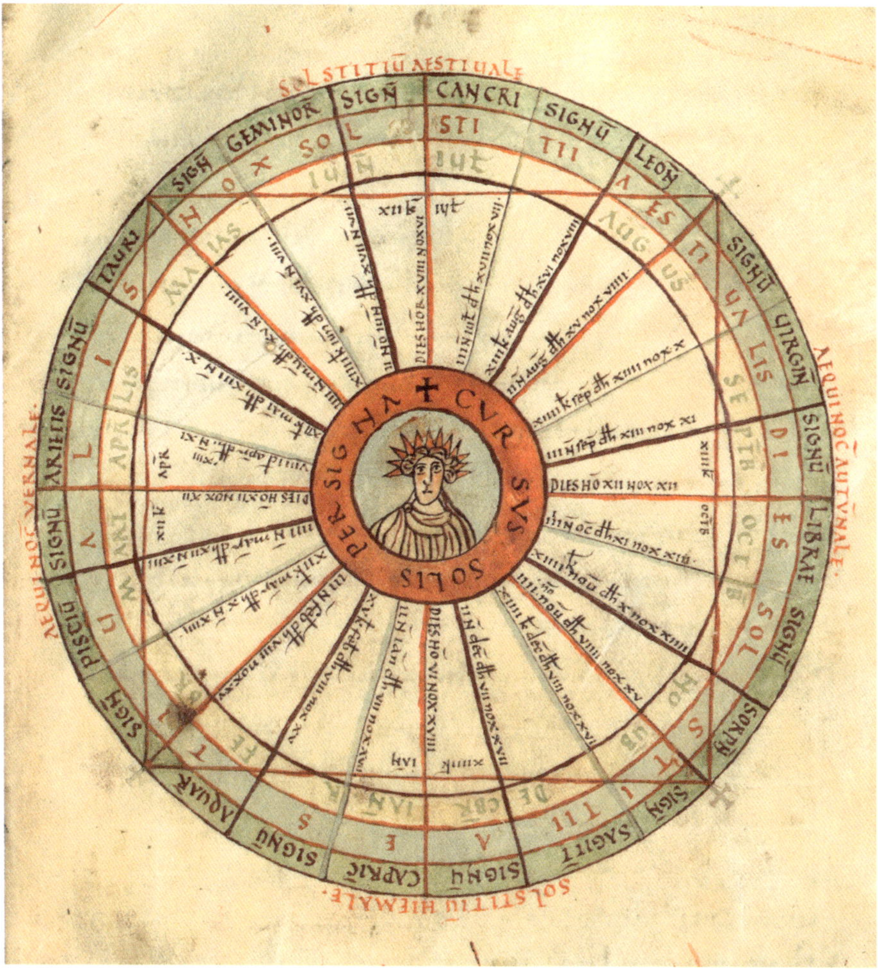

Im Kompendium des Salzburger Kalenders findet sich auch dieses Bild: der Lauf der Sonne durch die Tierkreiszeichen. In der Mitte ist der Sonnengott, Sol, dargestellt, ganz außen finden sich die Bezeichnungen der *Äquinoktien* (= *Tag- und Nachtgleichen*) und der *Solstitien* (= *Sonnenwenden*); im lateinischen Begriff *solstitium* (= wörtlich: *Sonnenstillstand*) steckt das Wort *stare* (= *stehen*).

Heilige Zeiten

Heute wie in alten Tagen sieht und besucht man sich *alle heiligen Zeiten*, also dann, wenn es etwas zu feiern gibt und wenn man Zeit dazu hat – also vor allem im Winter, ganz besonders zur Wintersonnenwende. Schon vor Jahrtausenden, also längst vor Christi Geburt, gab es *Weihnachten*, sprich: die Nächte der Wintersonnenwende, die rechte Zeit für das Familienfest schlechthin; sie waren den Leuten heilig. Und ganz besonders heilig war ihnen das gemeinsame Essen. Und weil jede Familie, jeder Clan Rituale entwickelt, entstanden damals eben auch heilige Rituale um ein heiliges Mahl.

Heilig ist der ursprünglich niederdeutsche Ausdruck für das hochdeutsche *weih*. Beide Wörter sind bedeutungsgleich mit lateinisch *sacer* oder *sanctus* (= *abgegrenzt, auserwählt, tabu*). In *sacer* steckt die indoeuropäische Wurzel *sec-* oder *sac-*, die soviel bedeutet wie *(ab)schneiden, (ab)trennen*: In das *sacrum*, das *sacrosanctum* oder *sanctissimum*, also in den innersten *Abschnitt*, das *Allerheiligste* eines antiken Tempels, dorthin, wo das Fanal, das Opferfeuer brannte, durften nur die Priester beziehungsweise die in die heiligen Mysterien Eingeweihten. Sie waren die *fanatici*, die *Fanatiker*, die in mystische Begeisterung gerieten und für die Nichteingeweihten unverständliches Zeug redeten. Diese Nichteingeweihten wiederum durften das *fanum*, das *mysterium*, das *Geheimnis des Glaubens* nicht sehen und blieben *pro fano*, *vor dem Tempel* – sie waren die *Außenstehenden*, *profan* eben.

Das germanische Wort *heil* (= *unversehrt*), von dem *heilig* abgeleitet ist, geht auf die indoeuropäische Wurzel *hel-* oder *hol-* zurück, die alles bezeichnet, was mit dem Verbergen, Verstecken und dem Gegenteil desselben zu tun hat, dem plötzlichen *hellen* Erstrahlen des zuvor Verborgenen. Ähnlich wie seine lateinische Entsprechung bedeutet das Wort alles, was *(von etwas anderem) getrennt, unversehrt, ganz*, aber auch *abgegrenzt, unzugänglich, tabu* ist. Altgriechisch *holos* heißt *ganz, vollständig, unversehrt*. Die Wurzel steckt natürlich auch in den englischen Wörtern *holy* (= *heilig*), *hole* (= *Loch*) und *whole* (= *ganz*), im deutschen *Hehler*, der Diebesgut versteckt, im *(Ver-)Hüllen*, in den *Halligen* oder in *Helgoland*, abgegrenzten, unzugänglichen und deswegen wahrscheinlich als Wohnorte von Göttern heiligen Landerhebungen mitten in der Nordsee. Und auch eine der wichtigsten Heilpflanzen überhaupt, der *Holunder*, geht auf die Wurzel *hel-/hol-* zurück. Genauso wie *Hel*, der Name der Totengöttin und Herrin der Unterwelt in der nordischen

Mythologie – ihr Reich wurde ebenfalls *Hel* oder *Helheim* genannt, wovon sich wiederum die mittelalterlich-christliche *Hölle* ableitet, der abgeschlossene, unzugängliche Ort schlechthin.

Auch die berühmte Märchenhexe *Frau Holle* hat mit der uralten Wurzel *hel-/hol-* zu tun. Wie alle alten Gottheiten wird sie auf Bergen oder an geheimnisvollen Teichen oder Quellen verehrt. Wo das klare, *helle* Wasser aus dem dunklen Grund springt, dort ist der Eingang zur Unterwelt: in *Hellabrunn* in München oder *Hellbrunn* in Salzburg. Frau *Holle/Holda/Hulda* (= *die Verhüllte*, gleichzeitig: *die Helle*) und ihre keltische Entsprechung *Frau Perchta/Brigida/Birgitta* (= *die Verborgene* und gleichzeitig *Prächtige*) repräsentieren nichts anderes als die letzten Reste der Großen Mutter- und Mondgottheit, die in allen frühen bäuerlichen Gesellschaften verehrt wurde. Wenn Neumond ist, ziehen die römische Mondgöttin Luna und ihre griechische Entsprechung Selene den Schleier über den Kopf und *verhüllen* sich, bei Vollmond öffnen sie ihn. Auf einem Wasserspiegel glänzt der Vollmond *hell*. Bei Neumond scheint es, als sei das Spiegelbild des Mondes im Wasser versunken.

Frau Holle spielt mit ganz ähnlichen Motiven wie der alte mittelmeerische Mythos von Persephone. Gemeinsam ist den Hauptfiguren beider Geschichten, dass sie keinen Namen haben: Im Märchen ist es die schöne, fleißige *Tochter*, im antiken Mythos *Kore* (= *Jungfrau, Tochter*). Kore wird von Hades, dem Gott der Unterwelt, geraubt und über einen See in sein ewiges Schattenreich gezogen. Das soll der Legende nach am Lago di Pergusa, dem einzigen natürlichen See Siziliens, geschehen sein; der See ist vulkanischen Ursprungs und geheimnisvoll kreisförmig. Im grimmschen Märchen dagegen springt das Mädchen ihrer blutigen Spindel nach in einen Brunnen. Die griechische Ackerbaugöttin *Demeter* (wörtlich: *Gottesmutter*), die Mutter der Kore, trauert über die Entführung in die Unterwelt, also über den Tod ihrer Tochter, und lässt keine Pflanzen mehr auf Erden wachsen: Winter kommt über die Welt. Im Märchen findet sich das Mädchen auf einer Wiese wieder und tritt in den Dienst der Frau Holle, wo sie die Betten schütteln muss, sodass es auf Erden schneit. Kore erhält als Frau des Hades und Königin der Unterwelt den Namen *Persephone* (= *Getreidedrescherin*); der Herbst und Winter sind ja die Zeiten, in denen das Getreide gedroschen wird. In Grimms Märchen pflückt das Mädchen die Äpfel vom Baum, holt das Brot aus dem Ofen – *erntet* also gewissermaßen die Reichtümer von Frau Holles Welt – und kriegt alle Tage Gesottenes und Gebratenes.

In beiden Fällen aber dauert der Winter beziehungsweise der Tod der jungen Frauen nicht ewig. Während das Mädchen im Märchen das Heimweh packt, interveniert im antiken Mythos der Göttervater Zeus, weil die Welt vor Hunger zugrunde geht, wenn nichts mehr auf ihr wächst: Beide Mädchen dürfen durch das Tor der Unterwelt zurück nach oben. Vor Freude über die Rückkehr der Tochter lässt Demeter wieder die Früchte der Erde wachsen. In Grimms Märchen kommt über das Mädchen ein Goldregen: Die goldene Jahreszeit beginnt.

Ganz anderen Ursprungs als das ursprünglich norddeutsche *heilig* ist das süddeutsche *wîh* oder *weih*. Das Wort kommt direkt aus dem Lateinischen *vicus* (= *das Haus, Dorf*). Originär liegt hier ebenfalls die Bedeutung *aussondern, abgrenzen* zugrunde. Die Römerlager in den Provinzen und ihre Lagerdörfer, die sogenannten *vici*, waren von der Umgebung mit Mauern abgegrenzt. *Victima* (= *das Geweihte*, vergleiche englisch: *victim*) war das *auserwählte, von der Herde abgesonderte und gefesselte Opfer(-tier)*.

Die Römer feierten überall in ihren Tempeln Opferfeste. Ihr wichtigstes Opfer aber, das Kaiseropfer, fand nur in den zentralen Fahnenheiligtümern ihrer Militärlager und Städte statt. Selbst in einfachen Lagern in der Provinz, die manchmal bloß aus Zelten oder Holz gebaut waren, bestanden die Fahnenheiligtümer als repräsentative Zentralgebäude eines jeden Kastells meist aus Stein. Später, als das Christentum im Römischen Reich bereits Staatsreligion geworden war, versammelte man sich in diesen imposanten Steinbauten für den Gottesdienst. Noch heute stehen einige Kirchen in Bayern, wie etwa die von Böhming im Altmühltal, genau über dem Fahnenheiligtum des ansonsten längst verschwundenen Römerlagers: Gottesdienstkontinuität seit Jahrtausenden.

In frühmittelalterlicher Zeit war *wîh* folgerichtig das deutsche Wort für *Tempel, Kirche*, für den Ort also, wo geopfert wurde. Auch wenn das Opfer schon seit römischen Zeiten nur noch symbolisch war, nur noch aus *Weih-Rauch* bestand. Bairische Ortsnamen, wie etwa *Weihenstephan*, bedeuten demnach nichts anderes als *Kirche des heiligen Stephan* oder kurz *St. Stephan*. Aber auch profane Ortsnamen wie *Weichs* oder *Schwabelweis* und unser Begriff vom *Weichbild* einer Stadt gehen auf das lateinische *vicus* zurück.

Im Gegensatz zum germanischen Wort *heilig* steht *weih* also im direkten Zusammenhang mit der römischen Antike. Und da verwundert es nicht, dass es einer aus dem römisch geprägten Bayern war, der Spielmann Spervogel, der als erster das Wort *Weihnachten* verwendet hat. Sein Gedicht ist so um 1170 entstanden und in der berühmten „Manessischen Liederhandschrift" überliefert:

Er ist gewaltic unde starc,
der ze wîhen naht geborn wart.
daz ist der heilige Krist,
jâ lobt in allez, daz dir ist.

Spätmittelalterliche Darstellung der Frau Perchta. Auf den Namen der ehemaligen Göttin und jetzigen Sagengestalt geht der Kobold *Berhte* zurück, der in mittelhochdeutschen Schwänken auftritt. Die vermummten *Perchten*-Gestalten gehen also in der ein oder anderen Form auf die Unterweltsgeister zurück. Der Epiphanie-Tag am 6. Januar, also am Ende der Rauhnächte, hieß im Mittelalter *Berht(en)tag*, in der Schweiz gibt es immer noch den *Bertoldstag*, der das Ende der Geister- und Hexenzeit einläutet. In Italien kommt an diesem Tag die gute Hexe *Befana* (verballhornt aus Epiphania) mit Geschenken zu den Kindern.
Holzschnitt nach einer Miniatur in Hans Vintler „Blumen der Tugend", 1486.

Spervogel kennt die *wîhen naht* noch in der Einzahl. Später wurde es als typisches Mehrzahlwort gebräuchlich: Die *Weihen Nachten* – heilige Nächte, heilige Zeiten!

Das lateinische *vicus* (= *Häuseransammlung, Dorf*) und das damit verwandte griechische Wort *oikos* (= *Haus*) haben ihrerseits eine lange Geschichte, die zeigt, wie eng die Ursprünge all dieser Bedeutungen miteinander verwandt sind. Beide gehen nämlich auf die indoeuropäische Wurzel *uic-*, *uec-*, *hac-* oder *hec-* zurück, die wiederum nichts anderes als *trennen, abgrenzen* bedeutet. Die Wurzel steckt in Altgriechisch *hagios* (= *heilig*) genauso wie in unseren deutschen Wörtern *Acker, Hag, hegen* oder *Hecke*. Eine Hecke, mit der seit Anbeginn der Landwirtschaft die bebauten Flächen gegen die wilde Natur abgegrenzt, *eingehegt* wurden, besteht aus *Hag, Hecke* oder *hegen*. Auf den spätantiken und frühmittelalterlichen Bauernhöfen bildete ein Hag den unmittelbaren Umgriff eines Hauses. Ein vor wilden Tieren, Dieben oder Räubern geschützter *gehegter* Bereich. Zu diesem Zweck ist

Die Geister der Unterwelt, deren Herrin die Hexe Perchta ist, überschreiten Grenzen. Ganz ähnlich, aber höchst irdisch und nicht ohne Vergnügen, tun das ihre adventlichen Darsteller, die Perchten.

ein Hag *eingehegt* mit einer *Hecke*, die aus lauter festen und stachligen Pflanzen besteht: Dazu gehören die sprichwörtlich *hagelbucherne*, also widerstandsfähige *Hagel-* oder Hainbuche, die *Hagebutte*, die stachlige Wildrose im *Rosenhag*, oder der *Hagedorn* (Weißdorn).

Gegen den Willen eines Bauern sollte also kein Lebewesen in das vom Hag umhegte Anwesen eindringen können. Passierte es trotzdem, dann konnte es sich nach menschlichem Ermessen nur um einen *Hagedusius* oder eine *Hagedusia* handeln, einen *dusios*, einen *Geist*, dem es leicht fällt, in den Hag oder den Vicus einzubrechen, um dort die Bewohner im Schlaf mit schweren, drückenden Alpträumen (= *Alben-, Elben-, Elfenträume*) zu ängstigen oder sonst innerhalb des Hags bei Menschen, Vieh und Pflanzen für Unordnung oder Schaden zu sorgen. Von diesem *Hagedusius* beziehungsweise der *Hagedusia* leiten sich unsere heutigen Wörter *Hexer* und *Hexe* her.

Als oberste dieser Hexen, die im christlichen Mittelalter ihr Unwesen trieben, galt eine einstmals hochverehrte Frau: die alte große Mutter- und Mondgottheit Luna-Selene-Demeter-Isis-Perchta, auch – vor allem im Norden des deutschen Sprachraums – als *Frau Holle* bekannt. Wie Frau Holle im Märchen bestraft Perchta Faulheit oder Verstöße gegen das adventliche Fasten und belohnt andererseits Fleiß und Hilfsbereitschaft. Sie ist die Herrin aller Geister, also der Toten, die aus der Unterwelt kommen und sich unter die Lebenden begeben, wenn nicht für sie gebetet und geopfert wird. Gerade im beginnenden Winter, wo die Kraft von Sommer und Herbst, von Gedeihen und Ernte vorüber ist und die Natur allmählich stirbt, ist die rechte Zeit, sich um die Toten zu kümmern, ihrer zu gedenken.

Noch ist Herbst nicht ganz entflohn,
Aber als Knecht Ruprecht schon
Kommt der Winter hergeschritten,
Und alsbald aus Schnees Mitten
Klingt des Schlittenglöckleins Ton.

Theodor Fontane (1819 – 1898)

Was immer von antiken Hymnen und Tänzen Europas
unverfälscht erhalten geblieben,
was immer von den Festen für Phoebus und Pan
ungehindert auf uns gekommen ist,
findet sich in den Festen der christlichen Kirche.

Gilbert Keith Chesterton (1874 – 1936)

Feier

Maskerade

Den meisten ist es wohl kaum bewusst, aber noch heute beginnt die weihnachtliche Fest- und Feierzeit mit dem Totengedenken an Allerheiligen beziehungsweise Allerseelen und hier eigentlich schon mit dem Abend vor Allerheiligen, dem *All Hallows' Eve*, in dem auch die indoeuropäische Wurzel *hel- oder hol* steckt: *Hallow* ist der *Heilige* und zugleich *der in der Unterwelt, im Grab, in der Hölle Liegende*; *eve* ist die Abkürzung des englischen Abends (*evening* = *Abend*, auch *Feierabend*).

Wenn die Ernte eingebracht ist und die Natur den Wintertod stirbt, drohen die Geister der Toten, die Herrschaft zu übernehmen. Die Fürsorge und Liebe, die verstorbenen Angehörigen entgegengebracht wurde, hatte schon in frühesten Zeiten eine Kehrseite: das Tabu, der Schrecken des Todes, die Angst davor. Wer sich nicht genug um die Toten kümmerte, der lief Gefahr, dass sie aus den Gräbern stiegen und Unheil anrichteten. In Bräuchen wie Halloween oder dem Perchtentreiben verarbeitete man solche Ängste spielerisch.

Die Wendung *All Hallows' Eve* wurde später zu *Halloween* verballhornt. Bei uns in Mitteleuropa hat man den Begriff samt dem zugehörigen Brauch erst seit dem Ende des 20. Jahrhunderts aus dem angelsächsischen Kulturkreis übernommen – recht zum Leidwesen manches Zeitgenossen, der sich von amerikanischen Brauchimporten belästigt fühlt und beim Slogan *Süßes oder Saures?* immer sauer reagiert. In Irland beziehungsweise Amerika, wohin ihn ausgewanderte katholische Iren mitgebracht haben, war der Allerheiligen-Kinderfasching aber ursprünglich gar nicht so kommerziell, wie man vermuten möchte.

Halloween zeigt deutlich, wie Bräuche entstehen, wie schnell sie sich ausbreiten und wie ebenso schnell sie wieder verschwinden können – oder auch umgestaltet werden: von einer jahrhundertealten katholischen Vorabendfeier des Allerheiligentags in Irland hin zu einem völlig profanen Kindermaskenumzug in Amerika. Ein Maskenfest, das sich schließlich, nachdem es jahrzehntelang in Kontinentaleuropa ignoriert worden ist, aus unerklärlichen Gründen epidemisch ausbreitet und, befeuert sicher auch durch kommerzielle Interessen, sogar auf die Erwachsenenwelt übergreift. Während der Fasching am Ende des Winters mancherorts an Auszehrung zu sterben droht, wächst er wieder am Anfang.

Fasching ist absolut das richtige Stichwort. Gerade die Maskerade zeigt, wie eng Halloween mit dieser winterlichen Jahreszeit verbunden ist, zu der Verkleidungen und theatralische Inszenierungen immer schon gehören und immer wieder gehören: Martiniritte mit Martin und Bettler, aufwendige Nikolaus- und Perchtenumzüge in zahlreichen lokalen Variationen, dazu Weihnachtsmann-, Christkindl- oder Engelmaskerade und Sternsingerkostüme, bis unmittelbar nach Neujahr schon allmählich der eigentliche Fasching an Fahrt gewinnt.

In den alten Bauerngesellschaften haben die Leute für solchen übermütigen Unsinn eben Zeit gehabt. Die Ernte war eingebracht und man begann, den Lohn dafür zu ernten: Spätestens nach Allerheiligen fing bei der Bauernherrschaft das große Rechnen und Inventurmachen an. Auf Leonhardi (6. November) beziehungsweise Martini (11. November) endete traditionell das bäuerliche Wirtschaftsjahr. Dann waren die Pachten und der Zehnte fällig. Dazu die erste Tranche des Jahreslohns für Knechte und Mägde.

Gold spinnen

Das immer spärlicher werdende Licht der Wintertage schränkt die mögliche Arbeitszeit ein. Direkten *Urlaub* gibt es zwar noch nicht – die institutionalisierte Freizeit der *Schlenkel-* oder *Kölbelweil* folgt erst auf Lichtmess – trotzdem bleibt zwischen den Verrichtungen des Tags, dem Versorgen des Viehs in der Früh und am Abend, den anstehenden Schlachttagen, der Holzarbeit oder dem Backen und zahlreichen Vorbereitungen für die anstehenden Festtage allerhand Leerlauf, den man mit allen möglichen sinnvollen und manchmal eben auch unsinnigen Geschäften und Beschäftigungen füllen kann.

Abends treffen sich die Frauen in der Spinnstube, wo nicht nur der Flachs, sondern auch Geschichten *gesponnen* und so manche Mitmenschen durchgehechelt werden. Manch einer fängt direkt zu *spinnen* an und erzählt lange Schauermärchen. Wer ausdauernd genug spinnt, fleißig ist, der kann wie im Märchen *Flachs zu Gold*, also Reichtum spinnen. Die Männer begleiten solche Abende zuweilen mit Musik oder sie beschäftigen sich mit Schnitzerei oder anderen Hand- und Werkarbeiten in der warmen Stube, die sich genauso wie das gesponnene Garn zu Geld machen lassen.

„In der Spinnstube", aus: Otto von Reinsberg-Düringsfeld: *Das festliche Jahr in Sitten, Gebräuchen und Festen der germanischen Völker. Mit gegen 130 in den Text gedruckten Illustrationen, vielen Tonbildern u. s. w.* Spamer, Leipzig 1863

Geld ist das Stichwort in dieser Zeit. Wenn am andern Tag die Stallarbeit getan ist, kann man mit der klingenden Münze des Lohns in der Tasche auf einen der zahlreichen Märkte gehen, die jetzt überall gehalten werden. Dort wird eingekauft für die anstehenden Festtage, aber auch alles verkauft, *verflüssigt*, was man nicht selbst braucht, um über den Winter zu kommen. Aus Überschuss, den man das Jahr über erwirtschaftet hat, wird so Überfluss. Keine Frage, dass spätestens ab Leonhardi oder Martini jedermann buchstäblich flüssig ist und im bescheidenen Luxus schwelgt. Auf Kathrein (25. November), Barbara (4. Dezember), Nikolaus, Weihnachten, Neujahr, Heiligdreikönig und zuletzt Lichtmess (2. Februar) waren außerdem weitere Lohnzahlungen oder auch Geschenke fällig.

Schon in den Tagen vor Leonhardi und Martini fängt zum Beispiel in zahlreichen Orten des Bayerischen Waldes, um Rinchnach, Bodenmais und Bischofsmais, das *Wolfauslassen* oder *Wolfausläuten* an. Mit dem ohrenbetäubenden Lärm großer *Schöllen*, Riesenexemplaren von Kuhglocken, wie sie im Sommer das Vieh trägt, ziehen die *Wölfe* durch die Dörfer, begleitet von Goaßlschnalzern und Hirten mit langen Stöcken, die an jedem Haus klopfen, um sich den Lohn für das Spektakel auszahlen zu lassen. Das Geld und die Fressalien, die dabei zusammenkommen, werden anschließend die Nacht hindurch fröhlich verfeiert. Dazu gehört der traditionelle Spruch:

Jetzt kimmt da Hirt mit seiner Girt [=Gerte],
hat des Jahr mit Freid naus ghüat.
25 bis 26 Wocha, des is gwiss a lange Zeit,
hat se da Hirt scho lang auf Martini gfreit.

Das also ist der wahre Grund hinter dem ganzen Spektakel: Der Hirt war froh, dass das halbe Jahr der Hütesaison vorbei war, er hat auf Martini seine Herde abgegeben, seinen Lohn gekriegt und will jetzt auch einmal das Leben genießen.

Heilige und Heurige

Bauernfeiertage, an denen sowieso arbeitsfrei war, häuften sich ab November. Nach Allerheiligen und Allerseelen – Feiertagen, die die Dienstboten nutzten, um die oft weiten Wege zu den Gräbern von Eltern und Verwandten auf sich zu nehmen, die man eben nur *alle heiligen Zeiten* sah – stand schon am 6. November das nächste große Ereignis ins Haus: der Festtag des heiligen Leonhard von Limoges. Der war in seinem legendären Leben ein adeliger Eremit, der allein durch sein Gebet die Ketten von Gefangenen zerspringen lassen konnte, weswegen er tatsächlich meist mit Ketten dargestellt wurde. Die hat man später allerdings als Viehketten interpretiert und ihn so zu einem der wichtigsten Vieh- und Pferdepatrone Europas gemacht, sogar unter die Vierzehn Nothelfer eingereiht.

Im katholischen Süddeutschland erfreut sich Leonhard traditionell besonderer Beliebtheit. Er gilt als *Bauernherrgott*, sein Namenstag ist bis heute unverzichtbarer Bestandteil im Festkalender zahlreicher Dörfer im Alpenraum. Am 6. November finden große Pferdeprozessionen und -wallfahrten statt. Dabei werden die Tiere, die einst zum wertvollsten mobilen Besitz der Bauern zählten und teilweise noch heute zählen, gesegnet. Erstmals ist ein Leonhardiritt 1436 in Kreuth am Tegernsee urkundlich erwähnt. Heute gibt es allein in Bayern um die 50 Leonhardiritte oder -fahrten. Am bekanntesten ist die Tölzer Leonhardifahrt, die 2016 in die deutsche Liste des immateriellen Kulturerbes aufgenommen wurde. In Bad Tölz gilt der Leonhardstag als örtlicher Feiertag, an dem nicht gearbeitet wird und die Geschäfte geschlossen haben.

Hat man sich von der Leonhardifahrt einigermaßen erholt, steht schon der nächste große Feiertag, der Martinstag, vor der Tür. St. Martin von Tour, der Nationalheilige der Franken, galt schon den frühen bayerischen Herzögen als Hausheiliger. Die ersten Agilolfingerherzöge stammten ja aus fränkischem Haus und auch die frühen Wittelsbacher waren mit den Karolingern verwandt. So wurde Martin der Patron zahlreicher kleiner und großer bayerischer Kirchen wie etwa in Amberg oder Landshut. Martinspatrozinien sind in der Regel sehr alt und reichen weit vor die Zeit der ersten Jahrtausendwende zurück. Relativ jung allerdings ist das umfangreiche Brauchtum, das man heute mit dem Namenstag des Heiligen verbindet.

Vom Mittelalter bis ins 19. Jahrhundert hinein wird lediglich von *Martinsfeuern* berichtet, um die man getanzt und über die man gehüpft ist. Auch Fackelzüge wurden veranstaltet. Der Lichtbrauch, der ja auch bei den heutigen Laternenumzügen der Kinder weiterlebt, leitet sich ab vom Evangelium des Martinstages, in dem es heißt:

Niemand zündet ein Licht an und stellt es in ein Versteck oder unter einen Scheffel, sondern auf den Leuchter, damit alle, die eintreten, das Licht sehen.

Darüber hinaus gab es Gruppen, die sich vermummten, sich unkenntlich machten, indem sie sich die Gesichter schwärzten, und von Haus zu Haus zogen. Es wurde gesungen, Musikanten spielten auf und Süßigkeiten wurden verteilt. Vor Einführung der Allerweltskirchweih in Bayern im Jahr 1866 hat es an Orten mit Martinskirchen außerdem ausufernde Kirchweihfeste gegeben, bei denen unter anderem die *Martinsminne* gereicht wurde. Dabei handelte es sich um jungen, sogenannten *heurigen* Wein, der ab jetzt trinkbar war und auf Martini erstmals kredenzt wurde. Nicht nur Franken, sondern auch Altbayern war bis ins 19. Jahrhundert ein Weintrinkerland mit der Region um Landshut als größtem Weinanbaugebiet. Letzte Reste des einstmals großen Baierweingebiets finden sich heute noch bei Regensburg.

Erst seit dem 19. Jahrhundert versuchten Pfarrer und Lehrer, die gewachsenen Martinsbräuche in neue Bahnen zu lenken, wobei häufig ein erhobener Zeigefinger die Kinder zum Teilen mit den Armen anhält. Überall, vornehmlich natürlich in Orten mit Martinspatrozinien, entstehen seit dieser Zeit Martinsritte, bei denen der Martinsdarsteller seinen Mantel mit dem Bettler teilt. Spätestens ab der Mitte des 20. Jahrhunderts gehört die Martinsfeier zum festen pädagogischen Programm der Kindergärten und ist aus dem Kinderjahr heute kaum mehr wegzudenken.

Bei den Bauern auf dem Land war Martini lediglich der große Festtag zum Ende des Bauernjahrs und bildete den Auftakt zur winterlichen Schlachtzeit. Schlachten und Wursten konnte man vor der Erfindung der Kältemaschine ja nur, wenn es kalt genug war, um frisches Fleisch auch ein paar Tage lang aufbewahren und weiterverarbeiten zu können. Die Gänse kamen als erste an die Reihe – plötzliche Wärmetage sind ja im Altweibersommer nicht selten und die Vögel sind schneller verarbeitet und verzehrt als ein ganzes Schwein. Da traf es sich gut, dass sich der heilige Martin aus Angst vor dem Bischofsamt in einem Gänsestall versteckt haben soll, wie die Legende erzählt. Und wenn beim Rupfen der Gänse die Daunen flogen, die man im

„Reimmichls Volkskalender", der jährlich in Innsbruck/Tirol erscheint, verzeichnet am Martinstag den *Alten Advent* und einen *Giltentag (= Zahltag)*.

November – Nebelmonat

Dienstag	1	**Allerheiligen,** Harald, Arthur, Cäsar	Allerseelenablass, Patentag	23.09
Mittwoch	2	**Allerseelen,** Rathold v. Aibling		
Donnerstag	3	Hubert (Patron d. Jäger), Pirmin, Martin, Ida, Silvia, Marian, Pater Rupert Mayer SJ		
Freitag	4	Karl Borromäus, Reginhard, Reinhard, Heinrich		8.18
Samstag	5	Emmerich, Zacharias u. Elisabeth (Bettina, Nina)		
32. Sonntag im Jahreskreis		Ev.: Der Bräutigam kommt, geht ihm entgegen! Mt 25,1–13		
Sonntag	6	Leonhard (Vieh- und insbesondere Pferdepatron), Christina, Rudolf	Seelensonntag, Gräberfrühling	20.03
Montag	7	Willibrord, Engelbert, Ernst	Schlampermontag	
Dienstag	8	Gottfried, Claudius, Gregor	Schlamperdienstag	
Mittwoch	9	**Weihefest der Lateranbasilika in Rom,** Theodor, Aurelius		8.46
Donnerstag	10	Leo I. d. Gr., Justus		
Freitag	11	Martin von Tours (Patron d. Burgenlandes)	Alter Advent, Giltentag	21.10
Samstag	12	Josaphat, Kunibert, Emil		
33. Sonntag im Jahreskreis		Ev.: Nimm teil an der Freude deines Herrn! Mt 25,14–30		
Sonntag	13	Stanislaus, Brictius, Sieghard, Karl Lampert		
Montag	14	Alberich		8.19
Dienstag	15	Leopold v. Österreich (Patron von Ober- u. Niederösterreich)		
Mittwoch	16	Albert d. Gr., Margarete, Othmar, Edmund		17.18
Donnerstag	17	Gertrud v. Helfta, Florinus v. Matsch, Hilda, Viktoria		
Freitag	18	Weihetag der Basiliken der Apostel Petrus u. Paulus in Rom (Buß- und Bettag der evangelischen Kirche, in Deutschland Feiertag)		23.19
Samstag	19	Elisabeth v. Thüringen (Lisa, Bettina, Nina)		
Christkönig		Ev.: Der Menschensohn wird sich auf den Thron seiner Herrlichkeit setzen.		
Sonntag	20	**Christkönigsfest** Edmund, Korbinian, Felix, Bernward	Kathreinsonntag	
Montag	21	U. Lb. Frau in Jerusalem	Mariä Opferung, Laubrechfrauentag	2.17
Dienstag	22	Cäcilia (Patronin d. Musik)		
Mittwoch	23	Klemens I., Kolumban		2.59
Donnerstag	24	Andreas Dung-Lac, Flora		
Freitag	25	Katharina v. Alexandrien		2.58
Samstag	26	Konrad u. Gebhard, Adalbert		
1. Adventsonntag		Ev.: Seid wachsam und haltet euch bereit. Mk 13,24–37		
Sonntag	27	**Erster Adventsonntag** Beginn des neuen Kirchenjahres (Lesejahr B) Jakob, Ute, Modestus	Rorateämter (heute beginnt die Adventzeit)	4.05
Montag	28	Gregor, Gunther, Gerhard, Berta		
Dienstag	29	Friedrich, Jutta, Jolanda, Christine		8.02
Mittwoch	30	**Winterquatember,** Andreas mit d. Kreuz (Apostel)	Andreasnacht	

Winter brauchte, um sich warm zu halten, war auch das Märchen von Frau Holle nicht weit: Das fleißige Mädchen schüttelt dort die Betten auf – und auf der Erde schneit es.

Da nutzte man die Gelegenheit, sich vorher noch einmal so richtig den Bauch vollzuschlagen. Denn der Martinstag galt noch bis weit in die Neuzeit hinein als Beginn der Adventsfastenzeit. Ähnlich wie vor Ostern hatte man im 5. Jahrhundert auch vor Weihnachten eine solche Fastenzeit eingeführt, die vom 11. November bis Weihnachten dauerte. Da Sonntage und Feiertage seit jeher fastenfrei sind, musste diese Fastenzeit gut sechs Wochen lang sein, um die Regel von 40 Fasttagen insgesamt zu erreichen. In Altbayern und Österreich, den Nachfolgern das alten Bairischen Stammesherzogtums, das weit zurückreichende Verbindungen nach Aquileia und Mailand gehabt hatte, galt das sechswöchige Adventsfasten bis ins Spätmittelalter. Außer im Bistum Mailand selbst ist davon heute nirgendwo mehr etwas übrig geblieben.

Im Hochmittelalter waren es Clunyazensermönche (Benediktiner, die der von Cluny ausgehenden Reformbewegung folgten und damit den ersten regelrechten *Orden* überhaupt bildeten), im Spätmittelalter dann besonders der neugegründete Franziskanerorden in den Städten, die den von vier Adventssonntagen markierten Advent nach stadtrömischer Tradition im nördlichen Alpenvorland eingeführt haben. Doch traditionelle Volkskalender wie „Reimmichls Volkskalender" vermerken heute noch am 11. November den *Alten Advent*. Egal aber, ob vier Wochen oder mehr – in Bayern ist aus dem Advent über die Jahrhunderte eine der kulturell intensivsten Zeiten des Jahres geworden, gespickt mit Bräuchen und Ritualen, wie sie sich sonst nirgends so erhalten haben.

Wenn heute just auf Martini der Fasching, vor allem der rheinische Karneval, beginnt, dann passt das durchaus in die Zeit der beginnenden *Ankunft des Herrn*. Große Feiern, heilige Feste sind in vielen Kulturen von Lärm und Krach begleitet. Es ist wie mit dem Licht, das umso heller zu leuchten scheint, je dunkler es ist: Göttliche Stille verbreitet sich, wenn der Lärm erlischt. Die ruhige Flamme und die lärmenden Dämonen der Finsternis, sie sind wie zwei Seiten einer Medaille, zwei Herzen in einer Brust. Freilich kann die Adventszeit tatsächlich eine stille Zeit sein, meistens aber ist sie es nicht. Ein Fest jagt das andere und Feiern macht Arbeit. Alles soll noch im alten Jahr passieren, viele Vorbereitungen für das große Fest gilt es zu treffen –

wer ernsthaft den Stress vor Weihnachten bekämpfen will, der bekämpft das Leben. Die viel zitierte *stade Zeit*, die erscheint in den Momenten dazwischen. Sie besteht aus kostbaren kleinen Lebenspausen, die aufstrahlen und erleuchten.

Pelzmärtel

Der *Pelz-* oder *Nussmärtel*, der in Franken und Teilen Bayerisch-Schwabens bis heute am Vorabend des 11. Novembers die Kinder besucht, ist ein gutes Beispiel für die verkleidungsfreudigen Zeiten, die jetzt anbrechen. Wie schon bei den Gruselgeschichten um Frau Perchta, die in den abendlichen Spinnstuben erzählt wurden, geht es auch bei ihm ums Vergnügen – angeblicher, doch eher ungläubiger Schrecken und tatsächliche Freude liegen in den alten Bräuchen oft eng beieinander. Als vorzeitiger Ersatz des heiligen Nikolaus und Vorform des Weihnachtsmanns mit langem Bart in sackähnlichem Gewand mit Kapuze, Rupfensack und Rute droht der Pelzmärtel den bösen Kindern mit tief

Pelzmärtel im „Münchener Bilderbogen" Nr. 126 aus dem Jahr 1852. Die „Münchener Bilderbogen" waren eine Serie von Einblattdrucken, die der Verlag Braun & Schneider von 1848 bis 1898 14-täglich herausgab.

verstellter Stimme und beschenkt sie anschließend, wobei auch er an die legendäre Schenkfreudigkeit des heiligen Martin anknüpft.

Ursprünglich war der Pelzmärtel wohl nur eine der zahlreichen vermummten Gestalten, die in dieser Zeit auftraten. Er kam erst mit der Reformation auf. Martin, der Bischof von Tours, löste dabei den althergebrachten Kinderfreund Nikolaus, den einstigen Bischof von Myra ab. Zuvor hatte Nikolaus jahrhundertelang den Kindern Geschenke gebracht. Das sollte jetzt ein theologisch einwandfreies, weil unsichtbares Christkind übernehmen. Doch der Geschenkebrauch ließ sich offenbar nicht so einfach auf Weihnachten transferieren und konzentrieren. Vielleicht wollten auch die Eltern nicht auf die Erziehungshilfe eines von außen in die Familien kommenden Geschenkebringers verzichten. Denn schon damals galt: Wer nicht brav war, musste die Hoffnung auf Geschenke abschreiben.

Tatsache ist: In manchen protestantischen Gegenden übernahm Martin das Brauchtum. Martin war historisch besser fassbar und damit den Protestanten weniger suspekt. Letztlich aber scheint man zwischen den beiden Figuren – Martin und Nikolaus – in der Folgezeit nicht so recht unterschieden zu haben. Der Zeremonienmeister König Ludwigs I. und königlich-bayerische Hofmusikintendant Franz Graf von Pocci (1807–1876), ein künstlerisches Multitalent und Erfinder des bayerischen Kasperls Larifari, setzt in einem seiner Gedichte Pelzmärtel und Nikolaus in eins:

Die Winde sausen um das Haus,
es stürmt daher der Winter.
Nun schaut Pelzmärtel Nikolaus
nach euch sich um, ihr Kinder.
Da will ich sehen, was er sagt,
wenn er nun Vater und Mutter fragt,
ob ihr auch brav gewesen

Horch! Kommt er nicht die Trepp' herauf?
Hört ihr nicht poltern und schnaufen?
Jawohl, er ist's! – Die Tür geht auf. –
Ihr braucht nicht fortzulaufen
und dürft auch nicht erschrecken
vor Ruten und vor Stecken,
sieht er auch gleich zum Fürchten aus!

Nun schaut er rings die Kleinen an
und spricht: „Ihr frommen Kinder,
ihr sollt mir alles Gute han!
Ich bring euch für den Winter
hier Äpfel und Birnen und Mandelkern,
Lebkuchen und Nüsse und Zuckerstern;
da füllt euch Kappen und Taschen!"

Die Kinder klauben und freuen sich sehr;
doch finster brummt der Alte:
„Nun gebt mir die bösen Buben her,
die trag ich mit fort zum Walde!"
Der Vater spricht: „Sie sind alle brav
und brauchen weder Zank noch Straf';
sie folgen und lernen mit Freuden!"

Da sagt der Märtel: „'S freut mich doch,
dass wir euch Freude machten.
Seid nur recht brav, dann gibt's auch noch
recht fröhliche Weihnachten!
Ade, ihr Kinder! Bleibt nur hier!" –
Nun schlürft er wieder hinaus zur Tür
und stolpert die Stiege hinunter.

Doch horch, wie schrei'n im Nachbarhaus
die bösen Knaben und Mädchen!
Ha, sieh! Der Nikolaus kommt heraus,
im Sack den Fritz und das Gretchen.
Nun hilft kein gutes, kein böses Wort;
der Pelzmärtel trägt sie fort
zu den Wölfen und Bären im Walde.

Das Wesen wahrer Liebe
lässt sich immer wieder mit der Kindheit vergleichen.
Beide haben die Unüberlegtheit, die Unvorsichtigkeit,
die Ausgelassenheit, das Lachen und das Weinen gemeinsam.

Honoré de Balzac (1799 – 1850)

Für das Verhältnis zwischen Christentum und Heidentum gilt etwas ganz allgemein, und das ist so einfach, das manche nur ein Lächeln dafür übrig haben werden, aber zugleich so bedeutsam, dass alle Heutigen es vergessen. Hauptmerkmal von Christentum und Heidentum ist, das eins nach dem andern kam

Gilbert Keith Chesterton (1874 – 1936)

Trubel

Saturnalien

Nicht nur im Rheinland, auch in Teilen Oberschwabens oder der Schweiz beginnt die Fastnacht bereits auf Martini. Das zeigt, dass das ausgelassene Feiern nicht nur einen Platz zu Ende des Winters hat, wo sich mit dem *Kehraus* der ganze Winter ins Frühjahr *auskehrt*. Auch schon vor Weihnachten zeigt sich der Hang der Menschen zu Gelagen, ausschweifendem Lärmen und Musizieren, zur Maskerade und zum Über-die-Stränge-Schlagen.

Kritik an solchem Treiben hat es zu allen Zeiten gegeben und manchmal haben auch die Kritiker und Vertreter der reinen Lehre ihrerseits über die Stränge geschlagen und das Kind der maßvollen Vernunft zusammen mit dem Bad des überbordenden Vergnügens ausgeschüttet. Trotzdem haben sich, selbst da, wo die schärfsten Spaßverfolger tätig waren, immer wieder neue Quellen der Spiel- und Feierfreude aufgetan. Einfach deswegen, weil die Menschen sind, wie sie sind. Schließlich haben Alemannen und Rheinländer ebenso wie die Bayern römisches Erbe. Übrigens genauso wie die Briten, die ja bereits den Heiligen Abend feuchtfröhlich feiern. Und spätestens zu Silvester haben tatsächlich auch bei uns die ersten Luftschlangen Saison.

Schon zu römischen Zeiten nämlich gab es eine Art Karneval vor der Wintersonnenwende: die Saturnalien, das mit Abstand beliebteste römische Fest. Es hatte, wie alle römischen Feste, einen religiösen Anlass. Seit uralten Zeiten brachte man am Ende der winterlichen Aussaat ein Opfer dar zu Ehren der urtümlichen Titanengottheit Saturn. Anschließend gab es bis tief in die Nacht ein Gelage am Saturntempel auf dem Forum, dem zentralen öffentlichen Platz antiker Städte. Die Römer konnten davon nicht genug kriegen und dehnten das Fest bald wochenlang aus. Bis sie schließlich – mit entsprechender Vorbereitungszeit, ähnlich dem späteren Advent – schon Ende November mit den Vergnügungen begannen. Das eigentliche Fest fand in den letzten sieben Tagen vor der Wintersonnenwende statt.

Io Saturnalia!, lautete dabei der Freudenruf in den Gassen. Am besten ist das vielleicht mit *Hurra!* zu übersetzen, vielleicht auch mit *Helau!* Auch eine Form von Maskerade war bei den Saturnalien üblich. Man schmierte sich Ruß ins Gesicht, ersetzte die steife Toga mit bunter, legerer Kleidung und trug eigenartige Filzkappen auf dem Kopf. Die Kappen galten als ausgesprochenes Freiheitssymbol, durften zu den Saturnalien aber auch von den Sklaven getragen werden – verkehrte Welt! Die Tradition war uralt: Schon 3.000 Jahre zuvor wurden im alten Babylon um die Zeit der Wintersonnwende Feste gefeiert, während denen, wie es in einer alten Inschrift heißt, *die Sklavin der Herrin gleichgestellt [ist] und der Sklave an seines Herrn Seite.*

Der griechisch-römische Dichter Lukian von Samosata, der im Mittelalter und in der Frühen Neuzeit hochgeschätzt war, lässt in seinen „Saturnalia" den Gott Saturn selbst sein höchstes Fest beschreiben:

Mein ganzes Regiment dauert nicht länger als sieben Tage: ... Während dieser sieben Tage ist es mir nicht zugestanden, irgendetwas Wichtiges und Ernsthaftes zu tun. Mir einen kleinen Rausch antrinken, jubeln, schäkern, würfeln, Festkönige wählen, die Sklaven traktieren, nackt singen und springen und den Takt dazu schlagen, mir auch bisweilen das Gesicht mit Ruß beschmieren und mich kopfüber ins kalte Wasser werfen lassen – das sind die Dinge, die ich treiben und treiben lassen darf.

Römische Musikanten spielen auf: Szene aus der Komödie „Theophoroumene" von Menander; Mosaik, Villa des Cicero, Pompeji.

Vieles von dem, was hier aufgezählt wird, kennen wir von den Bräuchen in der Advents- und Weihnachtszeit. Bei den Römern heißt es halt anders. Im Prinzip aber ist es ein ähnlicher Mummenschanz und der gleiche Trubel wie auch in den Jahrhunderten des Mittelalters und der Frühen Neuzeit. Es ist natürlich schulfrei und gearbeitet wird auch nicht. In besseren Kreisen gibt es Privatfeste. Dafür werden die bei Lukian erwähnten *Festkönige* ernannt. Zum Beispiel ein *rex bibendi*, ein *Saufkönig*. Der bestimmt, wer was und wie viel trinken muss. Spielkarten sind noch nicht erfunden, dafür wird gewürfelt. Gespielt wird aber nicht um Geld, wie sonst das ganze Jahr über, sondern um Nüsse beziehungsweise um das Recht, irgendeinen Blödsinn anschaffen zu dürfen, wie es bei Lukian heißt:

Dein Würfel fällt dir so glücklich, dass du König über alle wirst; und nun ist es an dir, die andern mit seltsamen Aufträgen zu necken, statt selbst welche zu erhalten. Zum Beispiel dem einen zu befehlen, mit lauter Stimme über sich selbst zu lästern, einem andern, in Unterwäsche zu tanzen, einem dritten, die Flötenspielerin Huckepack zu nehmen und dreimal im Haus herumzutragen.

Jetzt bedienen die Herren die Sklaven beim ausgiebigen Mahl und die Diener wiederum halten Strafpredigten, in denen sie ihren Herrschaften die Leviten lesen – selbstverständlich unterstützt von einer Extraration Wein. Sogar der berühmte strenge Politiker Cato empfiehlt seinen Mitbürgern, den Sklaven zu den Saturnalien täglich eine halbe Amphore Wein auszuschenken – und das sind immerhin elf Liter! Der berühmte römische Dichter Martial nannte deswegen den Dezember den *trunkenen Monat*.

Natürlich dürfen auch Saturnalienmuffel nicht fehlen, vor allem unter den Staatsmännern und Philosophen. Auch ältere Herrschaften lassen es ruhiger angehen an den Feiertagen, führen lange, zuweilen auch ernsthafte Gespräche, lösen allerhöchstens zum Zeitvertreib anspruchsvolle Rätsel. Die breite Masse aber gibt sich in den tollen Tagen dem Würfel- und Glücksspiel hin, das der römische Staat sonst das Jahr über bei schwerer Strafe, aber natürlich erfolglos verboten hat.

Goldenes Zeitalter

Saturn galt schon in der Antike als uralte Gottheit und war im ganzen Mittelmeerraum bekannt. Sein griechischer Name *Kronos* wurde im

Altertum mit *Chronos* (= *Zeit*) gleichgesetzt. Die Eltern von Kronos-Saturn sind *Tellus* (griechisch: *Gaia*), die Erde, und *Caelus* (griechisch: *Uranos*), der Himmel. Seine Gemahlin heißt *Ops* (= *Opus*, also Mühe, *Arbeit*). Kronos-Saturn ist der Anführer der Titanen und soll, dem Mythos zufolge, alle seine Kinder, die späteren Götter, verspeist haben – die Zeit frisst ihre Kinder. Lediglich seinen letzten Sohn *Jupiter* (griechisch: *Zeus*) verschonte er.

Jupiter war es schließlich bestimmt, den eigenen Vater zu entmachten und sich selbst zum Herrn des Himmels aufzuschwingen. Saturn dagegen soll nach Italien geflohen sein und dort die Römer die Landwirtschaft gelehrt haben. Die Römer waren ja ursprünglich ein reines Bauernvolk in der mittelitalienischen Landschaft Latium. Saturn, in dessen Wortstamm übrigens die gleiche indoeuropäische Wurzel steckt wie in unserem deutschen Wort *Saat*, war also gewissermaßen ihr Gründergott und sein Fest galt bereits in der Antike als Tradition, die in unvordenkliche Zeiten zurückreichte.

Während die Römer sich selbst in einer *Eisernen Zeit* leben sahen, die Jupiter regierte, war Jupiters Vater Saturn der Herrscher des sprichwörtlichen *Goldenen Zeitalters*, einer mythischen Vorzeit, die viel Ähnlichkeit mit unserem Paradies hat. Die Geschichte vom Goldenen Zeitalter ist ein uralter Menschheitsmythos, der in nahezu allen großen Kulturen verbreitet ist. Im babylonischen Gilgamesch-Epos klingt er bereits an. Seine frühesten Wurzeln sind etwa 2300 v. Chr. fassbar. Im Goldenen Zeitalter, so erzählte man sich, gab es keinen Hunger, keine Krankheiten, keine Kriegsnot und die Menschen waren unbeschwert und ohne Arbeit glücklich. Dazu sollen sie nur einen einzigen Gott verehrt haben, was die Idee auch zu christlichen Zeiten bis in die Neuzeit populär machte.

Manche heutigen Archäologen identifizieren diese Zeit mit der Bronzezeit: Bronze glänzt im Gegensatz zu Eisen bekanntlich golden. Die Bronzezeit löste ab etwa 2300 v. Chr. das erste Werkmaterial des Menschen, den Stein, ab. Um etwa 800 v. Chr. trat dann das neu entdeckte Eisen seinen Siegeszug in der Welt an – in kriegerischen Auseinandersetzungen genauso wie in der zivilen Technik. Naturgemäß blickten die Zeitgenossen der klassischen, *historischen* Antike zwischen 500 v. und 500 n. Chr. auf die mythische *gute alte* Bronzezeit mit einer gewissen Nostalgie zurück. Das traf vor allem auf die Römer zu, deren Vorzeit vor der Einführung der Republik (angeblich 509 v. Chr.), ganz besonders vor der Gründung Roms (angeblich 753 v. Chr.), sich in sagenhaftem Dunkel verlor. Ihr *Eisernes Zeitalter* kam ihnen vergleichsweise prosaisch vor. Es war die Zeit, in der sie mit viel Blut, Schweiß und Tränen ihren Einflussbereich zunächst in ganz Mittelitalien, später über nahezu die ganze damals bekannte Welt ausdehnten.

In den immer dunkler werdenden Wochen des Jahres hatten die römischen Bauern, wie alle Bauern zu allen Zeiten, Zeit für Vergnügungen und Scherze aller Art. In Provinzen am Rand des Römischen Reiches, wie das die ehemaligen Keltenreiche Raetien und Norikum waren, wird man die Saturnalien zwar nicht so exquisit gefeiert haben wie in Rom, der Hauptstadt der Welt. Man kann sich aber vorstellen, dass es auch in Provinzhauptstädten oder anderen größeren Verwaltungs- oder Militärstädten wie Augusta Vindelicorum (Augsburg), Cambodunum (Kempten) oder Castra Regina (Regensburg) hoch hergegangen ist. Erst mit der Einführung des Christentums verloren die Saturnalien an Bedeutung. Wie immer aber, wenn es um die Modernisierung des Lebens geht, waren auch bei der Christianisierung die großen Städte, zunächst vor allem die Hauptstadt Rom, Vorreiter.

Die Leute *in pago*, also die Menschen *im Gäu*, draußen auf dem Land – *in der Provinz*, wie die Städter verächtlich sagten –, bekamen Neuerungen und Moden naturgemäß nicht so schnell mit. Darüber hinaus hingen sie einfach an alten Gewohnheiten und hergebrachten Glaubensvorstellungen und leisteten gegen Neuerungen wahrscheinlich oft genug mit bäuerlicher Beharrlichkeit Widerstand. Das lateinische Wort *pagus* heißt soviel wie *Dorf, Land, Gäu. Paganus* bedeutet *Bauer, Dorfbewohner*; bei den fortschrittlich-christlichen Städtern bekam es schnell auch den Beigeschmack von *Spießer*, aber auch *Götzenverehrer*. Im Mittelalter wurde *paganus* dann oft mit dem deutschen Wort *Heide* übersetzt, einem Begriff, in dem ebenfalls das Land drinsteckt, aber hier mit der unterschwelligen Bedeutung *Öde, Wildnis*. Wenn also die bayerischen Bischöfe des frühen Mittelalters manche örtlichen Bräuche als *pagan*, als *heidnisch*, verachteten, müssen sie tatsächlich nicht heidnisch-unchristlich gewesen sein. Es genügte, wenn sie rustikal (römisch: *rusticus = der Bauer*) genug waren, dass man als feiner Stadtfrack darüber die Nase rümpfen konnte.

Die raetischen und norischen Bauern, die nach dem Ende des Römischen Reichs zu Baiovaren mutierten, waren gut römisch und durchaus ebenso christlich wie die Städter in Rom, Mailand und Konstantinopel oder die römischen Bürger in Köln, Trier, Augsburg, Regensburg, Passau oder Salzburg. Jedenfalls hielten sie, was religiöse Modernität anbelangt, leicht mit den zahlreichen germanischen Neuankömmlingen dieser Zeit mit. Der einzige Unterschied: Auf dem Land konnten sich die alten Fest- und Feierbräuche länger in allen möglichen Formen und regionalen Schattierungen halten. So gehen wohl auch die allermeisten der zahlreichen Rauh- und Weihnachtsgeister, die in der Winterzeit traditionell im Alpenraum ihr schräges Unwesen treiben, auf das Konto der ganz normalen *saturnalischen* Freude der Menschen an Fest und Verkleidung, an Maske und Spiel.

Geisterjagd

Freilich, diese Freude ist viel älter als das Römerreich und das Christentum. Mit jedem Modernisierungsschub wurden die festlichen Spiele der finsteren Jahreszeit nur immer wieder transformiert, quasi auf den neuesten Stand gebracht. So entstanden die Herbergssuchen und Krippenspiele, die *Perchten*, *Buttenmandln*, der *Pelzmärtl*, der *Krampus*, der *Klaubauf* oder gar die *schiache Luz* oder der *bluadige Thamerl*.

Jetzt ist die Zeit, sich Geschichten zu erzählen, den Kindern, die nicht in die Kälte des Wintersturms vor die Tür gehen sollen, weiszumachen, die *Wilde Jagd* gehe um. Und wer zu begierig auf Geistergeschichten war, den *druckten* später unter Bettenbergen in eiskalter Schlafkammer die *Druden* in Alpträumen. Hexen, Teufel und zahlreiche andere Dämonen und Geister – böse hässliche genauso wie liebe schöne – bevölkerten die langen Nächte und wurden mit bunten Masken Wirklichkeit. Wirklich *heidnischen* Ursprungs – wie früher, vor allem in den germanenseligen Zeiten des 19. und 20. Jahrhunderts, oft vermutet wurde – sind diese Geschichten alle nicht. Auch wenn sie selbst manchmal vorgeben, sie handelten von dunklen Mächten – bei Licht betrachtet steht zuallererst das Feiern im Vordergrund, der große Spaß, zu dem eben auch manchmal ein kleiner Schrecken gehört.

Doch die einzelnen Erzählungen schöpfen immer wieder aus dem uralten gemeinsamen Mythen- und Vorstellungsschatz aller Völker. So gehören die *Wilde Jagd* – beziehungsweise im Alpenraum der *Gratzug* – zu den Mythen um den Herrn, manchmal auch die Herrin der Toten, derer im Winter gedacht wird. Die Anführer der Wilden Jagd sind nur im germanisch geprägten Norden der Haupt- und Totengott Wotan, Odin oder Thor. In Mitteldeutschland kann es Frau Holle

Götter der Antike im christlichen Welt- und Himmelsbild. In Mittelalter, Renaissance und Barock war der Himmel noch voller Götter. Sie galten selbstverständlich als Vorläufer des einen und dreifaltigen Gottes.

Christophorus als *Kynokephale*, als *Hundsköpfiger*; Ikone aus Tscherepowez in Westrussland, 17. Jahrhundert

sein, im keltisch geprägten Süddeutschland und in Österreich ist es Frau Perchta – oder, wie in Schwaben und der Schweiz, der weiß gekleidete Herr Berchthold.

Tatsächlich beherrscht im Winter das Sternbild des Orion den Himmel. Die Ägypter sahen darin ihren Toten- und Lebensgott Osiris, der die Seelen der Verstorbenen anführt. Auch die Wikinger kannten das Sternbild. Für sie stellte es Donnergott Thor dar, der den listigen und luftigen Gott Loki an seinen Gürtel schnallt und so über einen Fluss trägt. Das gleiche Motiv findet sich in der christlichen Christophoruslegende.

Christophorus (griechisch: *Christusträger*) hat nicht wirklich gelebt. Die Geschichte spiegelt den uralten Mythos des Seelenführers. Der Legende nach will der riesenhafte Christophorus nur in die Dienste des unangefochten stärksten Herrschers treten, eines Herrn, dessen Macht nicht begrenzt ist. Er macht sich auf die Suche und trifft einen Einsiedler, der ihm rät, zunächst bescheidener zu dienen, einen Fährmann zu ersetzen und an seiner statt Reisende über einen Fluss zu tragen. Eines Tages kommt ein kleines Kind zu Christophorus, das sich hinübertragen lassen will. Mitten im Fluss wird das Kind aber immer schwerer, schließlich nahezu untragbar: *Kind, du bist so schwer, als hätte ich die Last der ganzen Welt zu tragen!*, sagt Christophorus und das Kind antwortet: *So ist es, denn ich bin Jesus, der Heiland. Und der Heiland trägt die Last der ganzen Welt.*

In der Antike trennte der Fluss *Styx* (griechisch: *Grauen*) oder *Lethe* (griechisch: *Vergessen*) die Lebenden von den Toten in der Unterwelt. Wer gestorben war, musste sich hinüberführen lassen. Alle Totengötter sind deswegen zugleich die Fährleute, die Träger, Führer der Toten. Bei den Ägyptern hatte dieses Amt der hundsköpfige Totengott Anubis inne, ein Erscheinungsbild des großen Totengotts Osiris. Und es ist kein Zufall, dass der riesenhafte christliche Christophorus noch in ostkirchlichen Ikonen zuweilen als hundsköpfig dargestellt wird.

Im Mittelalter galt, anders als heute, der unvorhergesehene, der plötzliche Tod als schlimm und deswegen unerwünscht. Man wurde dadurch der wichtigen Möglichkeit beraubt, geborgen in der Gemeinschaft zu sterben, konnte sich nicht von seinen Lieben verabschieden, sie segnen, ihren Segen erhalten und auch die Sterbesakramente der Kirche nicht mehr empfangen. Christophorus wurde nun zum Beschützer vor so einem abrupten, jähen Tod. Es galt die Formel: *Schau an Christophorum und ziehe sicher Deines Wegs.* Wer ein Christophorusbild ansah, war an diesem Tag vor einem solchen Tod sicher. Deswegen hat man den Christophorus häufig riesengroß, buchstäblich *unübersehbar*, innen und außen an Kirchen gemalt. Noch heute wendet man sich an Christophorus als Schutzpatron, der Reisende vor einem Unglück bewahren soll.

Aber nicht nur das Motiv des Seelenführers, auch das mit dem Orion-Sternbild verbundene Motiv der Jagd ist uralt. Die Sumerer nannten die eindrucksvolle Sternkombination *Uruanna* (= *Licht des Himmels*), von dem sich wieder der griechische Name des Jägers *Orion*

Der Himmelskreis steht dem Erdkreis gegenüber. Neben den klassischen Tierkreiszeichen und anderen herausragenden Sternzeichen nimmt hier der Himmelsjäger Orion einen prominenten Platz ein.

ableitet. Im Mythos ist Orion ein brutaler Jäger, der sich vornimmt, alle wilden Tiere umzubringen. Die Jagdgöttin Artemis setzt deswegen einen Skorpion auf ihn an, der ihn tötet. Der Heilgott Asklepios versucht Orion wiederzuerwecken – vergeblich! Aber es gelingt, beide – Orion und den Skorpion – an den Himmel zu versetzen, wo sie sich nun seit Jahrtausenden erfolglos jagen: Das Sternbild Orion ist nur im Winter, das des Skorpions nur im Sommer zu sehen. Keiner von beiden wird den anderen je treffen.

Totengott beziehungsweise Seelenführer und ewige Jagd fließen in den Geschichten von der *Wilden Jagd* zusammen, die um Weihnachten mit ungeheurem Lärm durch die Lüfte ziehen soll. Dem Anführer müssen Menschen und Tiere folgen, die einst durch Gewalt oder ein Unglück vor ihrer Zeit umgekommen sind. Und wer diesem Geisterzug begegnet, der wird mitgenommen, bis er irgendwann befreit wird. Der Oberpfälzer Sagen- und Mythenforscher Franz Xaver von Schönwerth berichtet über einen solchen Fall:

In Harenzhofen, bei dem Dorfe Lengenfeld, diente ein Bauernknecht, der sich oft beim Spiele vergaß und deshalb schon öfters mit derben Verweisen ermahnt wurde, zur gehörigen Zeit heimzugehen. Nach solchen Verweisen fluchte er entsetzlich und schwur bei andern sehr vermessenen Ausdrücken auch noch, dass ihn gleich der Teufel holen soll, wenn er wieder spiele. Doch bald spielte er wieder im Wirtshaus zu Lengenfeld, ward ordentlich abgeklaubt und artete so entsetzlich in Fluchen und Schelten aus, dass ihn alle verließen. Um ½ 12 Uhr machte sich auch dieser Knecht auf, um heimzugehen. Als er bei der Matzenhofkapelle vorüberging, wurde er gepackt und so schnell fortgerissen und geschleppt, dass er glaubte, von der Luft erstickt zu werden. Als in der Frühe der englische Gruß geläutet wurde, ließ ihn das wilde Gegoig fallen. Er sah sich in einer ganz fremden, ihm unbekannten Gegend. Es vergingen 14 Tage, bis er wieder nach Hause kam. Mittlerweile suchte man ihn in Wäldern und Gewässern, weil man glaubte, er habe sich erhenkt oder ersäuft. Er war bei seiner Heimkunft ganz entstellt und außer sich. Auf die Frage, was ihn mitgenommen habe, erzählte er jedem das eben Gemeldete. Auch zu Gerichtsohren kam diese Geschichte und er wurde strenge hierüber vernommen. Er lebte noch viele Jahre und besserte sich. Diese Geschichte ist ganz Wahrheit.

Nachbemerkung: Im Jahre 1858 war jener Mensch als Greis von etwa 70 Jahren das letzte Mal Hirte zu Siegertshof bei Breitenbrunn. Der Pfar-

rer L. Graf zu Lengenfeld fragte ihn selbst, wie es sich mit seiner Entführung verhalten. Er leugnete sie nicht; nur modifizierte er die Art derselben.

In den meisten Fällen aber wird die Wilde Jagd, die jemanden mitgenommen hat, eher nicht die geisterhafte aus den Sagen und Mythen gewesen sein. Mit viel größerer Wahrscheinlichkeit handelte es sich bei solchen angeblich verbürgten Fällen um irdische und höchst lebendige Darsteller des Geisterheers: eine Perchtengruppe, die, wie üblich, die Straßen in der Zeit vor Weihnachten unsicher machte. Bei diesen Gruppen spielt Alkohol zur Förderung des Gemeinsinns nach wie vor manchmal eine so große und im Wortsinn *anziehende* Rolle, dass man sich einfach anschließen muss und schließlich tagelang nicht nach Hause kommt.

Würste und andere Geschenke

Die römischen Saturnalien gipfelten im großen Opfer am 24. Dezember, dem Weihetag des Tempels für den Staatsgott Saturn, in dem auch der römische Staatsschatz aufbewahrt wurde. Und genauso wie man dem Gott des Schatzes opferte, so haben die brave Römerin und der brave Römer auch ihren eigenen *Schätzchen*, ihren Kindern und anderen lieben Menschen, Geschenke gemacht. Ursprünglich hat es sich dabei ausschließlich um sogenannte *sigillaria*, also Spielzeug aus Ton für Kinder, gehandelt und um *candelae*, also Öllampen und Wachskerzen für erwachsene Freunde – Spielzeug und Kerzen spielt beides heute noch am Heiligen Abend eine herausragende Rolle.

Noch unter den Römern hat sich der Brauch im Lauf der Zeit zu einer allgemeinen Geschenkeorgie erweitert. Geschenkt wurde schließlich so ziemlich alles, was man sich vorstellen kann: Teure Gewürze, Gemüse, Obst, ein besonderer Schinken, ein Spanferkel oder eine Ente, frischer Fisch aus dem Meer oder kostbare Austern, dazu Gebrauchsgegenstände, Geschirr, Kleidung, Bücher, Kosmetik – all das hat man zusammen mit witzigen Widmungen überreicht. Hunderte solcher Geschenkaufschriften sind überliefert. Der römische Dichter Martial hat einmal eine Wurst hergeschenkt mit dem Vermerk, die habe er selbst vor einiger Zeit bekommen.

Erstmals erwähnt werden Würste in ihrer heutigen Form in Italien zur Zeit von Christi Geburt. Damals wurde sie *lucanica* genannt (= *die aus Lukanien*; heute heißt die Region in Süditalien Basilikata). Demnach wären die Griechen, die damals und bereits lange vor den Römern ganz Süditalien besiedelt hatten, die Erfinder der Wurst. In Oberitalien gilt allerdings eine andere Geschichte. Angeblich soll dort die langobardische Königin Theodelinde die italienische Wurst *salsiccia* erfunden und das Rezept den Einwohnern von Monza geschenkt haben. Theodelinde (um 570 – 627), die von den Lombarden heute noch als Selige verehrt wird, war eine Agilolfingerin, die Tochter des bayerischen Herzogs Garibald I. – so wäre die Wurst eine bayerische Erfindung. In Wirklichkeit aber dürften Würste seit ältesten Zeiten zu Weihnachten beziehungsweise zur Schlachtzeit um die Wintersonnenwende gehören. Die *Mettenwurst*, die mitten in der Heiligen Nacht mit Genuss verzehrt wird, ist in vielen Gegenden bis heute Tradition – auch wenn längst nicht mehr im Haus geschlachtet wird.

Ihre Saturnaliengeschenke kauften die Römer übrigens auf einem speziellen Markt, der alljährlich im Luxus-Einkaufsviertel Saepta, in der Nähe des domitianischen Circus stattfand. Auch wenn der Markt inzwischen tatsächlich *in* den domitianischen Circus gezogen ist, auf die viel größere Piazza Navona nämlich, und natürlich längst ein Weihnachtsmarkt geworden ist: Es gibt ihn immer noch – seit über 2.000 Jahren. Wie bei uns der Heilige Nikolaus sogar noch kurz vor Weihnachten einen Christkindlmarkt besuchen kann, so besucht die *Hexe Befana* den Weihnachtsmarkt auf der römischen Piazza Navona, obwohl Befana (=*Epifania*) eigentlich erst an Epiphanie den Kindern die Geschenke bringt.

In all den Jahrhunderten seit der Antike ist aber sicher nicht nur der winterliche Markt gleichgeblieben, sondern bestimmt auch die Tatsache, dass die Augen der Kinder schon immer größer waren als die Finanzmittel der Eltern. 1591 schrieb die Nürnberger Bürgerin Magdalena Paumgartner an ihren in Italien weilenden Mann, dass ihr Sohn Balthasar nicht nur eine *rechte Werre* (= *Wehre, Waffe*), sondern auch ein *lebend Ross* auf seinen Wunschzettel geschrieben habe. Kriegen würde er aber neue Strümpf, da ihm die alten zu klein geworden seien. Gut 30 Jahre früher sah die Sache bei dem reichen Nürnberger Patrizier Paulus Behaim allerdings anders aus: Die zwei Buben bekamen je einen Schlitten, die Töchter dagegen schöne Gürtel samt Geldkatzen, Haarbänder und Spiegel. Die ganze Palette dessen, was in der Frühen Neuzeit so alles als Geschenk für Kinder infrage kam, findet sich in einer Wittenberger Predigt von 1572:

Gemeiniglich fünferlei Dinge. Erstlich güldige als Geld, viel oder wenig, je nachdem der Haus-Christ vermag und reich ist. Doch lassen sich auch die armen Kinderlein an einem Pfennige oder Heller in Apfel gesteckt genügen und sind guter Dinge darüber. Darnach finden sie auch geniesliche Dinge, als Christstollen, Zucker, Pfefferkuchen und aus diesen mancherley Confekt und Bilde. Daneben Äpfel, Birnen, Nuss und allerlei bestes. Zum dritten finden sie ergetzliche und zu Freuden gehörige Dinge als Puppen und mancherlei Kinderwerk. Zum vierten finden sie nötige und zur Bekleidung und Zier des Lebens dienstliche Dinge: Hübsche Kleiderlein mit Seiden, Gold und Silber und reinlicher Arbeit gefertigt. Zum letzten finden sie auch, was zu Lehre, Gehorsam und Disziplin gehört, als ABC-Täfelein, Bibeln und schöne Bücherlein, Schreib- und Federzeuge, Pappier und -- die angebundene Christrute.

Turbokonsum

Die antike Markttradition ist in den alten Städten nördlich der Alpen – vor allem solchen wie Augsburg oder Regensburg, die seit der Römerzeit kontinuierlich prosperiert haben – wohl nie ganz abgerissen, auch wenn es dafür keine schriftlichen Beweise gibt. Mit zunehmendem wirtschaftlichen Erfolg und Wohlstand kam es gegen Ende des Mittelalters jedenfalls zu einer großen Blüte dieser Märkte – längst natürlich unter christlichen Vorzeichen. Zahlreiche Martinimärkte, Kathreins- oder auch Nikolaidulten und Christkindlmärkte sind in Urkunden seit dem 14. Jahrhundert belegt. 1310 beispielsweise findet sich der erste Hinweis auf eine Nikolaidult in München.

Der berühmte Nürnberger Christkindlesmarkt dagegen ist erstmals im Jahr 1628 urkundlich erwähnt. Aber schon früher sind die Nürnberger zur Weihnachtszeit, ähnlich wie vor ihnen die Römer, dem ganz und gar weltlichen Kaufrausch verfallen. Am Sonntag vor Weihnachten im Jahr 1616 zum Beispiel hat sich der Pfarrer der Sebalduskirche beschwert: Es sei ihm gar nichts anderes übriggeblieben, als die Vesperpredigt ausfallen zu lassen, *weil wegen des Einkaufens zum Kindleinbeschern keine Leut vorhanden gewest.*

Der Sebalduspfarrer ein Opfer frühneuzeitlichen Konsumterrors? Wohl kaum. Das Schenken gehört halt dazu seit es Menschen gibt. Es ist ein uraltes Ritual um diese Zeit, mit dem man sich das Wohlwollen der Götter genauso wie das seiner Mitmenschen sichern kann. Fürs Schenken wird und wurde selbstverständlich immer eine Gegenleistung erwartet. Das war in alten Zeiten schon so bei den Götteropfern: *Ich gebe, damit Du gibst! Ich stifte Dir, oh mein Gott, eine (Votiv-)Gabe und Du mögest mir dafür gedeihliches Wetter schenken!* Und was für Gott gilt, gilt gleichfalls für sein Abbild, den Menschen: Kleine Geschenke erhalten die Freundschaft.

Gemeinschaftliches Feiern und Geschenke gehören sogar ursächlich zusammen, denn das *Geschenk* wirkt gewissermaßen als Ersatz für das, was man nicht miteinander *abfeiern* kann. Normalerweise folgen auf Werktage immer Feiertage, jede Arbeit, jedes Werk verlangt nach einer Feier. Im Idealfall nach einer gemeinsamen Feier: Das Haus ist noch nicht fertig, aber der Dachstuhl steht, das Werk der Zimmerleute ist getan. Sie feiern *Hebauf* und stoßen zusammen auf das Wohl des Hausherrn und ihr eigenes an. Die Getränke muss der zahlen, für den das Werk getan wurde. Ist die Arbeit, der Dienst im Moment zu klein, um unmittelbar zu feiern und darauf anzustoßen, wird wenigstens ein Trinkgeld geschenkt. Kleinvieh macht auch Mist – viele Trinkgelder zusammen ergeben ein Festgelage. Und das Wort *Trink-Geld* ist verräterisch: Seit den Zeiten der jungsteinzeitlichen Bauern ist das gemeinschaftliche Feiern mit dem Genuss alkoholischer Getränke verbunden, aller neuzeitlichen gesundheitlichen und sonstigen Aufklärung zum Trotz. Das war dem berühmten oberfränkischen Dichter Jean Paul bereits vor annähernd 200 Jahren bewusst. Er mokierte sich über die sogenannten Neuerer, die Vernunftrevolutionäre der Aufklärung, die neben vielem anderem auch einem in ihren Augen übermäßigen Alkoholkonsum Einhalt gebieten wollten, mit einem knappen Satz:

In nichts offenbart sich die herzlose Maschinenhaftigkeit der Neuerer mehr als in der Dürre ihrer Feste.

Schenken ist verwandt mit den Wörtern *Schinken* und *Schenkel* und heißt ursprünglich soviel wie *schief halten*. Später hat sich daraus das *Einschenken* entwickelt und als Erweiterung die Bedeutung *darreichen*. *Handschenk* hat etwa der Händedruck im Mittelalter geheißen. Dienstboten zum Beispiel hat man den Lohn *geschenkt*, also ausgehändigt. Auch hier war das Schenken eine Gegenleistung für die Arbeit der Angestellten. Die Tage zwischen Martini und Neujahr waren, wie bereits erwähnt, uralte Zahltage. Die Leute waren flüssig.

Mit und in der Null
beginnt die wirkliche Bewegung des Seins.

Kasimir Malewitsch (1878 – 1935), Avantgardekünstler und russischer Revolutionär

Stille

Stunde Null

Der 24. Dezember, der Tag der Wintersonnenwende, *bruma dies* (= *der kürzeste Tag*), war der traditionelle Schluss der Saturnalien. An diesem Tag, so glaubten die Römer, hielt Aion sein durch den Tierkreis symbolisiertes Zeitenrad an. Jetzt stand der Kreis, das Rad des Jahres für einen kurzen Augenblick still – *Solstitium* (= *Sonnenwende*) bedeutet *Sonnenstillstand*. Beides, Kreis und Rad – und davon abgeleitet Scheibe oder Kugel –, galten schon seit der Jungsteinzeit als Symbole für den Kosmos, der, so die Vorstellung, ebenso wie der Kreis, keinen Anfang und kein Ende kennt. Daher die Form der jungsteinzeitlichen niederbayerischen Kreisgrabenanlagen, daher auch die Form der berühmten Himmelsscheibe aus Nebra (Sachsen-Anhalt), der ältesten beweglichen Himmelsdarstellung der Welt. Sie stammt aus der frühen Bronzezeit (zwischen 2200 und 1700 v. Chr.).

Für die Alchemisten des Spätmittelalters und der Frühen Neuzeit war das Symbol des Rades, der Ring mit dem Punkt in der Mitte, gleichzeitig das Zeichen für das begehrte Gold, das sie herzustellen hofften, für die Astrologen symbolisierte es die Sonne. Der Punkt beziehungsweise der Ring allein waren beides Zeichen für die *nulla figura* (= *keine Gestalt*), die man sich im Mittelalter als göttliche Eigenschaft vorstellte, eine Eigenschaft, die weder positiv noch negativ war – wie die Zahl *Null*.

Wie wir heute wissen, hat auch die Null bereits eine Vorläuferin in frühgeschichtlichen Kulturen. Auch die Ägypter kannten die Vorstellung eines Wendepunkts, der selber keine Ausdehnung hat, und verwendeten dafür die Hieroglyphe , die auch für die Bedeutung *nichts* benutzt wurde. Ein solcher Wendepunkt ohne spürbare zeitliche Ausdehnung tritt eben zur Wintersonnenwende ein, wenn Aions Rad stillsteht. Der ägyptisch-griechische Astronom Klaudios Ptolemaios aus Alexandria benutzte erstmals im 2. Jahrhundert n. Chr. ein *Fehlzeichen*, den griechischen Buchstaben *Omikron* (= o), der vermutlich für griechisch *oudén* (= *nichts*) steht. Die Römer dagegen, die keine hochentwickelte Mathematik pflegten, kannten die Null als Zahl oder Zeichen nicht. Das Wort *nullus* oder *nulla* aber war ihnen schon seit ältesten Zeiten ein Begriff: *An(n)us* bedeutet gleichermaßen *Ring*,

Rad des Lebens: Das Rad gilt seit der Jungsteinzeit als Symbol des Werdens und Vergehens in der Zeit. In den fernöstlichen Kulturen, wie etwa im tibetischen Buddhismus, nutzt man entsprechende Darstellungen als Meditationshilfe; Thangka aus Pokhara, Nepal.

Kreis und *Jahr*. Aus der Verkleinerungsform *an(n)ul(l)us* (= *Ringlein*) entwickelte sich *nullus* (= *keiner, nichts*).

Das Zahlzeichen des ausdehnungslosen Punkts beziehungsweise des unendlichen Kreises, der in seiner Mitte die Leere, also nichts, enthält, wanderte vermutlich aus dem hellenistischen Ägypten durch christliche Vermittlung ins alte Indien, dessen großteils indoeuropäisch geprägten Kulturen die Symbolik des Rads ebenfalls längst geläufig war.

Rad der Fortuna

Die Inder bauten im Lauf der Zeit die Null in ihr neu entwickeltes Dezimalsystem ein. Im 7. Jahrhundert n. Chr. berichtet darüber der syrische Bischof Severus Sebokht. Gleichzeitig lernten arabische Seefahrer das indische Dezimalsystem mit der Null kennen. Sie nannten sie *shifr*. Nach Süditalien war die Null (= *nulla figura*) bereits im 4./5. Jahrhundert mit den Byzantinern gekommen. Als Denkfigur machte die *nulla figura* hier Karriere. Später aber setzte sich in Italien, wie in vielen anderen europäischen Sprachen, das arabische Wort der Sarazenen durch, die Süditalien im 8. Jahrhundert erobert hatten. Aus arabisch *shifr* wurde spätlateinisch *cifra*. Daraus wiederum entwickelte sich das italienische *zero*, das anschließend in zahlreiche weitere Sprachen übernommen wurde. Ebenfalls dem arabischen *shifr* entstammen das französische *chiffre* und die deutschen *Ziffern*, die zu ent*ziffern* sich die an römische Zahlen gewöhnten mittelalterlichen Gelehrten so schwertaten.

Gott ist die unendliche Kugel, deren Mittelpunkt überall und deren Umfang nirgends ist, heißt es im geheimnisvollen „Buch der 24 Philosophen", das im Hochmittelalter große Wirkung entfaltete und auf *Hermes Trismegistos*, den *dreifachgroßmächtigen Hermes*, zurückgeführt wurde. Hermes (ägyptisch: *Thot/Anubis*, römisch: *Mercurius*) war weit mehr als der Götterbote, als der er heute zumeist bekannt ist. Er war ein weiterer Aspekt der großen Vater-Gottheit, geleitete die verstorbenen Seelen ins Totenreich und sorgte – als Vater des Weltaltergottes Aion – für die Wiederauferstehung. Zugleich war Hermes der Erfinder der Wissenschaften, mit deren Hilfe die *hermetisch* verborgenen Geheimnisse der Welt enträtselt werden können.

Agrippa von Nettesheim, einer der großen Universalgelehrten der Frühen Neuzeit, war eben diesen *okkulten*, also verborgenen Geheimnissen auf der Spur. Er hielt Rad und Kreis für eines der bedeutendsten

Die radförmigen Fensterrosen galten im Mittelalter als Symbol für die Allgegenwart Gottes. Meist sind sie im Westwerk der Kirchen eingebaut, also durch die Abendsonne belichtet – als Symbol für Gott, der auch das sterbende Leben umfängt; Fensterrose in der ehemaligen Zisterzienserklosterkirche Ebrach (Landkreis Bamberg).

Das Rad der Fortuna: Die antike Göttin Fortuna begann man im Hochmittelalter als Dienerin Gottes zu sehen. Fortuna und ihr Rad wurden ungeheuer populär. Auf unserer Abbildung sieht man, wie das Glücksrad links einen Menschen nach oben bringt, der schließlich auf dem Scheitelpunkt als Herrscher thront. Doch nicht lange: Rechts stürzt er wieder herab, die Krone fällt ihm vom Kopf und unten ist er buchstäblich unter die Räder gekommen. Die Miniatur illustriert die „Carmina Burana", eine aus dem Kloster Benediktbeuern stammende Liedersammlung des 13. Jahrhunderts, die heute im Besitz der Bayerischen Staatsbibliothek ist.

Regno
BIBLIOTHECA REGIA MONACENSIS.
regnabo
regnavi
sum sine regno

Phänomene überhaupt. Das, so schreibt er, hätten schon die antiken Gelehrten …

… in heiligen Schriftzügen niedergelegt, indem sie alles Kugelförmige und Runde der Welt, der Sonne, der Hoffnung und dem Glück beilegten. Der Kreis gehört dem Himmel. Die Teile des Kreises dem Mond […].

Wie der Tierkreis des Aion so drehte sich zu Agrippas Zeit auch das Rad der Fortuna, des Menschenglücks, des Schicksals, unaufhörlich und stand nur einmal im Jahr, zur Wintersonnenwende, für einen Augenblick still: die Stunde Null.

Stade Zeit

In Altbayern wird heute die Adventszeit gern als *stade Zeit* bezeichnet. Genauso wie das standarddeutsche *still* hat *stad* zwei Bedeutungen: *stillstehen* (Abwesenheit von Bewegung) und *still sein* (Abwesenheit eines Geräusches). Besonders interessant ist dabei die Etymologie des bairischen Worts *stad:* Es leitet sich vom spätlateinischen *statius* her, das soviel bedeutend wie *stehend.* Etwas, das steht, macht keinen Lärm. Am römischen *bruma dies,* dem Tag der Wintersonnenwende, blieb nach traditioneller Vorstellung für den kurzen Moment, der das Ende des alten und den Beginn des neuen Jahrs markiert, die Zeit stehen. Im bairischen *stad* hat sich ein Reflex dieser antiken Idee erhalten. Damit wird auch deutlich, dass mit *stader Zeit* keineswegs die lärmende und geschäftige Adventszeit gemeint gewesen sein kann. *Stad* ist vielmehr, wie schon in der heidnischen Antike, die Zeit zwischen den eigentlichen Weihnachtstagen und Epiphanie, also der Schluss der saturnalisch erregten Adventszeit.

Im Hochmittelalter, nach der Beschränkung des Advents auf vier Wochen, übernahm St. Katharina von St. Martin die Funktion des Zahltags und galt fortan als Auftakt für die Fastenzeit vor Weihnachten. Die heilige Katharina, die – so sie nicht vollständig ins Reich der Legenden eingeordnet werden muss – um 310 im ägyptischen Alexandrien gelebt hat, gilt unter anderem als Schutzfrau der Geisteswissenschaftler. Sie soll, der mittelalterlichen „Legenda Aurea" zufolge, mit dem römischen Kaiser Maxentius und 50 großen Gelehrten über philosophische und theologische Fragen diskutiert haben. Interessant ist, dass sie dabei unter anderem Platon anführt, der die Menschwerdung

Christi angeblich vorausgesagt hat. Das zeigt deutlich die Wertschätzung, die die antike Philosophie im Hochmittelalter wieder erfuhr. Aber selbstverständlich nutzte Katharina ihre ganze Gelehrsamkeit nichts. Sie verweigerte das für Christen untragbare Kaiseropfer und musste deshalb den großen Foltertod sterben. Der Kaiser ordnete an, sie mit einer *machina*, einer Maschine mit vier gegenläufigen Rädern, zu zerfetzen, doch bevor mit dem grausamen Werk begonnen werden konnte, soll ein Engel des Herrn das Mahlwerk zerschmettert haben, – *mit solcher Wucht, dass viertausend Heiden umkamen*. Schlussendlich wurde Katharina geköpft.

Von den vier zerstörten Rädern der furchtbaren *machina* wird stets nur eines den Darstellungen der heiligen Katharina beigegeben. Dieses eine hat aber beträchtliches Gewicht: Katharina tritt mit ihm auf wie eine Prophetin des bevorstehenden kurzen Moments, in dem Aion das Rad des Weltenlaufs anhalten und ein Augenblick der Stille eintreten wird. Ganz in diesem Sinn wurde der Festtag der Heiligen früher auch begangen. Nach altem Brauch mussten sämtliche Räder und alles, was sich sonst noch bewegt, stillstehen und ihre Betreiber – Müller, Wagner oder Fuhrleute – *Urlaub nehmen*, wie es in alten Aufzeichnungen heißt. Eine willkommene Gelegenheit, die selbstverständlich unter dem Patronat der Heiligen stehenden Räder in Mühlen, Fuhrwerken oder auch Uhren für das neue Jahr auf Tauglichkeit und Sicherheit zu überprüfen.

Stillstand, Stille wird jetzt auch im sonstigen weltlichen Treiben gefordert: *Kathrein stellt den Tanz ein*, heißt es heute noch. Ab jetzt sollen Lustbarkeiten wie der Novemberfasching um den Martinstag verboten sein, auch wenn man sich zu keinen Zeiten so ganz an diese adventliche Vorschrift gehalten hat. Und selbst wenn der Fön noch einen allerletzten altweiberlichen St. Katharinensommer zaubert, macht nun der Herbst dem Winter Platz. Es gilt, sich bußfertig vorzubereiten auf die Ankunft des Herrn. Zuvor aber finden noch landauf landab Kathreintänze und Kathreinmärkte statt, auf denen es die Leute

Folgende Doppelseite: Auf der Rückseite des Hochaltars des Ingolstädter Münsters disputiert die heilige Katharina nicht mit alexandrinischen Gelehrten, sondern mit berühmten Renaissance-Professoren der Bayerischen Landesuniversität zu Ingolstadt. Darunter die Kartographen Peter und Philipp Apian, der bayerische Geschichtsschreiber Johannes Aventinus und der Botaniker Leonhard Fuchs.

noch einmal so richtig krachen lassen könnten, wenn sie das heute nicht schon das ganze Jahr über täten.

Christlicher Buddha

Höchst interessant, gerade unter dem Gesichtspunkt der meditativen Stille, ist der Gedenktag des heiligen Einsiedlers Barlaam und des ebenfalls heiligen Königssohns Josaphat am 27. November – zwei Tage nach dem Katharinentag. Die beiden unbekannten, *seltsamen* Heiligen haben mit Sicherheit nicht gelebt; jedenfalls nicht unter diesen Namen. Ihre Legende stammt aus Indien und ist zunächst ins Persische und Arabische, schließlich auch – ins Christliche gewandt – ins Georgische übersetzt worden.

Im Kern handelt es sich dabei um die Buddha-Legende, die auf diese Weise sowohl vom Islam als auch vom Christentum rezipiert worden ist. Die griechische Fassung des Kirchenlehrers Johannes von Damaskus stammt aus dem 7. Jahrhundert und wurde ein Bestseller des Frühmittelalters. Jahrhundertelang kursierte die Geschichte im östlichen Mittelmeerraum, bevor sie mit den heimkehrenden Kreuzfahrern ins Abendland gelangte, wo es bald zahlreiche lateinische Übersetzungen gab. Die erste deutsche Bearbeitung um 1200 stammt von Bischof Otto von Freising.

Die Legende knüpft an historische Tatsachen an. Sie erzählt vom indischen König Abenner, der ein heftiger Christenverfolger gewesen sei. Tatsächlich gibt es heute noch uralte christliche Kirchen in Indien, die ihre Existenz auf die Mission des Apostels Thomas zurückführen, der zu Zeiten der frühesten Kirche auf den indischen Subkontinent gekommen sein soll. Das christliche Leben seiner Untertanen in der Folge von Thomas' missionarischem Erfolg war dem legendenhaften Abenner ein Dorn im Auge. Doch es kommt noch schlimmer: Bei der Geburt seines Sohnes Josaphat wird ihm geweissagt, dass dieser Christ werden wird. Was folgt, entspinnt sich ganz wie im Leben Buddhas: Der Vater tut alles, um die Weissagung nicht wahr werden zu lassen, baut einen prächtigen Palast für Josaphat, damit er nicht mit dem Leid der Welt konfrontiert wird. Bei einem Ausritt begegnen dem Prinzen schließlich ein Aussätziger, ein Blinder und ein Lahmer. Josaphat

Josaphat begegnet dem Aussätzigen, dem Lahmen und dem Blinden: Holzschnitt aus dem Legendenroman „Barlaam und Josaphat" des Rudolf von Ems, Augsburg 1476.

DO hieß der vatter der künig seinem sun außerwölte roß herfüren vnd hoffgesinde als seiner künigklichen würde wol zimte· vor vnd nachreitend gebot er in bei im zesein. Vñ ließ in reitẽ wo er hin begeret. Vnd gebot fleißlich seinen dienern das sy seinem sun nichtz vnsaubers liessen begegnen· Aber das sy im alle gůte vnd frőliche ding zeygten vnd das vor im tanczer vnnd springer frolockend in gesången vñ allerley seytenspil giengen vnd tancztẽ vnd machten manigerley freüde vnd spil der wollustigkeyt vor im. Also das sein gemůte darjnn eynen willen håtte vnd frolockete. Vñ do also vmb rit vnd zoch d' sun des künigs· do sahe er eynes tags heymlichen das im begegenten zwen man. Eyner der was blind· der ander außsötzig. Vñ do er die sahe· do ward er betrůbet in dem gemůt. Vnd sprach zů dẽ die do bei im waren. Wer seind dise· vnd was seind ire vngeschaffne angesicht. Vnnd als die diener nit mochten verbergen dz der iung künig gesehen håtte. Do sprachen sy zů im. Es seind leydungen vnd schmertzen d' menschen· die dem menschen begegen vnd beschehent

macht sich Gedanken über die Vergänglichkeit des Lebens und trifft den Einsiedler Barlaam, der ihn zum Christentum bekehrt. Der Vater aber gibt noch nicht auf. Um ihn auf andere Gedanken zu bringen und ihn für das weltliche Leben zu retten, versucht er Josaphat mit irdischen Genüssen zu verführen – erfolglos. Resigniert gibt er ihm die Hälfte des Königreichs, doch der Sohn teilt seinen ganzen Reichtum unter den Armen auf. Als der König sieht, wie beliebt und erfolgreich sein Sohn damit ist, lässt er sich ebenfalls bekehren. Josaphat aber geht zuletzt zu Barlaam als Einsiedler in die Wüste.

Der Name *Josaphat* ist eine Verballhornung des griechischen Namens *Joasaph*, der sich wiederum vom persischen *Budasif* (sanskrit: *Bodhisattva = Erleuchtungswesen*) herleitet. Der indische Prinz Siddharta Gautama ist als erster den Weg des Bodhisattva gegangen und damit *Buddha* geworden. Buddha alias Josaphat wurde also durch die schriftstellerische Leistung des Johannes von Damaskus tatsächlich ein christlicher Heiliger. Sein Gedenktag am 27. November ist der frühest mögliche Termin für den ersten Advent.

Die Josaphat-Legende ist ein Beispiel dafür, wie verwoben die religiösen Ideen der Welt miteinander sind. Buddhas *Edler Achtfacher Pfad* der Tugend, Weisheit und Meditation gehörte, selbstverständlich unter anderen Namen, schon immer zu den Grundwahrheiten des Christentums. Auch hier steht am Anfang aller Erleuchtung die meditative Stille. Sie ist die Voraussetzung für (inneres) Hören und Verstehen. *Höre mein Sohn auf die Weisung des Meisters, neige das Ohr Deines Herzens!* Mit diesen Worten beginnt die *Regula Sancti Benedicti*, die erste Mönchsregel des Abendlands, die Benedikt von Nursia im 6. Jahrhundert zusammengestellt hat.

Hören und Losen

Das Ohr galt in der Antike als Sitz des Verstands und des Gedächtnisses. Noch bis in die Neuzeit wurden Menschen, die sich etwas merken sollten, am Ohr gezogen. Deswegen war das Gehör noch vor dem Sehen der wichtigste aller Sinne, der menschliche Sinn schlechthin.

Unser deutsches Wort *Sinn* und das lateinische Wort *sensus* beziehungsweise *sentire* gehen beide auf die indoeuropäische Wurzel *sen-/sin-* zurück, die in allem steckt, was *(einem Weg) folgen*, fühlen, hören, *verstehen, denken* bezeichnen soll. Entsprechend hängt das *Senden* damit zusammen genauso wie das *Sinnen*, also das *Nachdenken* oder *Trachten nach etwas*, und die *Sentenz*, lateinisch *sententia* (= *der Satz, das Urteil*), oder italienisch *sentiero* und spanisch *sendero* (= *der Pfad*). Der heute vielgesuchte *Sinn des Lebens* – das erschloss sich in der Antike und im Mittelalter bereits aus der Wortbedeutung – war demnach nichts anderes als der *Lebensweg*, den der Mensch *im guten Glauben* macht, im *Gehorchen*, im *Hören* auf die innere, die göttliche Stimme und die Gebote, in der daraus folgenden *Besonnenheit* und dem Vertrauen darauf, dass schon alles recht werden wird.

Auf alten Ikonen müssen Christi Ohren trotz ansonsten dichter Haartracht immer sichtbar sein. Buddhas Ohren werden sogar meistens völlig überdimensioniert dargestellt – die Religionsgründer waren eben beide gute Hörer, *Gehorcher*. Aus diesem Grund folgt in der Regel Benedikts gleich nach der geistlichen Kunst des *Gehorsams* die Kunst der *Schweigsamkeit:*

Ich will auf meine Wege achten, damit ich mich mit meiner Zunge nicht verfehle. […] Reden und Lehren kommen dem Meister zu, Schweigen und Hören dem Jünger.

Das Hören braucht die Stille. Und es kommt nicht von ungefähr, dass *hören* im Althochdeutschen, genauso wie heute noch im Bairischen, *losen* oder *lusen* heißt. Heute kennen wir das *Los* nur noch als anderes Wort für *Schicksal*, als Lotto-Los oder potenzielles Ticket zum Reichtum in anderen Glücksspielzusammenhängen. Im eigentlichen Sinn des *Hörens* sind aber die *Lostage* zu verstehen, die sich in der nun anstehenden Advents- und Weihnachtszeit häufen. Einer der bedeutendsten unter ihnen ist der Gedenktag des Apostels Andreas am 30. November. Wer aufmerksam, also *hörend*, durchs Leben ging, der konnte an diesem Tag an vielen Dingen Hinweise auf die Zukunft ablesen. Natürlich war hier aber auch der Aberglaube nicht weit. So traten junge Mädchen ihren Bettschemel, in der Hoffnung, im nächsten Jahr einen Hochzeiter zu bekommen und sagten dazu folgenden Spruch:

Bettschamel i tritt Di,
Andreas, i bitt Di,
lass mir erscheinen
den Herzallerliebsten meinen!

Adventus und *Epiphanie* der Kaiserin Theodora (um 500–548), der Gemahlin Kaiser Justinians (482–527): Der Höfling links schiebt gerade noch den Vorhang beiseite. Die vermutlich lebensgetreu porträtierte Kaiserin trägt als Zeichen ihrer Eigenschaft als oberste Priesterin des Reiches den Abendmahlskelch und einen *Nimbus* (= *Heiligenschein*). Nach ältestem Herkommen galt der Kaiser, wie die prähistorischen Priesterkönige, als *pontifex maximus* (= wörtlich: *oberster Brückenbauer, Hoherpriester*); ein Titel, den im weströmischen Reich der Papst übernommen hat und bis heute trägt; Mosaik um 547, Basilika San Vitale, Ravenna.

In Zeiten ohne Renten und sonstige Versicherungen war das Bedürfnis der Menschen groß, die Zukunft irgendwie in den Griff zu kriegen, handhabbar und damit beherrschbar zu machen. Man wollte wissen, welche Zumutungen die Zukunft brachte. Würde sich das Zerwürfnis mit dem Bauern wieder einrenken oder musste man an dem demnächst anstehenden Lichtmesstag aus dem Haus? Um das zu ergründen, setzten sich Knecht oder Dirn mit dem Rücken zur Stubentüre und warfen einen Pantoffel über die Schulter. Zeigte der danach mit der Spitze zur Tür, sollte das heißen, dass der oder die Werfer/in im nächsten Jahr, sprich: an Lichtmess, das Haus verlassen würde. Ganz ähnlich wie zu Silvester wurde in der Andreasnacht auch Blei geschmolzen, dessen erkaltete Formen den Leuten Auskunft über die Ereignisse des kommenden Jahrs geben sollten – letztlich alles Praktiken, die das *innere Hören*, eben das *Losen*, begünstigen sollen auf alles, was Weg, Schicksal, tatsächlich *Los* werden könnte. Voraussetzung dafür ist *Sensibilität* oder, um ein Modewort zu bemühen: *Achtsamkeit*.

Zeremonielle Stille sorgt für diese *Beachtung* und ist deshalb ein uraltes Mittel, die Spannung zu steigern. In der Oper nennt man das den *Magischen Moment*, in dem, nach dem Eingangsapplaus, der Dirigent den Taktstock hebt und – kurz verharrt, bevor der Klang der Ouvertüre den Raum füllt, in ihm erscheint wie ein Licht. *Erscheinung* heißt auf Griechisch *Epiphanie*. Mit diesem Wort war ursprünglich etwas zutiefst Weltliches gemeint: Die Erscheinung des römischen Kaisers vor dem Hofstaat; dieser Vorgang trug einen griechischen Namen, da die gebildete römische Oberschicht selbstverständlich Griechisch verstand und sprach. Unmittelbar vor der Epiphanie, beim sogenannten *Adventus*, also der Ankunft des Kaisers, musste absolute Stille herrschen, damit der Augenblick der *Erscheinung des Herrn*, wenn der Vorhang vor dem Kaiser weggezogen wurde, umso glanzvoller wirken konnte.

Im christlichen Sinn bezog sich der Begriff *Adventus* (= *Ankunft*) zunächst nicht auf das Fest der Geburt des Herrn, sondern auf seine Wiederkunft am Ende der Zeiten. Erst nachdem im vierten Jahrhundert das Datum des Weihnachtsfests festgelegt worden war, begann man, den *Adventus* allmählich auf die Wochen vor Weihnachten zu beziehen. Eine feste Adventsliturgie für die gesamte katholische Welt gab es allerdings erst ab 1570.

Sie sagen, immer, wann die Jahreszeit naht,
wo man des Heilands Ankunft feiert,
singe die ganze Nacht durch dieser frühe Vogel.
Dann darf kein Geist umhergehn,
sagen sie, die Nächte sind gesund.
Dann trifft kein Stern, kein Elfe faht,
noch mögen Hexen zaubern:
So gnadenvoll und heilig ist die Zeit.

William Shakespeare (1564 – 1616), aus: „Hamlet"

Advent

Kranz und Kalender

Vieles von dem, was traditionell zum Advent gehört, ist relativ jung. Der Adventskranz zum Beispiel. Er darf heute in keiner Kirche und praktisch keinem Haushalt fehlen. Und doch gibt es ihn noch nicht einmal seit 200 Jahren. Er geht auf den protestantischen Theologen und Gründer der Inneren Mission in Hamburg Johann Hinrich Wichern zurück. Wichern hatte Straßenkindern ab 1833 in seiner Stiftung *Rauhes Haus* ein Zuhause gegeben. Weil die Kinder zum Jahresende immer fragten, wann denn endlich Weihnachten sei, wollte er ihnen die Zeit verkürzen. 1839 befestigte er an einem alten Wagenrad 20 kleinere rote und vier große weiße Kerzen. Jeden Tag kam so ein Licht hinzu und verschönerte die Wartezeit. Noch heute hängt ein solcher Kranz im Rauhen Haus oder in der Hamburger Michaelskirche. In den 1860er Jahren kamen dann die grünen Kränze mit nur vier Kerzen auf. Erst 1930 wurde der erste Adventkranz Bayerns in München aufgestellt. Er hing in der Kirche St. Sylvester in Schwabing, einem Stadtteil, in dem sich seit dem 19. Jahrhundert besonders viele sogenannte *Nordlichter* niedergelassen und den Adventskranzbrauch mitgebracht hatten.

In der alten Form ist der Adventskranz nichts anderes als ein leuchtender Adventskalender. Kinder haben ein anderes Zeitempfinden als Erwachsene, sie tun sich schwer mit der Vorstellung, wie lang drei, vier Wochen sind. So sind zeitgleich mit und auch schon vor Wichern viele Eltern und Erzieher auf die Idee gekommen, ihren Kindern die Zeit bis Weihnachten mit entsprechenden Hilfsmitteln plastisch zu machen: Da wurden Himmelsleitern gebaut, denen täglich eine Sprosse hinzugefügt wurde, bis das Christkind auf Erden herabsteigen konnte, oder man dufte jeden Tag, als Lohn für gute Taten, einen Strohhalm in die Krippe legen, sodass das Christkind schließlich auf 24 Halmen bequem ruhen sollte.

Folgende Doppelseite: Gerhard Langs erster Adventskalender mit dem Titel „Im Lande des Christkinds". Über die Gedichte wurden Bilder geklebt, die zuvor aus einem Bogen ausgeschnitten werden mussten. Das auf S. 84 zitierte Gedicht kam auf das sechste Bild in der untersten Reihe.

Weihnach
December
1
November
30

s-Kalender
Guten Appetit!
R.E.K.

Thomas Mann beschreibt in seinen „Buddenbrooks“ eine solche Vorform des Adventskalenders. Extra gebastelt von der Kinderfrau für den kleinen Hanno:

Der kleine Johann verfolgte mit Hilfe des Abreißkalenders, den Ida ihm angefertigt, und auf dessen letzten Blatte ein Tannenbaum gezeichnet war, pochenden Herzens das Nahen der unvergleichlichen Zeit.

Ganz ähnlich hat es die Mutter von Gerhard Lang in Oberndorf am Lech (Landkreis Donau-Ries) gemacht. Sie, eine schwäbisch-protestantische Pfarrersfrau, malte für ihren Buben im Jahr 1885 auf einen Karton 24 Kästchen für die 24 Tage der Adventszeit und auf jedes dieser Kästchen nähte sie ein *Wibele,* ein schwäbisches Baiser-Plätzchen. Auf derart süße Weise an die Geheimnisse der Adventszeit herangeführt, erinnerte sich der mittlerweile in München ansässige ausgelernte Buchhändler Lang 1903 an die Idee seiner Mutter. Zusammen mit dem Kunstmaler Richard Ernst Kepler brachte er den ersten gedruckten *Münchener Weihnachts-Kalender* auf den Markt. In diesem allerersten Adventskalender gab es allerdings noch keine Schokolade, sondern Gedichte zum Aufkleben auf die 24 Kästchen, die von Gerhard Lang höchstpersönlich stammten. Eines dieser Gedichte ging so:

In der Bäckerei des Himmels
Gibt's natürlich viel zu tun,
Und die jungen Bäcker-Engel
Dürfen Tag und Nacht nicht ruh'n,
Auf dem Kopf die weiße Mütze
Wird gerührt und flink gewellt
Und die Bleche dann zum Backen
Einfach auf die Sonn gestellt.

Lang spezialisierte sich in der Folge auf die Herstellung von Adventskalendern, wurde Teilhaber, später Besitzer der Druckerei Reichhold und Lang und beschäftigte bald eine ganze Reihe von renommierten Malern und Schriftstellern für immer neue Adventskalenderexemplare. Darunter waren auch der erste mit Schokolade bestückte und 1920 das „Weihnachtshaus“, der erste Kalender mit Türchen zum Öffnen. Reich ist Lang mit der Idee seiner Mutter allerdings nicht geworden. Er hatte

Gerhard Langs 1920 erschienenes „Weihnachtshaus" war der erste Adventskalender mit Türchen zum Öffnen.

schlicht vergessen, die Erfindung zum Patent anzumelden. So kamen mit dem Erfolg die Nachahmungen, die von München aus allmählich die Welt eroberten. Langs Druckerei dagegen musste 1940 wegen kriegsbedingtem Papiermangel für immer den Betrieb einstellen.

Sphärenklänge

Geistliche Hilfsmittel wie Adventskranz oder Adventskalender entfalteten ihre Wirkung also zunächst im privaten Rahmen eines häuslichen Fests. Diese typisch protestantische Form der Feier des Advents im Kreis der Familie hat ihr Gegenstück in der gemeinsamen Adventsfeier der versammelten Gemeinde, den täglichen Roratemessen respektive *Engelämtern* auf katholischer Seite. Der Name Engelamt kommt von dem Evangelium, das in diesen Messen verkündet wurde und vom Engel Gabriel erzählte, der Maria die Botschaft brachte, dass sie ein Kind bekommen sollte.

Während die adventliche Familienfeier – wenn überhaupt – heute eher die Regel darstellt, gehört das Engelamt, zumindest das in aller Herrgottsfrühe, mittlerweile zu den Ausnahmen. Zu diesen besonders feierlichen Messen sind in früheren Zeiten täglich Leute von weither mit Laternen durch den ersten Schnee gestapft oder mit dem Schlitten zu den oft nur mit Kerzen und Wachsstöcken erleuchteten Kirchen gefahren. Ein außergewöhnliches Gemeinschaftserlebnis, damals wie heute, bei dem es im Anschluss an das Amt oft noch ein gemeinsames Frühstück gibt, bevor die tägliche Arbeit beginnt. Wie in alten Zeiten ist man so früh meist ein wenig unausgeschlafen und traumverloren, dafür aber vielleicht wacher, *horchender* im Herzen. Die Spannung des *Adventus* und die Stille machen aufnahmebereit für die uralten Rorate-Zeremonien – und für die himmlisch-göttliche Musik.

Nach dem griechischen Philosophen und Mathematiker Pythagoras und seinen Anhängern ist alle irdische Musik nur ein müder Abklatsch der originalen, kosmischen Harmonik des Himmels. Im Gegensatz zum Urzustand der Welt, dem *Chaos* (= *Abgrund, Leere, Nichts, Nacht*), dem Prinzip der Unordnung, gebiert der *Kosmos* (= *Ordnung, Schmuck, Glanz*) die Harmonie.

Pythagoras, der im 6. Jahrhundert vor Christus im griechisch besiedelten Süditalien gelebt hat und als Begründer der griechischen Philosophie gilt, soll einmal an einer Schmiede vorbeigekommen sein und sich über die Harmonie des Hammerklangs gefreut haben. Dabei ist ihm angeblich bewusst geworden, dass die Hämmer, je nachdem, ob sie klein oder groß waren, unterschiedlich klangen. Daheim hat er dann mit unterschiedlich langen und dicken Saiten experimentiert und soll so draufgekommen sein, dass musikalische Intervalle Proportionen besitzen. Proportionen, die man mathematisch berechnen und darstellen kann. Ausgehend von dieser mathematisch-musikalischen Harmonie, in der Töne gewissermaßen miteinander befreundet sind, hat er dann Freundschaft und Harmonie als universales, göttliches Prinzip gesehen. Auch die Sterne, diese kugeligen *Sphären*, und ihre Bewegungen harmonieren für Pythagoras miteinander, wodurch es zu den berühmten *Sphärenklängen* kommt, einer Art Himmelsmusik. Weil sie ununterbrochen erklingt, ist sie, so Pythagoras, für uns unhörbar. Erst wenn sie verstummt, etwa beim Tod eines Menschen, nehmen wir das Fehlen wahr.

Solcherart *himmlische* Musik gehört bis heute zu den wichtigsten Bestandteilen aller christlichen Gottesdienste, ganz besonders auch der Engelämter vor Weihnachten. In der Messe des Engelamts ist eines der wichtigsten Lieder *Tauet Himmel den Gerechten* aus dem „Landshuter Gesangbuch" von 1777. Darin wurde es als Kirchenlied bezeichnet, das *vor der Predigt oder bei dem Gottesdienste unterm Offertorio* (= *Gabenbereitung*) *zu singen* sei. Die Melodie hat der in Au am Inn geborene letzte Dekan des Herrenchiemseer Chorherrenstifts Norbert Hauner (1743–1827) komponiert. Die Urfassung des Textes stammt aus der Feder des Jesuitengelehrten und -schriftstellers Johann Michael Denis (1729–1800) aus Schärding am Inn. Denis' Gedicht basiert auf dem Hymnus *Rorate coeli desuper, et nubes pluant iustum* (= *Tauet, Himmel, von oben, ihr Wolken regnet den Gerechten*), der den Roratemessen seinerseits den Namen gegeben hat.

Zusammen mit dem berühmten *Veni redemptor gentium* (= *Komm, Erlöser der Welt*) gehört *Rorate coeli desuper* zu den ältesten Adventsliedern überhaupt. Die Entstehung beider Hymnen reicht weit in die Antike zurück. Selbstverständlich konnte schon in der römischen Kaiserzeit kein geistliches oder weltliches Fest ohne Musiker, ohne Pfeifer (lateinisch: *tibicinatores*) und Blechbläser (lateinisch: *tubicinatores*)

Folgende drei Seiten: Das von dem Herrenchiemseer Chorherrn Norbert Hauner komponierte *Thauet Himmel den Gerechten* wurde 1777 erstmals im „Landshuter Gesangbuch" gedruckt und fand in ganz Deutschland Verbreitung.

Ecce Ancilla Domini. Luc. c. 1.

Die Demuth, Keüscher Jungfraun Zierde
Bringt ihr die Höchste Mutter-Würde.

Söckler sc.

Kirchenlied,

vor der Predigt, oder bey dem Gottesdienste unterm Offertorio zu singen.

Vom ersten Adventsonntag bis Weyhnachtabend.

Etwas langsam.

net

net ihn her - ab! rief das Volk in bangen Näch-
ten, dem Gott die Verheißung gab: einst den
Mitt-ler selbst zu sehen, und in Himmel einzu-

gehen,

gehen, denn verschlossen war das Thor, bis ein
Heiland trat her - vor. Deñ verschlossen war das
Thor, bis ein Hei land trat her - vor.

1. Thauet

gefeiert werden. Das blieb auch in den Jahrhunderten danach noch so. Die feierlichen Hymnen aber, mit denen der Lobpreis für die Götter oder den göttlichen Kaiser gesungen wurde, waren unbrauchbar geworden, nachdem das Christentum römische Staatsreligion geworden war.

In Rom ging man jetzt daran, fertige Psalmentexte ganz neu zu vertonen. So entstand der sogenannte *altrömische Kirchengesang*, aus dem sich nach und nach der *Gregorianische Choral* entwickelte. In Konstantinopel dagegen und dem mit der Ostkirche eng verbandelten Bistum Mailand war man konservativer. Hier wurden die Melodien der alten Hymnen beibehalten und ihre Texte lediglich christlich um- oder auch neu gedichtet. Anders als die Choräle, die ja auf biblischen Texten basieren, sind die Hymnen unterteilt in einheitliche Strophen, deren Melodie sich wiederholt – ganz wie bei unseren heutigen Liedern.

Verantwortlich für die Neufassung der Hymnen war Ambrosius, der in Trier geborene berühmte Bischof von Mailand (339–397). Der später heiliggesprochene Kirchenvater war in seinem früheren Leben ein vielseitig gebildeter Politiker und Redner und hatte sich erst kurz vor seiner Priesterweihe taufen lassen. Zu den zahlreichen neuen Hymnentexten, die Ambrosius selbst gedichtet hat, gehört auch *Veni redemptor gentium*. Die Wortbilder des Textes spiegeln vielfach die Bilder des kaiserlichen Adventus: Die flatternde Fahne, der Held, der hervortritt, dessen Krippe aufstrahlt und dem die Finsternis nicht schaden kann – all das beschwört den Glanz und die Integrität des himmlischen Königs beziehungsweise des Kaisers, der sein irdischer Stellvertreter ist.

Veni, redemptor gentium;
Ostende partum virginis;
Miretur omne saeculum.
Talis decet partus Deo.

Komm, du Erlöser aller Leut,
Lass die Geburt der Jungfrau sehn;
Es wund're sich die ganze Welt.
Solche Geburt ziert Gott allein.

Non ex virili semine,
Sed mystico spiramine
Verbum Dei factum est caro,
Fructusque ventris floruit.

Nicht durch den Samen eines Manns,
Sondern geheimnisvollen Hauch
Wurd' Gottes Wort gemacht zum Fleisch,
Und blüht als eines Leibes Frucht.

Alvus tumescit virginis.
Claustrum pudoris permanet;
Vexilla virtutum micant,
Versatur in templo Deus.

Der Jungfrau Mutterleib schwillt an,
Das Schloss der Keuschheit bleibt versperrt;
Es flattert hell der Tugend Fahn',
Gott hält sich in sein'm Tempel auf.

Procedit e thalamo suo,
Pudoris aula regia,
Geminae gigans substantiae
Alacris ut currat viam.

Aus seiner Kammer tritt hervor,
Aus der Keuschheit Königssaal
Des zwifach Seins gezeugter Held
Dass froh er eile seinen Weg.

Egressus eius a Patre,
Regressus eius ad Patrem;
Excursus usque ad inferos
Recursus ad sedem Dei.

Vom Vater er gekommen ist,
Zum Vater wird er einst heimgeh'n,
Hinab steigt er zur Unterwelt,
Zu Gottes Thron er wiederkehrt.

Aequalis aeterno Patri,
Carnis tropaeo accingere,
Infirma nostri corporis
Virtute firmans perpeti.

Dem ew'gen Vater wesensgleich,
Leg an dem Fleisch das Siegeskreuz,
Ertrag die Schwäche unseres Leibs
Durch deiner Tugend stärkend Kraft.

Praesepe iam fulget tuum,
Lumenque nox spirat novum,
Quad nulla nox interpolet
Fideque iugi luceat.

Schon strahlet deine Krippe auf,
Die Nacht haucht aus ein neues Licht,
Dem Finsternis nicht schaden kann
Und das aus treuem Glauben leucht'.

Gloria tibi, Domine,
Qui natus es de virgine,
Cum Patre et Sancto Spiritu,
In sempiterna saecula.

Dir sei die Ehre, o mein Herr;
Der aus der Jungfrau bist gebor'n
Ehr sei dem Vater und dem Geist
Für alle Zeit und Ewigkeit.

Die Melodie, die Ambrosius für seinen neuen Hymnus gewählt hat, ist allerdings uralt. Sie benutzt die dorische Tonleiter, die ihrerseits mit den indischen Ragas verwandt ist und vermutlich schon bei den jungsteinzeitlichen Völkern in Europa und Asien gesungen wurde. Die alten Griechen glaubten, dass diese Tonart die Moral des Volkes hebt und gleichzeitig die Kampfkraft der Krieger in der Aussicht

¶ Hymnus. Veni redemptor gentium.

¶ Nu kom der Heyden heyland/der yungfrawen kynd erkannd. Das sych wunnder alle welt/ Gott solch gepurt yhm bestelt.

Nicht von Mans blut noch von fleisch/allein võ dem heyligen geyst/ Ist Gottes wort worden eyn mensch/vnd bluet eyn frucht weibs fleisch.

Der yungfraw leib schwanger ward/ doch bleib keuschheyt reyn bewar d Leucht erfur mãch tugẽd schon/Gott da war yn seynem thron.

Er gieng aus der kamer seyn/dem könglichen saal so reyn. Gott võ art vñ mensch eyn hellt/ seyn weg er zu lauffen eyllt.

Seyn laufft kam vom vatter her/ vnd keret wider zum vater. fur hyn vndern zu der hell/ vnd wider zu Gottes stuel.

Der du bist dem vater gleich/ fur hynnaus dẽ syeg ym fleisch/das dein ewig gots gewalt/ ynn vnns das kranck fleysch enthallt.

Dein kryppen glentzt hell vnd klar/ die nacht gybt eyn new liecht dar/ tũckel muß nicht komẽ dreyn/ der glaub bleib ymer ym scheyn.

Lob sey Gott dem vatter thon/ Lob sey got seym eyngen son. Lob sey got dem heyligen geyst/ ymer vnnd ynn ewigkeyt.

Martin Luther hat *Veni redemptor gentium* (= *Komm, Erlöser der Völker* oder *Menschen*) mit *Nun komm der Heiden Heiland* übersetzt; Erfurter Enchiridion 1524.

auf einen nahen Sieg stärkt. Gleichzeitig drückt sie hoffnungsfrohe Erwartung aus. Mittelalterliche Minnesänger wie der Niederbayer Neidhart von Reuental nutzten sie deswegen auch in Liebesliedern. Berühmt ist das alte englische Volkslied *Scarborough Fair*. Die sehnende Grundstimmung dieser Tonart verwendet noch im 20. Jahrhundert der Modern Jazz; etwa der Trompeter Miles Davis in seinem Klassiker *So what*.

So wird Ambrosius von Mailand mit seiner gelungenen Adaption der alten Hymnen der Wegbereiter der heutigen westlichen Musik. Sie hat sich aus uralten Melodien entwickelt, die ohne Ambrosius' Sammeltätigkeit nicht erhalten geblieben wären. Martin Luther beispielsweise hat 1524 den Hymnus *Veni redemptor gentium* umgedichtet. Dazu brachte er die überlieferte Melodie in einen rhythmischen Liedton, der von einer Gemeinde gut gesungen werden kann. Daraus ist das klassische „Nun komm der Heiden Heiland" geworden, das heute noch in den Kirchen zu hören ist.

Heidenlärm

Musik und Gesang spielen überhaupt im Winter eine herausragende Rolle. Wenn auch viele der weit verbreiteten Lieder zuallererst volksmusikalischen Ursprungs und ihre Textdichter oder Komponisten unbekannt geblieben sind. Nach Kathrein, die ja *den Tanz eingestellt* hat, waren früher zahlreiche Musiker für einige Wochen arbeitslos. Vor allem die sogenannten *fahrenden Musikanten*, die auf den Dörfern das Jahr über zu Hochzeiten und anderen Festivitäten aufspielten, gerieten dadurch in Not. Um sich über Wasser zu halten, mussten sie sich auf eine andere Art von Musik verlegen, die dem Charakter des Advents angepasst war. Sie zogen weiterhin von Dorf zu Dorf, machten aber nicht im Wirtshaus, sondern an jeder Tür halt und klapperten Haus um Haus ab. Sie musizierten, sangen fromme Lieder, wünschten frohe Festtage und hofften nach der kleinen Darbietung auf milde Gaben in Form von Naturalien.

Meditative, sogenannte *andächtige* Musik bildet gewissermaßen die Brücke zwischen *Gottes Stille* und dem *Heidenlärm*, wobei das eine leicht ins andere umschlagen kann. Schließlich muss man immer mit der Spielfreude von Musikanten rechnen. An den Donnerstagen im Advent bekamen im Alpenraum die professionellen Musikanten Konkurrenz von örtlichen Laien. Vor allem ärmere Leute und Kinder vermummten sich in diesen *Klöpfelnächten, Glöcklnächten, Geb-* oder *Tischelnächten*, klopften reihum die Bauernfamilien heraus, veranstalteten tatsächlich einen Heidenlärm mit Glocken, Ratschen und anderen Geräten, sangen und musizierten lautstark, hielten komödiantische Wechselgespräche und sagten Verslein auf. Zum Beispiel:

Wir wünschen dem Bauer viel Glück im Feld,
viel Glück und a Sackl voll Geld.
Wir wünschen dem Bauer ein Stall voll Rinder,
ein Stall voll Rinder und ein Haufen von Kinder.
Wir wünschen dem Bauer ein goldenen Tisch,
ein goldenen Tisch und ein bratenen Fisch.
Wir wünschen der Bäurin a goldene Stiagn,
a goldene Stiagn und a Kind in der Wiagn.
Wir wünschen der Bäurin an goldenen Wagn,
an goldenen Wagn in Himmel zu fahrn.
Wir kommen daher und nicht umasuscht.
Wir kommen daher um a Brot und a Wurscht.
Wenn ihr epps wollts geben, so gebts es bald aus,
wir müssen marschieren in ein anderes Haus.

Das Klöpfeln lebt vom Kontrast zwischen frommen Wünschen oder Gebeten einerseits und ziemlich rustikalen Sprüchen andererseits. Im niederbayerischen Triendorf hieß es zum Beispiel im 19. Jahrhundert nach einem siebenstrophigen Lied, das mit *Auf, auf ihr Hirten* begann:

Küacheln raus! Küacheln raus!
Oder mir schlagn enk a Loch ins Haus!

Bei so viel Übermut konnte es leicht vorkommen, dass hie und da über die Stränge geschlagen wurde, dass es sogar zu Raufereien kam, vor allem wenn sich konkurrierende Gruppen gegenseitig ins Gäu gingen. Immer wieder wurden vor den Landgerichten Fälle verhandelt, in denen Leuten, *ain Achsel ausgeschlagen* oder *fluessendt wunden geschlagen* wurden. Manchmal wurde sogar so zugedroschen, dass der Kontrahent *vnwissent* (= *bewusstlos*) *gelegen*.

Selbstverständlich sah sich deshalb die Obrigkeit da und dort genötigt, hart gegen den Brauch durchzugreifen – nicht immer mit dem gewünschten Erfolg. Dem Amtmann aus Reichenhall beispielsweise hat man *an verschinen* (= *vergangenen*) *Khlöpflesnächten, da er die vnzucht* (= *ungebührliches, ungezogenes Benehmen*) *abgeschafft, zway fennster eingeschlagen*. Ein Klöpflerlied aus Thiersee in Schwaben bringt es auf den Punkt:

Mir send halt frische Klöpfelleut,
Dös sechts üns û am Gwand.
Mir scheuchent a koan Obrigkeit,
Durchstroafent s ganze Land.

Trotzdem waren die Klöpflsinger hochwillkommen, denn, so sagte man sich, das Anklopfen und die Wünsche der armen Leute brächten Glück im neuen Jahr. Heute ist der mancherorts noch erhaltene, in vielen Gemeinden auch unlängst reaktivierte Brauch ein Vorrecht der Kinder, die singend von Haus zu Haus ziehen, um kleine Gaben und Süßigkeiten einzuheimsen – ganz ähnlich wie ihre amerikanischen Altersgenossen an Halloween.

Musikantenrallye

Aber nicht nur arme Leute und fahrende Musikanten zogen in der Zeit um Weihnachten und Neujahr übers Land. Auch die oft namhaften festangestellten Musiker hoher Herrn und großer Städte gingen jahrhundertelang zum *Ansingen* und *Anblasen*, wie es geheißen hat, und verdienten sich damit ein Zubrot. Belege dafür gibt es aus ganz Deutschland. Die Kammerrechnungen der reichen niederbayerischen Herzöge Ludwig und Georg verzeichnen beispielsweise jeweils für Dezember und Januar, dass die städtischen Musiker, die sogenannten Türmer, ihrer Residenzstadt Landshut und die Trompeter benachbarter Fürsten zum Neujahranblasen gekommen seien.

Zu Weihnachten und Neujahr 1482/83 etwa weilte der herzogliche Hof zu Ingolstadt im Neuen Schloss. Da ist schön fein säuberlich mit buchhalterischen *items* (= *ebenso, gleichfalls*) untereinander aufgeführt:

Item hertzog Wolfgang von Bairn zwaien pfeiffern 1 Gulden Rh.
Item Hertzog Siegmunds von Osterreich trummetter 1 Gld. Rh.
item die fünf trummetter Hertzogs albrechten 5 Gld. Rh.

Und so weiter. In Worten ausführlicher, dafür in den Summen knapper fiel die Rechnungslegung etwa 100 Jahre später aus. Da heißt es in den Büchern des stets knappen Thronfolgers Wilhelm V.:

Den stattpfeiffern, weliche. S. Fstl. Gn. (= Seiner Fürstliche Gnaden) umb das Neujar gehofiert drinckgelt zugestellt, 4 Gulden mer den turmern, so S Fstl. Gn. ebenmassig umb das Neujar angeblasen, verehrt: 1 Gulden

Ganz besonders gut oder schlecht – wie man will – ist es 1479 dem Bischof von Freising gegangen. Zu dem kamen die Trompeter, Pauker und Pfeifer der oberbayerischen Herzöge Wolfgang und Albrecht aus München und die des brandenburgischen Markgrafen Albrecht Achilles aus Ansbach. Außerdem sind verzeichnet die *tubicinatores* (= *Trompeter*) und *bucinatores* (= *Businenbläser, Posaunisten*) der Bischöfe zu Salzburg und Eichstätt und die Stadtpfeifer und Stadttürmer von Burghausen, aus Freising selbst sowie aus Nürnberg und Ingolstadt. Die letzten in der langen und mit der Zeit kostspieligen Reihe waren längst im neuen Jahr die Pfeifer des wittelsbachischen Pfalzgrafen Otto aus Amberg, die zwei Gulden bekamen.

Den Reigen eröffnet hatten dagegen zwei Trompeter Herzog Georgs aus Landshut. Die Musiker des Bräutigams der berühmten Landshuter Hochzeit, der – wie schon sein Vater und Großvater – *der Reiche* genannt wurde und einen Hof hielt, der den von Kaisern und Königen an Pracht übertraf, wurden entweder recht kurzgehalten oder scheinen ziemlich gefragt gewesen zu sein. Jedenfalls war ihr Aufenthalt ein begrenzter, offensichtlich hatten die Trompeter Mühe herumzukommen: Sie tauchten schon zu Mariä Geburt – und das ist am 8. September – beim Freisinger Bischof auf *und haben*, wie es in der Rechnung ironisch heißt, *die künftigen Weihnachten zu derselben Zeit angefangen*. Und weiter wurde zu ihrem Auftritt festgehalten: *Wenn Sie nur nicht zu den Weihnachten wieder kämen!*

Der 8. September ist übrigens heute der Stichtag, an dem regelmäßig jedes Jahr die ersten Lebkuchen in den Supermärkten auftauchen. Halb so wild, wenn man bedenkt, dass es die armen Musiker des reichen Herzogs auch kaum erwarten konnten.

Denn Gott ist eine Anstrengung,
viele Götter aber sind ein Vergnügen.

Thomas Mann (1875 – 1955), aus: „Die Geschichten Jaakobs“

Heiligkeit erfordert nicht nur Spiritualität und Glauben,
sondern auch Legitimität und Tradition.

Simon Sebag Montefiore (*1965)

Vor-Bilder

Heilige Madl

Die Heiligengedenktage schließen Kreise. Der Gedenktag für Barlaam und Josaphat bildet, je nachdem auf welchen Wochentag Weihnachten fällt, den frühestmöglichen Termin für den ersten Adventssonntag. Die Legende der beiden verweist ja auf die Frühzeit der Missionierung in Indien unter dem Apostel Thomas, als das Christentum in Kontakt mit dem Buddhismus kam. Diese christlich-indische Tradition nahm der heilige Franz Xaver, ein Mitgründer des Jesuitenordens, wieder auf, als er 1542 in Goa landete, das bald zum wichtigsten Zentrum der katholischen Mission in Ostasien wurde. Zufall oder Absicht: Franz Xavers Gedenktag, Symbol für den weltumspannenden Anspruch der *katholischen* Kirche (griechisch: *kata holon = das Ganze betreffend, allgemein*), ist der 3. Dezember – der spätestmögliche Termin für den ersten Advent.

Damit ist der Festtag der heiligen Barbara am 4. Dezember der erste Heiligengedenktag, der immer im Advent liegt. Die Patronin der Bergleute und der Feuerschützen zählt zu den Vierzehn Nothelfern und zusammen mit der Bauernpatronin Margarete und Katharina, der Patronin der Wissenschaftler, zu den *drei heiligen Madln*, die gemeinsam seit dem Mittelalter den *Nährstand* (Margarete), den *Lehrstand* (Katharina) und den *Wehrstand* (Barbara) repräsentieren und oft zusammen verehrt werden.

Barbara mit dem Turm
Margarete mit dem Wurm
Katharina mit dem Radl
Das sind die drei heiligen Madl

Das Bedürfnis nach einer weiblichen Heiligen-Trias gab es selbstverständlich bereits in der Antike. Im Mittelmeerraum gab es die dreifache Göttermutter, die unter vielen Namen auftrat wie *Kybele, Gaia, Rhea* oder *Demeter*. Im keltoromanischen Raum, zu dem ja die Alpenländer gehören, gab es folgerichtig ebenfalls einen Kult um drei Muttergottheiten (Matronen). Die drei geistern heute noch als *salige Frauen, weis(s)e Frauen* oder weissagende *Meerweiber* durch große und kleine Sagen im Alpenraum. In französischen Kirchen werden sie bis in die Gegenwart als die heiligen Jungfrauen *Aubet*, *Cubet* und *Quere* verehrt. In Bayern, zum Beispiel in Schildthurn im Rottal, in Schlehdorf am Kochelsee oder in Leutstetten im Würmtal, kennt man sie als *Ainbet*, *Gberbet* und *Firbeth*. Die Frauen sollen mild- und wundertätig sein und werden in allerlei Angelegenheiten und Anliegen angerufen.

Geschichten über *drei salige Fräulein* gibt es viele. Im oberbayerischen Leutstetten erzählt eine alte Sage von einem Schatz in den Kellergewölben der Ruine Karlsburg. Er füllt drei Truhen und wird durch drei *Fräulein vom Schloss* bewacht. Jedes Jahr zu Weihnachten dürfen die Saligen aus den Burggewölben emporsteigen. Dann kann es passieren, dass sie Wanderern im winterlichen Würmtal begegnen und diese darum bitten, an ihrer statt die Bewachung des Schatzes zu übernehmen. Wenn sie einen finden, der in den Burgkeller hinabsteigt und sich der Reichtümer annimmt, sind sie frei und erlöst. Motiven, wie denen vom Schatz in der Tiefe und seinen Wächtern, die zu bestimmten Zeiten an die Oberfläche dürfen, werden wir noch oft begegnen.

In frühchristlichen Zeiten hat man die drei weisen Frauen der Alpenvölker auch in Allegorien der drei göttlichen Tugenden *Glaube* (lateinisch: *fides*), (Nächsten-) Liebe (*caritas*) und Hoffnung (*spes*) umgedeutet. Der Legende zufolge soll die Mutter der drei die heilige Sophia von Mailand gewesen sein (griechisch: *sophia = Weisheit*). Eine solche Personifikation der göttlichen Weisheit kannten übrigens schon die hellenistischen Juden zur Zeit um Christi Geburt, deren Kultur geprägt war von den Ideen der griechisch-römischen Mittelmeerwelt. Der damaligen Vorstellung zufolge war Sophia, die Weisheit, ein überirdisch schönes Mädchen, das im Angesicht Gottes tanzt. Diesem Inbegriff der Beziehung des menschlichen Geistes zu Gott wurde schließlich in Byzanz die ehemals größte Kirche der Christenheit, die *Hagia Sophia* (= *Heilige Weisheit*) geweiht. Wie sehr solche uralten Vorstellungen noch im mittelalterlichen Bayern wirkten, zeigt das Dreifaltigkeits-Fresko aus der Jakobuskirche von Urschalling bei Prien am Chiemsee. Darauf ist der Heilige Geist als *Sophia* dargestellt, als junge Frau, die aus Vater und Sohn hervorgeht.

Die Geschichten rund um die drei Frauen konnten auch ganz profane Wendungen nehmen. So wird die *Barbaraglocke* der Johanneskirche in Neumarkt in der Oberpfalz mit *Drei Adeligen Fräulein* in Verbindung

Die Urbilder der *drei heiligen Madln* im Alto-Kirchlein von Leutstetten am Starnberger See

S·AINPET· S·GBERPET· S·FIRPET·
Sivilla
Regina·

gebracht. Diese drei Fräulein sollen sich an einem Barbaratag im Nebel verirrt haben. Sie verlobten sich zu der Nothelferin und hörten bald darauf eine Glocke läuten, die ihnen den Weg heim nach Neumarkt wies. Als Dank für die Rettung stifteten sie die Glocke für die Johanneskirche, die dort bis heute in der Nacht zum Barbaratag eine Stunde läutet.

Die Nacht zum Barbaratag war nach der zum Andreastag eine weitere Losnacht. Fast alle Bräuche dieser Nacht hängen mit dem wichtigsten Barbarabrauchtum zusammen, den Barbarazweigen. Die Zweige mussten unbedingt vor Sonnenaufgang geschnitten werden – und zwar hemdsärmelig und rücklings und ohne ein Wort mit einer anderen Person zu tauschen. Steckten die frisch geschnittenen Zweige dann in der Stube in einer Vase, hängten die heiratswilligen Mädchen des Hauses Zettel mit den Namen ihrer Heiratskandidaten dran. Wessen Zweig als erster blühte, den sollte das Mädchen heiraten.

Das aus dem 12. Jahrhundert stammende Fresko der Heiligsten Dreifaltigkeit in dem Kirchlein von Urschalling bei Prien am Chiemsee zeigt den Heiligen Geist als Frau.

Dionysos

Der Barbarazweig, der als *Weihnachtsmayen* erblühen soll – genauso übrigens wie die trockene Reisigrute des heiligen Nikolaus beziehungsweise des Krampus – gehören zu den alten Vorläufern des Christbaums. Noch im 20. Jahrhundert war es in Franken und der Oberpfalz üblich, zum Barbaratag geschmückte Birken, Kastanien- oder Kirschbäume unter die Stubendecken zu hängen, die, am gespaltenen Stamm mit einem Kübel Wasser versehen, bis Weihnachten austreiben sollten. Alle diese Traditionen reichen weit in die Antike zurück. Schon die Anhänger des Gottes Dionysos am Mittelmeer erhofften sich, ähnlich wie die Christen, das ewige Leben. Symbol ihrer rauschhaften Feste war im Winter der immergrüne und heilkräftige Efeu, der zu dieser Zeit das traditionelle Weinlaub des Dionysos ersetzen sollte.

Als Symbole der Auferstehung aus tiefster Todesnacht finden sich die Weinranke beziehungsweise der Efeu und der gleichfalls dionysische Pinienzapfen auf Grabdenkmälern von der Antike bis in die Gegenwart. Und beide, Efeu und Zapfen, spielen als symbolhafte Weihnachtsdekoration noch heute in Italien eine Rolle – ähnlich wie in Britannien der gleichfalls immergrüne Mistelzweig. Aber egal, ob Efeu, Weihnachtsmayen oder Tannenreis – der grüne Zweig gilt seit alters her als Symbol dafür, dass die Natur in der dunklen, kalten Jahreszeit nur schläft und mit steigender Sonne und Wärme aufs Neue erwachen wird.

Dionysos (auch *Bakchos*, lateinisch: *Bacchus*) ist – ähnlich der Verbindung von Kronos/Saturn – als jahrtausendealte Vegetationsgottheit ein Aspekt des großen Vatergottes, gleich wie auch Apoll oder der Unterweltsgott Hades. Im klassischen Mythos ist Dionysos der Sohn des Himmelvaters Zeus/Jupiter (Zeus geht zurück auf griechisch: *dios*, lateinisch: *deus = Gott*; Jupiter ist eine Zusammenziehung aus *deus pater = Gottvater*) mit der sterblichen Königstochter Semele; ganz ähnlich wie für die Zeugung Christi der Geist Gottes auf die Menschentochter Maria herniederkommt. Zeus erscheint Semele als Sterblicher, da sie die Gegenwart seiner wahren göttlichen Erscheinung nicht überleben könnte; Semele weiß jedoch genau, wer sie da nächtens besucht. Die eifersüchtige Göttin Hera, die Frau des Zeus, setzt ihr nun aber in der Gestalt von Semeles alter Amme den Floh ins Ohr, der Liebhaber sei gar nicht Zeus, er gebe sich nur als Gott aus. Semele will daraufhin den obersten der Götter in seinem ganzen Glanz sehen und verbrennt.

Das Kind in ihrem Leib wird aber vom Seelenführer Hermes gerettet und Zeus überbracht. Zeus näht es in seinen Schenkel ein, drei Monate später kommt der gottgeborene Dionysos (wörtlich: *diou huios = Gottessohn*) zur Welt – als unblutige und wundersame *Schenkelgeburt*, wie man damals sagte; ähnlich wie Jesus, das Kind einer Jungfrau.

Doch es gibt zahlreiche Variationen des Dionysos-Mythos. In Delphi, dem wichtigsten Heiligtum Griechenlands, wurde Dionysos als Wiedergeburt des Sonnengottes Apoll gefeiert – Apoll denkt, bringt Maß und Klarheit ins Leben, Dionysos fühlt, steht für die überbordenden Triebe und Instinkte. Im Sommer wohnte Apollon im delphischen Tempel, im Winter Dionysos. Hier erzählte man sich, Dionysos sei der Sohn des Zeus und der Unterweltgöttin Persephone. Als Kind sei er von den Titanen in sieben Teile zerrissen worden, um wie ein Zicklein in einem großen Kessel gekocht und verspeist zu werden. Daraufhin vernichtete der Vater Zeus in seiner Wut die Titanen mit Blitzen, sammelte die Glieder des göttlichen Kindes ein und übergab sie dem Sonnengott Apoll. Der begrub sie in Delphi, gab damit also der Unterweltgöttin, der großen Muttergottheit, ihren Sohn zurück. Im ausschlagenden Weinstock erwachte Dionysos dann im Frühjahr zu neuem Leben.

Als Zeus die Titanen mit seinen Blitzen zu Asche verbrannte, vermischte sich diese mit den Gliedern des Dionysos. Aus dem Gemisch von göttlichen und titanischen Elementen sollen die Menschen entstanden sein. Um Apoll die Glieder seines getöteten Sohns geben zu können, musste Zeus sie erst von der Asche befreien. Nach diesem Vorbild versuchten die Eingeweihten in die dionysischen Mysterien, sich von ihren titanischen, ihren urtümlich-triebhaften Elementen zu reinigen und wahre *Bakchen, Bacchanten*, also *Gottessöhne*, zu werden. Dionysos zeigt sich ihnen als großer Lebensspender. Er lässt Wein, Milch und Honig aus der Mutter Erde quellen, besänftigt wilde Tiere und erlöst die Menschen mithilfe von Süßigkeiten und Alkohol von ihren Sorgen. Die reinigenden und das Leben erleichternden Aspekte des Dionysos kommen auch in seinem Beinamen *Lysios* zum Ausdruck, was soviel wie *(Er)Löser* bedeutet. Der Wein im Dionysoskult ist, ähnlich wie im Christentum, ein *(er)lösendes* Symbol für das Leben,

Dionysos selbst, seine Begleiter genauso wie die Priester seines Kultes tragen den Pinienzapfen an der Spitze des sogenannten *Thyrsosstabs* als Erkennungszeichen. Mit dem Harz aus den Zapfen wurde der Wein haltbar gemacht. Ein Symbol für Fruchtbarkeit und ewiges Leben.

das aus dem Geist des verfolgten, getöteten und wiederauferstandenen Gottes erwächst.

Zur Wintersonnenwende, also an Weihnachten, wurde dann die Auferstehung des Dionysos/Apoll aus dem Todesschlaf in der Unterwelt gefeiert. Zu den Zeremonien gehörte ein Lauf übers Gebirg des Parnass. Die Mänaden – die Anhängerinnen des Dionysoskults – suchten dabei das göttliche Kind, das in einer Höhle, also unter der Erde, gebettet in eine Worfel (eine Getreideschwinge) schlief. Mit gewaltigem Lärm und Geschrei versuchten sie, es zu wecken. Deshalb lautete ein weiterer Beiname des Dionysos auch *bromios* (= *der Lärmende*). Während der Mänadensuche opferten die Priester im delphischen Tempel dem Dionysos und feierten den Aufstieg des Gottes aus der Unterwelt: Die winterlich verborgenen Kräfte der Erde erwachen zu neuem Leben.

Der Philosoph Heraklit (535-475 v. Chr.) bringt diese *Auferstehung vom Tod* auf den kurzen Nenner:

Ein und derselbe aber sind Hades [= der griechische Gott der Unterwelt] und Dionysos, dem sie toben und feiern.

Zur Feier gehörte natürlich wieder der Genuss des Geschenks des Dionysos, des Weins. Das Getränk hat anfangs bewusstseinserweiternde und belebende Wirkung, kann aber nach zu viel Genuss zu einem *bakchischen* Schlaf führen. Der rauschhafte Schlaf im Diesseits war also Symbol des jenseitigen göttlichen Geheimnisses. Im Rausch offenbarte sich der geheimnisvolle Gott. So wie in der homerischen Hymne mit den Seeräubern, die Dionysos als vermeintlich reichen Königssohn entführten und denen er mithilfe des Weins als Gott erschien:

Wein zuerst überströmte das schwarze Schiff, das geschwinde,
lieblich süß, wohlriechend, es quollen ambrosische Düfte;
all die Matrosen, sobald sie es sahen, erstarrten vor Staunen;
und gleich breitete sich vom Segel ganz oben ein Weinstock
hierhin und dorthin und überall aus; daran hingen in Fülle
Trauben, und um den Mastbaum kletterte schwärzlicher Efeu
blühte in Blumen anmutig empor, Frucht schwellte darüber;

Hermes/Silen, der Retter des Dionysosknaben; römische Kopie eines griechischen Originals ca. 300 v. Chr.

Im Winter ist der Wein jung. Im November darf man ihn das erste Mal probieren, im Dezember und Januar verkürzt er die langen Nächte. Er regt die guten Gespräche an, lässt bei zu viel Genuss aber auch die triebhaft-titanischen Geister der Unterwelt los. Und nicht nur Weinbauern und -genießer können sicher sein: Im nächsten Jahr wird der Weinstock wieder austreiben und neue Frucht bringen genauso wie die Vatergott-Aspekte Dionysos/Hades/Apoll aus dem Schoß der großen Erdmutter wiedererstehen, nur um mit ihr bald wieder himmlisch-heilige Hochzeit zu feiern. Die immergünen Efeuranken wie die mitten im Winter Blüten treibenden Zweige der heiligen Barbara symbolisieren diese uralten Lebensgeheimnisse bis heute.

Adventsmann

Schon einen Tag nach Barbara rückt das Schenken wieder in den Mittelpunkt des vorweihnachtlichen Brauchtums. Der Vorabend des Festtags des heiligen Bischofs Nikolaus von Myra war in den Jahrhunderten des Mittelalters der mit großem Abstand wichtigste aller Geschenktermine. In den Gebieten des Römischen Reichs hatte man ja mit der Einführung des Christentums als Staatsreligion die Feierlichkeiten rund um den alten römischen Staatsgott Saturn abgeschafft. Die feste Bindung des Schenkens an den 24. Dezember war damit aufgelöst worden – der Geschenkbrauch aber ließ sich selbstverständlich nicht so leicht ausmerzen und suchte andere Anlässe: den Weihnachtstag, St. Martin oder eben St. Nikolaus.

Der Nikolaustag bot sich deswegen an, weil die zahlreichen Legenden, die sich um das Leben des Heiligen ranken, oft mit Kindern oder Geschenken zu tun haben. So soll der Bischof drei von ihrem Wirt geschlachtete und eingesurte Schüler wieder zum Leben erweckt haben. Drei Jungfrauen soll er vor der Armutsprostitution bewahrt haben, indem er ihnen goldene Äpfel schenkte und damit die Heirat ermöglichte, außerdem berichtet die Legende von einem verschleppten Kind, das Nikolaus durch ein Wunder aus der Sklaverei befreite. Berühmt sind auch die Wasserwunder des heiligen Bischofs wie die Rettung der Seefahrer vor dem Sturm oder die Wiedererweckung eines im Meer ertrunkenen Knaben.

Nikolaus ist bis heute der neben Maria meistverehrte Heilige der Ostkirche. Im Westen war sein Kult zunächst weniger bekannt. Der später ebenfalls heiliggesprochene Bischof Ulrich von Augsburg dürfte einer der ersten gewesen sein, der den Nikolauskult in Rom kennengelernt hat. Bereits 952 weihte er in Kempten eine Kirche zu Ehren des heiligen Nikolaus. Es ist das erste Nikolauspatrozinium nördlich der Alpen. Im oberbayerischen Kloster Benediktbeuern gab es bereits vor der ersten Jahrtausendwende n. Chr. Nikolausreliquien.

Als im Jahr 1087 dann süditalienische Seefahrer die Gebeine des Heiligen aus Myra in der heutigen Türkei entführten und nach Bari brachten, gab es für die Anhänger des Bischofs auch hierzulande kein Halten mehr. In Windeseile verbreitete sich seine Verehrung über ganz Europa. Am Sarkophag des Heiligen in Bari entspringt nach wie vor ein wundertätiges Wasser, das früher überall im Abendland mit Gold aufgewogen wurde.

Auch Nikolaus gehört zu den Vierzehn Nothelfern. Er war der Patron der Kinder und aller gesellschaftlichen Außenseiter, der Reisenden, Schiffs- und Kaufleute, Flößer und Fischer und auch der Gefangenen. Zahlreiche Kirchen, bevorzugt an Seen, Flüssen und uralten, meist

Der Kupferstecher Johann Klauber siedelt die Geschichte mit den goldenen Äpfeln für die armen Jungfrauen in der Stadt Augsburg an. Hier wirft der Bischof die goldenen Äpfel, respektive Kugeln, in ein Haus direkt neben dem Herkulesbrunnen. Der lateinische Spruch über dem Bild lautet übersetzt: *Deine linke Hand soll nicht wissen, was deine rechte tut;* eine Mahnung, großzügig zu spenden, ohne auf gesellschaftliche Anerkennung zu schielen.

noch römischen Straßen, aber eben auch in der Nähe von Aussätzigenhäusern gelegen, wurden seinem Namen geweiht; etwa die große Stadtpfarrkirche von Mühldorf am Inn oder die ehemalige Leprosenkirche St. Nikola in Landshut. Allein im Bistum Augsburg mit seiner großen Nikolaustradition gibt es heute um die 100 Nikolauskirchen.

Nicht zuletzt wegen seines eigenen vorbildlichen Verhaltens als Kind – Nikolaus soll, der Legende zufolge, schon als Säugling die Fasttage eingehalten haben, indem er zu solchen Zeiten die Brust seiner Mutter nur einmal täglich nahm – entwickelte er sich in der Folge zum *Kinderheiligen*. In der Tradition seines Festtags kommt wieder die winterliche Neigung zum Augenzwinkern und zur Maskerade ins Spiel: Nachgewiesenermaßen seit dem 13. Jahrhundert besuchten als Bischof Nikolaus verkleidete Männer kirchliche, später auch bürgerliche Schulen. Die Kinder wurden befragt und es gab auch schon eine Bescherung.

Ab dem späten Mittelalter verlagerte sich der Brauch in die Familien und St. Nikolaus wurde der wichtigste Geschenkebringer im Winter. In Tegernsee hat ein Kind im 15. Jahrhundert so gereimt:

Heiliger sanct Nicolas
In meiner not mich nit verlas,
Komb heint zu mir und leg mir ein
In mein kleines schiffelein,
darbey ich Ewr gedenkhen kann,
Das ir seit ein frommer Man.

Da hat Nikolaus als Patron der Schiffer und Seeleute also in ein kleines Schiffelein *eingelegt*, wie es Jahrhunderte lang hieß. Eingelegt wurde auch den Wittelsbachischen Prinzen am Ende des 16. Jahrhunderts in der Münchner Residenz. Aus zahlreichen Schriftstücken wissen wir, was die *jung fstl. Herrschaft* gekriegt hat: *Dockenzeug* (= *Puppen*) für die Mädchen, *hülzerne Rössl* samt *Gütschln* (= *Kutschen*) für die Buben und für alle miteinander *etliche von Zugger gemachte Sachen*. Zu den Bescherungen am Vorabend des Nikolaustags konzertierten Sänger der Frauenkirche sowie von St. Peter und der Mesner der Hofkapelle erhielt vier Gulden, *weilen dieser schon 2 Jahr den Nicolas praesentirt*, also den Nikolaus gemacht hatte. Geholfen hatten ihm dabei zwei Ministranten, *welliche bei dem Nicolas aufgewartet*, ihn also bedient hatten, vielleicht sogar schon in der Verkleidung des Krampus.

Der in Kreenheinstetten (Lkrs. Sigmaringen) geborene, dann in Ingolstadt und Salzburg ausgebildete und in Wien tätige Barockprediger Abraham a Sancta Clara beschreibt den Nikolausabend 1729 in seiner unnachahmlichen Art so:

Es ist eine uralt Gewohnheit, daß heuntigen Tags der Nikola einleget, kommet aber eine Nacht vorhero, die Kinder zu probiren und examiniren, ob sie auch durch ihre Herren Lehrmeister, Hofmeister, Schulmeister, Rechenmeister, Sprachmeister und andere Informations=Räth wohl unterwiesen in Glaubens=Sachen? im Buchstabiren, Sylbe theilen, Lesen und Schreiben? im Rechnen? in Sprachen? etc.

Item fragt der Nikola, wie sich die Kinder das gantze Jahr hindurch verhalten? Ob sie gern betten? Denen Eltern und Praeceptoribus [= Lehrern] *gehorsam seyn? Ob zum Exempel der Hänsel und der Paul nicht zu faul? Ob der Fränzerl und Ignazerl kein schlimmes Fratzerl? Ob der Michel und der Six vielleicht gelernt nix? Ob die Cätherl gern beim Räderl? Ob die Sabindl gern bei der Spindl? Ob die Liserl und Thereserl nicht etwan zwey junge Eserl? Dies alles fragt der Nicola.*

Aber auch Erwachsene wurden vom Nikolaus beschenkt. In der 1752 in Augsburg erschienenen Schrift „Mercks Bauer! Das ist heilsame geistliche Lehren und Ermahnungen an die christliche Baurschaft" erinnert ein Pfarrer daran, beim Schenken die Großen nicht zu vergessen:

Eure Kinder freuen sich schon jetzt auf den Niklastag, so machet denn euren Ehehalten [= Dienstboten] an solchem Tag auch eine kindische Freud, wann ihr ihnen nur etliche Kreuzer verehret. Oder eure Bäurin eine halbe Ehlen [= Elle] Tuch, so werdet ihr Wunder sehen, wie lustig und wie gern sie bei Euch seyn werden.

1640, mitten im Dreißigjährigen Krieg, schenkte Clara Steiger, die Priorin des Eichstätter Augustinerinnen-Klosters Marienstein, jeder ihrer Mitschwestern zum Nikolaus ein halbes Pfund Seife, süße Äpfel und eine Semmel. Gebäck aus *weißem*, also *weizenem Semmelmehl* (lateinisch-romanisch: *semola = Weizenmehl*) war in früheren Zeiten ausschließlich Feiertagen vorbehalten. Im Gegensatz zum anspruchslosen Roggen wuchs Weizen nur an klimatisch bevorzugten Standorten und war entsprechend teuer. Semmeln und Brezen waren deshalb ausgesprochenes Feiertagsgebäck.

Zwar hatte man an den Werktagen im Advent die vorweihnachtliche Fastenzeit einzuhalten, aber Sonntage und hohe Feiertage wie der Nikolaustag waren vom Fastengebot ausgenommen. Und so wie die Stille erst im Kontrast zum Lärm wahrgenommen wird, so kann man Leckerbissen erst so richtig schätzen vor dem Hintergrund des Fastenhungers. An Nikolaus hat es in Bayern bereits im Mittelalter selbst gebackene *Lebzeltenmandl* gegeben, die den Nikolo und seine Begleiter dargestellt und das uralte Bedürfnis nach Gebildbroten befriedigt haben. Solche essbaren Figuren haben in Form von Schokonikoläusen längst Eingang in neuzeitliche Supermärkte gefunden. Was dort aber meistens angeboten wird, sind in Wirklichkeit Schoko-*Weihnachtsmänner*. Unter anderem deswegen werden Nikolaus und Weihnachtsmann mittlerweile von vielen in einen Topf geworfen.

Dabei ist das Gegenstück zum Weihnachtsmann mitnichten der Nikolaus, sondern das Christkind. Und eigenartig: Obwohl es sich bei den meisten dieser weihnachtlichen Schokoladenhohlfiguren, wie der Fachausdruck lautet, gar nicht um einen Bischof handelt, der wirklich gelebt hat, sondern um eine säkulare Fantasiefigur – Schokonikoläuse gehen so richtig nur in der Woche vor dem 6. Dezember. Danach bleiben sie liegen. So sind die schlauen Marketingstrategen, die mit einer einzigen Figur die Konsumbedürfnisse von Nikolaus- und Weihnachtsmannliebhabern gleichermaßen befriedigen wollten, gescheitert. In Österreich haben sie sich mit dieser Idee sowieso nie durchsetzen können. Was zu Beginn des 21. Jahrhunderts obendrein traditionsbewusste Bayern auf die Idee gebracht hat, *echte Nikoläuse* aus Österreich zu importieren oder gar *Nikolausumrüstsätze* für Schoko-Weihnachtsmänner anzubieten. Der Handel hat mittlerweile aber auch reagiert, weswegen es seit Kurzem auch in Bayern wieder Nikoläuse mit Mitra und Bischofsstab gibt.

Ähnlich wie den heiligen Martin sieht man den Bischof Nikolaus in manchen Gegenden samt seinem Gefolge hoch zu Ross umherziehen. Im 17. und 18. Jahrhundert hat es sogar regelrechte Umritte und Pferderennen am Nikolaustag gegeben. So zum Beispiel in Pfatter bei Regensburg oder Eggelshausen in der Hallertau. Auch dafür gibt es eine plausible Erklärung. Mit der kalten Jahreszeit und dem Ende der Feldarbeit waren nicht nur die Dienstboten, sondern auch die Rösser auf den Bauernhöfen vorübergehend unterbeschäftigt, mussten aber dennoch bewegt werden. Mit Nikloumritten genauso wie Leonhardi-, Martini- oder Stephanifahrten hat man also Nützliches mit Angenehmem verbunden. In der alten Nikolauskirche von Steinbühl bei Kötzting im Bayerischen Wald haben zahlreiche Pferdewallfahrer für erkrankte und wieder gesund gewordene Tiere ein Hufeisen an die Eingangstür geschlagen und in der Kirche selbst zeugen noch zahlreiche Votivtafeln, auf denen Pferde abgebildet sind, von der Wirkmacht, die dieser gewaltige Schutzheilige selbst auf Nutztiere ausüben konnte.

Begleiter

Seit den frühesten Zeiten wird der Bischof Nikolaus begleitet von vermummten Personen. Allgemein bekannt ist der *Knecht Ruprecht*. Diesem Ruprecht werden wir nach Weihnachten wieder begegnen, am Tag der Unschuldigen Kinder; dann wird sich der Begleiter des heiligen Bischofs selbst zum Bischof aufschwingen. Sein Name leitet sich ab von *rauhe Percht*. Das Wort *rauh* hängt zusammen mit *roh* oder dem englischen *rough* und heißt nichts anderes als *haarig, pelzig*. Es steckt im *Rauhreif*, der einen Eispelz an Äste und Zweige zaubert, genauso wie in der *Rauhnacht*. Die Perchten, Teufels- und Geistergestalten, kurz: die Kinder der Frau Perchta rund um den Nikolaus, sind ja tatsächlich meist zottelige, pelzige Gesellen.

Die höllischen Nikolausbegleiter haben noch andere Namen: *Ganggerl* (lateinisch-romanisch: *cancerulus = Greifer, Zwicker*), *Krampus* (lateinisch-romanisch: *crampus = Kralle*) oder *Klaubauf*. In Franken sind es die *Strohmänner*, der *Rumpelthomas* oder der *Hullermann* (= *Mann aus der Hölle*), die zusammen mit dem Nikolaus umherziehen, *umgehen*, auch der *Pelzmärtel* kann noch einmal in Aktion treten. Im Allgäu kommen die *Klausenmänner* oder die *Klausenbärbl*.

Gestalten wie Klausenbärbl, Pelzmärtel und Rumpelthomas zeigen übrigens, wie mobil und wenig festgelegt die Heiligen dieser Tage sind. Sie können freundlich auftreten wie Barbara oder Lucia (ihr Feiertag am 15. Dezember kommt noch auf uns zu), grausig als Nikolausbegleiter oder als selbständige Rauhnachtsgestalt wie die *bluadige Luz* oder der *bluadige Thamerl*. Zuweilen sind sie aber auch als lärmende Spaßmacher bekannt, wie etwa die *Klausin* oder die *Butzepercht* bei Augsburg. Die pflegte einen Hafen mit *Klaer* (= *Stärke*) dabeizuhaben, in den sie einen Kochlöffel tauchte und allen, die ihr begegneten, damit das Gesicht verschmierte.

Stellvertretend für die unzähligen Nikolausbegleiter und Rauhnachtsgestalten, die, aller modernen Pädagogik zum Trotz, in der Adventszeit mehr denn je eine wichtige Rolle spielen, soll hier das Nikolausbrauchtum im Berchtesgadener Land stehen. In dem ehemaligen geistlichen Fürstentum im südöstlichsten Zipfel Bayerns folgen dem heiligen Bischof Nikolaus *Kramperl, Ganggerl* und *Buttenmandl* (= *Schellenmännern*) – oft auch ein *Nikloweiberl*, ein Bub, der als Christkind oder Engel verkleidet ist oder auch die Tracht eines Mädchens trägt und in seinem Korb die Geschenke für die Kinder transportiert.

Am charakteristischsten sind dabei die Buttenmandln, die ganz in Stroh eingebunden sind und auf ihrer Rückseite große Kuhschellen tragen. Ihr Gesicht ist verhüllt mit Larven aus einem Katzen- oder Hasenbalg, also aus Tierhaut und -fell, aus den Mündern hängen lange rote Zungen. Ganz ähnlich sehen auch die Kramperln aus, sie sind aber statt des Strohs ganz mit Pelzen und Fellen vermummt, auch im Gesicht. Die Ganggerl wiederum tragen in ihrer älteren Form leichtere schwarze Pelze und Hörner auf dem Kopf.

Unter den Masken stecken ledige junge Männer ab 16 Jahren, die den Anstrengungen weiter Märsche in den schweren Verkleidungen bei klirrender Kälte gewachsen sind. Die Eignung dafür wird oft bei mehr oder weniger rustikalen Prüfungen festgestellt. Um gegen die Kälte besser gewappnet zu sein, spielt auch der Genuss von alkoholischen Getränken in den einzelnen Gruppen eine nicht unerhebliche Rolle. Andererseits achtet man in Berchtesgaden auch strikt auf einen christlichen Charakter des Brauchs. Die auslaufenden Gruppen lassen sich vom Pfarrer mit Weihwasser segnen und verrichten Gebete, wenn sie etwa an Feldkreuzen vorbeikommen.

Kerntage des Brauchs sind auch in Berchtesgaden wie andernorts die sogenannten *Krampeidog* am 5. und 6. Dezember. In verschiedenen Ortschaften können der Nikolaus und seine finsteren Begleiter aber auch schon am ersten Advent und bis zum 24. Dezember auftreten. Dabei laufen die *Buttenmandl* mit ihren *Butten*, den *Schellen*, scheppernd von Haus zu Haus, während die Kramperl und die Ganggerl unterwegs Zuschauer, vor allem junge Burschen, im Schnee einseifen oder Mädchen mit Rutenstreichen traktieren. Zumeist beruft man sich dabei auf ein angeblich vorchristliches Fruchtbarkeitsbrauchtum. Die Volkskunde weiß aber längst, dass es damit nichts auf sich hat. In Wirklichkeit geht es lediglich um den Spaß an der Freud; tatsächlich hat es Rutenschläge im Winterbrauchtum auch bei den Römern gegeben.

Am wenigsten müssen sich die eigentlichen Adressaten des Brauchtums, die Kinder, vor den wilden Schreckgestalten fürchten. Sie wissen, dass die dunklen Mächte, wie auch sonst überall, in Wirklichkeit niemandem ein Haar krümmen, weil sie auf das Kommando des Heiligen hören müssen. Und wichtiger als die Rute ist für den Krampus der *Nussensack*. Darin trägt er die Geschenke für die Kinder mit sich. Da die Kramperln in der Regel über keine weiteren Taschen verfügen, müssen sie auch private Dinge in den Säcken aufbewahren. So soll einmal ein Berchtesgadener Kramperl beim Verteilen der Gaben neben Nüssen, Äpfeln und Süßigkeiten versehentlich eine Zigarettenschachtel auf den Stubentisch gelegt haben. Das bescherte Kind, ein Mädchen, zeigte sich davon wenig beeindruckt: „Schau moi, Babba, für di hams a wos dabei."

Noch bis ins 20. Jahrhundert besuchte der Berchtesgadener Nikolaus, ganz ähnlich wie anderswo auch, die Familien, meistens begleitet von lediglich einem einzelnen Buttenmandl, Ganggerl oder Krampus. Nur in den Berchtesgadener Ortschaften Loipl und Winkl gab es den Brauch des *Buttenmandllaufens*, bei dem sogenannte *Passen* (= *Marschgruppe*; lateinisch: *passus* = *Schritt, Marsch*) von mehreren in Stroh gehüllten Mandln in der Gesellschaft des Heiligen unterwegs waren.

In der Zeit nach dem Ersten Weltkrieg schließlich begann sich dieser Brauch über das ganze Berchtesgadener Land auszubreiten, was wiederum zahlreiche Gegner auf den Plan rief. 1934 versuchte das Berchtesgadener Bezirksamt, dem öffentlichen Unfug Einhalt zu gebieten, der *alles andere als ein ‚guter alter Brauch'*, sondern vielmehr *ein wüstes Faschingstreiben* [!] *halbwüchsiger Burschen* geworden sei. 1952 wurde das Verbot wieder aufgehoben. In der Folgezeit, vor allem in den sechziger und siebziger Jahren bis in die unmittelbare Gegenwart, bildeten sich immer neue Gruppen, die sich dem Erhalt des vermeintlich uralten Brauchtums verschrieben haben. Vor allem in den achtziger Jahren legten sich zahlreiche Kramperl und Ganggerl bis dato im Berchtesgadener Land unübliche, aufwendig geschnitzte und teure Perchtenlarven zu, die das urtümlich Dämonische genauso wie den malerischen Charakter des Brauchs unterstreichen sollten.

Mittlerweile kehrt man teilweise wieder bewusst zurück zu den traditionellen Fellmasken, dem *alten Kramperlgesicht*, dem vor allem die Brauchtumsbewahrer treu die Stange halten. Sie sind es, die sich immer wieder und bis heute berufen sehen, den *wilden Gesellen* gut zuzureden. So heißt es in einer Berchtesgadener Publikation des Jahres 2015:

Unsere heutigen Kramperln sind [...] zumeist recht zivilisiert [...]. Aber wenn sich einer maskiert und sich auf seine Anonymität verlassen kann, genießt er bis zu einem gewissen Grad die Gelegenheit, sich so zu verhalten, wie er es sich ohne seine Maskierung nie erlauben könnte, und wenn es dabei noch eine Teufelsfigur ist, in die er hineinschlüpft, dann benimmt sich oft der Ruhigste zum Fürchten.

Das zeigt deutlich, wie sehr gerade das Masken- und Lärmbrauchtum der Advents- und Weihnachtszeit seit jeher der Kontrolle durch Brauchtumsbewahrer, Lehrer, den Klerus und die Obrigkeit ausgesetzt war. Man versuchte, *gute Bräuche* zu fördern, vermeintliche oder tatsächliche *Missbräuche* abzustellen und überschießende jugendliche Energie zu kanalisieren. Das führte im Lauf der Brauchtumsgeschichte zu einer Art Pumpbewegung: Dem Überhandnehmen von Bräuchen folgt die Reglementierung durch die Obrigkeit, die Zurückdrängung,

Buttenmandl werden in Stroh eingebunden und tragen auf dem Rücken Schellen. Im Lauf des 20. Jahrhunderts wurden die *Passen* (= *Gruppen*) der Berchtesgadener Buttenmandl und Kramperln immer größer. Häufig findet sich in Begleitung des Heiligen Nikolaus auch ein Engel beziehungsweise ein sogenanntes *Nikloweiberl*, ein Bub in Mädchentracht

zuletzt sogar Abschaffung. Anschließend wird der Verlust bedauert und der Brauch – häufig wiederum angeregt und gefördert von obrigkeitlichen Vertretern wie Pfarrern oder Lehrern – wiederbegründet, worauf sich bald aufs Neue diverse Ausuferungen einstellen.

Daneben kann natürlich auch der Wandel der Moden, von Zeitgeist und Zeitgeschmack immer wieder zu Änderungen oder gar Brüchen im Brauchtum führen. Tatsache ist: Keine einzige der mittlerweile um die 40 Passen in den fünf Gemeinden des Berchtesgadener Talkessels kann ihre Entstehung über das Ende des 19. Jahrhunderts hinaus zurückverfolgen. Weder die Berchtesgadener Kramperln und Buttenmandln noch die vielfältigen Perchten- und Rauhnachtsgestalten anderswo sind also so vorchristlich wie heiden- und germanenbegeisterte neuzeitliche Forscher oft glauben wollten. Die Bräuche sind in den seltensten Fällen wirklich alt. Aber sie sind Teil einer tatsächlich uralten und weit vor christliche Zeiten zurückreichenden Brauchtumsgeschichte. Die Leute reagieren auf ähnliche Gegebenheiten eben immer gleich.

Im Gegensatz zur landläufigen Meinung, die oftmals bedauert, wie gefährdet alte Bräuche seien, leben wir tatsächlich in ungeheuer brauchtumsfreundlichen Zeiten. Bräuche breiten sich aus und entwickeln immer mehr regionale Besonderheiten. Anderswo werden frühere Bräuche wiederbelebt oder entstehen gleich ganz neu. Eine gewisse Rolle spielen dabei heute einerseits die Medien, die ständig nach neuen Themen für die Berichterstattung in den politischen Saure-Gurken-Zeiten der Festtage suchen, andererseits die Tourismuswerbung, die sogenannte Alleinstellungsmerkmale zu definieren sucht. Am wichtigsten aber sind immer noch die Brauchtumsträger, also die Leute, die ihre Zeit dafür opfern, die Traditionen am Laufen zu halten. Sie verfügen heutzutage sowohl über mehr Freizeit als auch über mehr Finanzmittel als je zuvor. Und darin besteht die eigentliche Kontinuität des Brauchtums: Freie Zeit, flüssiges Geld und nicht zuletzt ganz besonders die ewige Freude am Verkleiden, am Lärm und am ausgelassenen Feiern befeuern es seit uralten Zeiten.

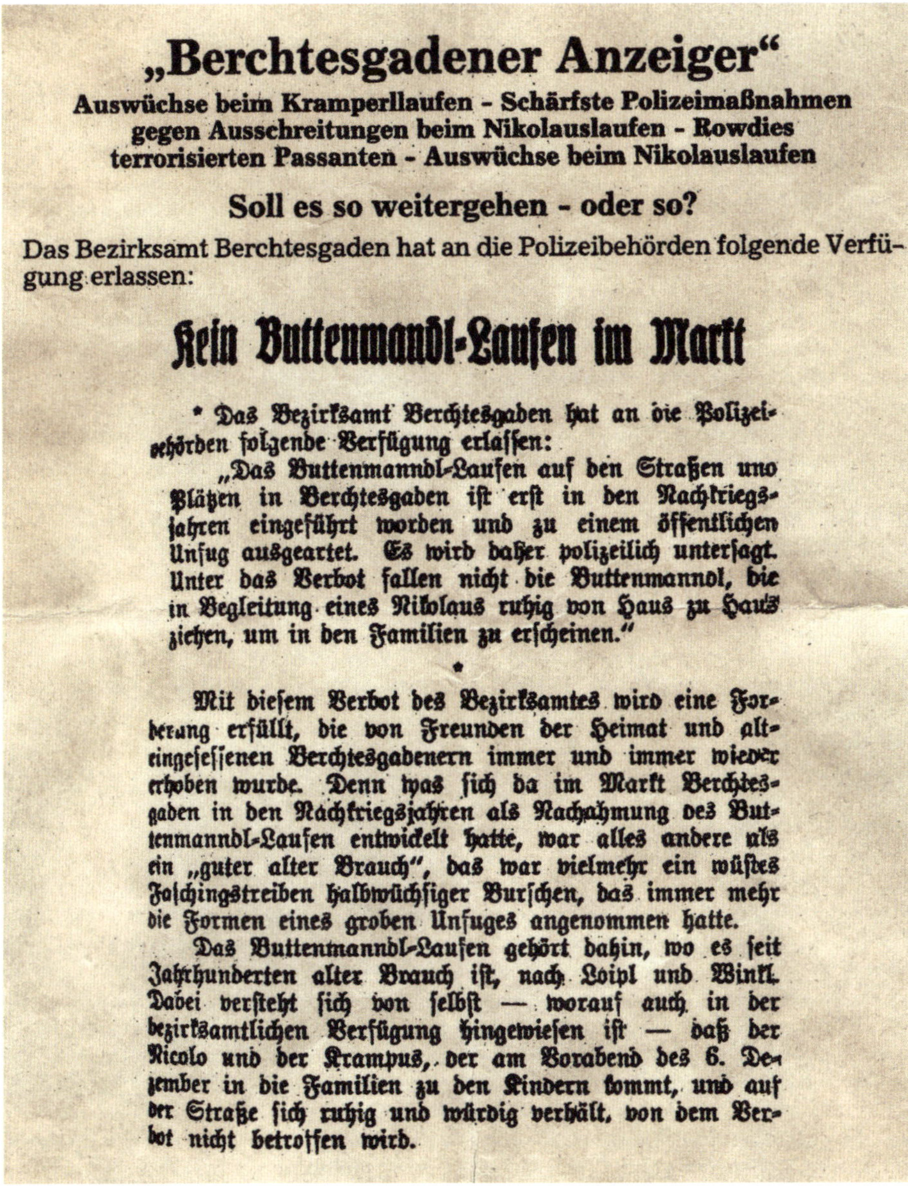

„Berchtesgadener Anzeiger"

Auswüchse beim Kramperllaufen - Schärfste Polizeimaßnahmen gegen Ausschreitungen beim Nikolauslaufen - Rowdies terrorisierten Passanten - Auswüchse beim Nikolauslaufen

Soll es so weitergehen - oder so?

Das Bezirksamt Berchtesgaden hat an die Polizeibehörden folgende Verfügung erlassen:

Kein Buttenmandl-Laufen im Markt

* Das Bezirksamt Berchtesgaden hat an die Polizeibehörden folgende Verfügung erlassen:

„Das Buttenmanndl-Laufen auf den Straßen und Plätzen in Berchtesgaden ist erst in den Nachkriegsjahren eingeführt worden und zu einem öffentlichen Unfug ausgeartet. Es wird daher polizeilich untersagt. Unter das Verbot fallen nicht die Buttenmanndl, die in Begleitung eines Nikolaus ruhig von Haus zu Haus ziehen, um in den Familien zu erscheinen."

*

Mit diesem Verbot des Bezirksamtes wird eine Forderung erfüllt, die von Freunden der Heimat und alteingesessenen Berchtesgadenern immer und immer wieder erhoben wurde. Denn was sich da im Markt Berchtesgaden in den Nachkriegsjahren als Nachahmung des Buttenmanndl-Laufen entwickelt hatte, war alles andere als ein „guter alter Brauch", das war vielmehr ein wüstes Faschingstreiben halbwüchsiger Burschen, das immer mehr die Formen eines groben Unfuges angenommen hatte.

Das Buttenmanndl-Laufen gehört dahin, wo es seit Jahrhunderten alter Brauch ist, nach Loipl und Winkl. Dabei versteht sich von selbst — worauf auch in der bezirksamtlichen Verfügung hingewiesen ist — daß der Nicolo und der Krampus, der am Vorabend des 6. Dezember in die Familien zu den Kindern kommt, und auf der Straße sich ruhig und würdig verhält, von dem Verbot nicht betroffen wird.

Die 1934 erlassene Verfügung gegen die *Auswüchse beim Kramperllaufen* blieb bis ins Jahr 1952 gültig.

Ich habe meinen Seim samt meinem Honig gegessen;
ich habe meinen Wein samt meiner Milch getrunken.
Esst, meine Lieben, und trinkt, meine Freunde, und werdet trunken!

Bibel, Hohelied 4,11

Nektar und Ambrosia

Bienenfleiß

Die an die Kinder verschenkten Köstlichkeiten und nicht zuletzt die Schoko- oder Lebkuchenfiguren des heiligen Nikolaus – Süßes gehört einfach zum Advent und zu Weihnachten. Schon in grauer Vorzeit dürften die Menschen Vorräte aus getrockneten Früchten und dem Honig von Wildbienen angelegt haben, um mithilfe hochkalorischer Leckerbissen leichter über lange Winter zu kommen. Die Tradition hat sich gehalten über die Jahrtausende.

Bei den alten Griechen ließ der große Winter- und Erlösergott Dionysos unter anderem Wein und Honig aus der Erde quellen, später, im Christentum, war der heilige Bischof Martin von Tours für den jungen Wein zuständig. Das Patronat über den Honig dagegen übernahm Ambrosius, der in Trier geborene heilige Bischof von Mailand. Sein Festtag wird passenderweise unmittelbar nach dem Nikolaustag am 7. Dezember gefeiert.

Der Legende zufolge solch sich auf dem Gesicht des Knaben Ambrosius einmal ein Schwarm Bienen niedergelassen haben, von denen einige in seinen Mund hineinkrochen und das Kind mit Honig nährten. Mit dieser Geschichte wollte man die Gelehrsamkeit des kleinen Ambrosius unterstreichen. Denn Bienen galten seit alten Zeiten als Symbole für Fleiß, gute Organisation, Intelligenz und honigsüße Beredsamkeit. Über letztere verfügte Ambrosius zweifellos. Später, als Heiliger, wurde er stets mit einem Bienenkorb als Attribut dargestellt.

Ambrosius diente dem römischen Reich zunächst lange Jahre als Politiker, vor allem als gewiefter Provinzverwalter; das Christentum war seit 380 offizielle Staatsreligion. In den damaligen Auseinandersetzungen zwischen den Trinitariern und den Arianern, die die Dreieinigkeit Gottes leugneten, gelang es Ambrosius, die Wogen zu glätten. Dabei ging es sich um mehr als einen Religionsstreit: Bei den Trinitariern handelte es sich eher um die alteingesessenen papsttreuen Romanen im Land, während die neu hinzugekommenen Germanen der arianischen Lehre anhingen und von der Dreieinigkeit nichts wissen wollten, weil sie in ihren Augen dem Monotheismus widersprach. Ambrosius, der wusste, dass gerade in diesem Dreifaltigkeits-Spagat der Witz des Christentums bestand, sich aber theologisch neutral verhielt, konnte einen Bürgerkrieg verhindern.

Auf Wunsch des Kaisers ließ er sich im Jahr 374 taufen, zum Priester weihen und schließlich zum Mailänder Bischof wählen. Das stärkte sein politisches Gewicht noch einmal. In der Folgezeit entschied Ambrosius nicht wenige Auseinandersetzungen mit dem Kaiser zu seinen Gunsten, was der Kirche von Mailand beträchtliche Unabhängigkeit und Selbständigkeit einbrachte. Sein größtes Talent war sicher, hochkomplexe theologische Probleme in verständliche Worte für das Volk zu übersetzen. Wie üblich, hat ihm seine außergewöhnliche Begabung allerdings nicht nur unvergänglichen Ruhm, sondern auch nicht wenig Kritik, Neid und Spott eingebracht. Der Kirchenvater Hieronymus, ein großer Gelehrter, Heiliger und zugleich ein nicht besonders sympathischer Asket, der in seiner Betlehemer Klause die Bibel ins Lateinische übersetzte, behauptete sogar, Ambrosius sei ein Vogel, der sich mit fremden Federn schmücke und aus gutem Griechisch schlechtes Latein mache.

Das Ambrosiussiegel der deutschen Kirchenkerzen-Hersteller. Lebzelterei und Wachszieherei gehörten zu ein- und demselben Berufsbild. Heute ist dieser Beruf nahezu ausgestorben. Der letzte seiner Zunft ist der Lebzelter und Wachszieher Hans Hipp aus Pfaffenhofen an der Ilm.

In Wirklichkeit verdankt Ambrosius sein Imker-, Wachszieher- und Lebzelter-Patronat schlicht seinem Namen. *Ambrosius* leitet sich nämlich ab von *Ambrosia*, der schon seit goldenen homerischen Zeiten gerühmten Speise der Götter, die sich bekanntlich auf dem Olymp ausschließlich von Süßigkeiten ernähren. Zur süßen Ambrosia (griechisch: *Speise der Götter*; wörtlich: *unsterblich machend*) trinken die Himmlischen, so erzählt es jedenfalls Homer, nur den noch süßeren Nektar.

Auch wenn wir hoffnungslos überzuckerten Zeitgenossen des modernen 21. Jahrhunderts zur *Götterspeise* ein eher gespaltenes Verhältnis pflegen: *Viel zu süß* konnte noch bis ins 20. Jahrhundert hinein kaum etwas sein. Daran erinnern uns die Süßigkeiten aus den Mittelmeerländern oder gar aus dem Orient bis heute. Einem Heiligen dieses Namens, der noch dazu seinen Festtag am 7. Dezember feiert, wenn Honig und Kerzenwachs Hochkonjunktur haben, musste man einfach ein solches Patronat zuschreiben.

Honig war über die weitaus längste Zeit der Menschheitsgeschichte das einzige süße Lebensmittel, das nicht, wie etwa getrocknete Früchte, durch Säure beeinträchtigt war und sich trotzdem nahezu unbegrenzt hielt. Honig konnte man deswegen auch zum Süßen anderer Speisen verwenden. Wachs, das gleichzeitig mit dem Honig gewonnen wurde, war dazu das sauberste und darum kostbarste Material für die Herstellung von Kerzen.

Schon früh bewunderte man den sprichwörtlichen Fleiß der Bienen, ihre *Emsigkeit* (*Emme = Imme = Impe = Biene*). Da die Insekten scheinbar im Winter starben, um im Frühjahr wieder auszuschwärmen, galten sie bereits in der Antike als Symbole für Tod und Auferstehung, wie es in den Mysterienreligionen um Isis und Osiris, Demeter, Persephone oder Dionysos vorgebildet war und später auf Christus bezogen wurde. Doch Bienen waren auch ein Symbol für die Erbsünde. Schließlich wusste der Mensch, dass er die Bienen ihrer Lebensgrundlage beraubte, wenn er ihnen ihre Honigvorräte nahm, um sich selbst an der himmlischen Speise zu laben. Kluge Imker ließen den fleißigen Insekten stets ihren Teil der süßen Nahrung. Erst nach der Erfindung des künstlichen Industriezuckers im 19. Jahrhundert war man in der Lage, den kompletten Honig zu ernten, ohne die Bienenvölker dem sicheren Wintertod auszusetzen. Damit keine räuberischen Tiere den Insekten schaden konnten, stellte man früher die Körbe unmittelbar ans Haus.

Bienen, die wie die Menschen soziale Gemeinschaften, Staaten bilden, galten sogar als *die* Haustiere schlechthin, als Mitglieder des Hausstands. Deswegen gab es den Brauch, *es dem Imp zu sagen*, also den Bienen bedeutende Nachrichten mitzuteilen, etwa wenn der Bauer, die wichtigste Person eines Hofes, gestorben war.

Für die Gewinnung der Rohstoffe Honig und Wachs war eine spezielle Zunft zuständig: die *Zeidler* (romanisch: *cidere = schneiden*). So nannte man die gewerbsmäßigen Honig- und Wachssammler, die die Waben aus den Stöcken von Wildbienen herausschnitten. Orts- und Familiennamen wie *Zeitlarn* oder *Zeitler* weisen auf die alte Profession hin, die schon im antiken Bayern besonders geschützt war. Erstmals wird die Zucht von Waldbienen 748 in einer Urkunde des bayerischen Herzogs Odilo erwähnt. Im 14. Jahrhundert formierten sich die Zeidler zu einer eigenen Zunft. Eines ihrer bedeutendsten Zentren hatte die Zeidlerei im Nürnberger Reichswald. Der Marktflecken Feucht bei Nürnberg, der heute noch einen Zeidler samt Bienenkorb im Wappen trägt, beherbergte von 1350 bis 1796 das kaiserliche Zeidelgericht. Seit dem Mittelalter bildete der Feuchter Honig die Grundlage der berühmten *Nürnberger Lebkuchen*.

Die angemessene Verarbeitung von Honig und Wachs – abseits des Bauernhaushalts, wo man für den Eigenbedarf produzierte – besorgte ein anderer *zünftiger* Beruf: der des Lebzelters und Wachsziehers. Das Wort *Zelten* ist verwandt mit *Zelt* (romanisch: *telatus = ausgespannt, ausgebreitet*), *Leb* wiederum bedeutet *Laib* (lateinisch: *libum = Fladen*). *Lebzelter* fertigten aus Mehl, Honig und teuren fremdländischen Gewürzen eine zähe Masse, die man in Model drückte. So entstanden das ganze Jahr über süße, nahrhafte und vor allem haltbare Zelten in mancherlei religiösen und profanen Formen. Im Advent stellten sie üblicherweise den heiligen Nikolaus dar. Kurioserweise wurde dessen Berufsbezeichnung *Bischof* (von griechisch: *episkopos = Aufseher*) über Umwege Namensgeber für den berühmtesten heutigen Adventszelten. Die lateinische Übersetzung von *episkopos* lautet nämlich *speculator* (= *Besichtiger, Aufseher*), wovon wiederum das Wort *Spekulatius* abgeleitet ist. Spekulatius sind besonders fein – aber hart und haltbar wie alle Zelten.

Das Alleinstellungsmerkmal der Nürnberger Lebküchner war es, eben keine harten Zelten, sondern weiche Leb*kuchen* zustande zu bringen, wozu sie die kostbare Masse unter anderem auf Oblaten strichen. Im Jahr 1643 organisierten sich die 14 Nürnberger Lebküchner in einer eigenen Zunft. Künftig mussten die Zunftmitglieder schwören, die speziellen Nürnberger Lebkuchenrezepte nicht auszuplaudern. Damit sie diesbezüglich nicht in Versuchung gerieten, durften die Lebküchner nicht einmal die Stadt verlassen und nur Angehörige aus einschlägigen Familien durften den Beruf ergreifen.

Gebäck aus Honig und kostbaren Gewürzen kannte man bereits in der Antike. In ägyptischen Gräbern hat man Vorläufer unserer heutigen harten Pfeffernüsse gefunden, die man wohl nicht nur gegessen, sondern ob ihrer *göttlichen* Zutaten auch als Talismane verwendet hat. Die Römer kannten ein *panis mellitus*, ein feines Brot, das mit Honig bestrichen war, und dessen Rezeptur in Klöstern bis weit ins Mittelalter hinein verwendet wurde. Schriftliche Belege für die bürgerliche Lebzelterei gibt es allerdings erst aus dem Spätmittelalter; allesamt stammen sie aus Süddeutschland, vor allem aus dem heutigen Bayern: 1296 werden in Ulm erstmals *Pfefferkuchen* genannt. 1370 wird in Münchner Steuerakten erstmals der Beruf des Lebzelters erwähnt, 1395 ist der erste Nürnberger Lebküchner schriftlich belegt.

Lebkuchen oder Pfefferkuchen galten wegen ihrer hochwertigen Inhaltsstoffe nicht als normales Lebensmittel, sondern als gesundheitsfördernde Arznei, deren Genuss auch zu Fastenzeiten, wie etwa im Advent, erlaubt war. So kannte man etwa vom Zimt seine verdauungsfördernde und kreislaufanregende Wirkung, von der Gewürznelke wusste man, dass sie schmerzstillend und beruhigend wirken konnte. Um aber an derlei exotische Zutaten zu gelangen, war man auf die Fernhandelstätigkeit städtischer Kaufleute, der sogenannten *Pfeffersäcke* – *Pfeffer* war im Mittelalter die Sammelbezeichnung für *Gewürze* –, angewiesen. Deswegen galt generell: Je größer die Stadt, desto ausgeprägter die Lebzelten- beziehungsweise Lebkuchentradition. Noch heute berühmt ist das einschlägige Gebäck aus den großen Reichsstädten: Ulmer Wibele, Aachener Printen, Basler Leckerli und natürlich allen voran Nürnberger Lebkuchen.

Die Aufgabe des Lebzelters darf nicht mit der eines Zuckerbäckers oder Konditors verwechselt werden. Lebzelter durften keinen Zucker verwenden. Dafür hatten sie das Monopol auf die Verarbeitung von Honig und Wachs und das Recht, Met zu sieden und entweder weiterzuverkaufen oder selbst auszuschenken. Durch die aufkommende Industrieproduktion im 19. Jahrhundert verlor das uralte Handwerk der Lebzelterei schnell an Bedeutung: Die Kerzenindustrie verwendete kaum mehr Wachs, sondern das billige Erdölprodukt Paraffin, den Honig im Lebkuchen ersetzten die Großbäckereien durch billigen Rübenzucker und schließlich grub auch noch das in den Münchner Großbrauereien industriell hergestellte Bier dem Met das Wasser ab.

Bäckerei

Die Lebzelter oder die Lebküchner in Nürnberg haben, ähnlich wie ihre Kollegen von der Bäckerzunft, das ganze Jahr über gearbeitet und für den Advent lediglich spezielle Gebildbrote hergestellt. In und um Waldmünchen in der Oberpfalz beispielsweise holen manche Bäcker zum Nikolaustag noch heute sogenannte *Stutzbockerl* aus dem Ofen, Gebildbrote aus Hefeteig in der Form einer Schere, einer Schnecke, eines Hasen, eines Bischofsstabs oder einer Trompete. Früher war solches Gebäck, in Regensburg zum Beispiel *Hornaffen* genannt, allgemein üblich. Es wurde nicht nur zu Nikolo oder Weihnachten, sondern den ganzen Winter über als Geschenk verwendet: als Patengeschenk zu Allerseelen, als Barbara- oder Niklobrot genauso wie als Faschingsgebäck.

Das Kostbare und *Feiertägliche* daran war, dass dieses hörnchenartige Gebäck selbstverständlich nicht aus dem alltäglichen Roggensauerteig, sondern aus feinem weißen Semmelmehl bestand, das beim Kauen im Mund eine leichte Süße entwickelt. In Zeiten, in denen Weißmehl selbstverständlich geworden ist, reicht diese Süße allein nicht mehr. In Regensburg aber waren im 15. Jahrhundert pure Semmeln noch das offizielle Weihnachtsgeschenk des Rates der Stadt an den örtlichen Klerus oder die städtischen Bediensteten. Wobei *Semmel* in diesem Zusammenhang nicht unser heutiges Kleingebäck bedeutet. Die Regensburger *Weihnachtssemmeln* waren bis zu 25 Pfund schwer.

Selbst die Oberpfälzer Stutzbockerln werden heute mit Zucker glasiert. Vor der Entdeckung des billigen Rübenzuckers im 19. Jahrhundert aber war der (Rohr)Zucker ein teures Importgut, das weder der Lebzelter noch der normale Bäcker verarbeiten durfte. Für Zucker-

In Nürnberg wird heute noch Eierzucker hergestellt und anschließend in *Springerl*-Modeln mit unterschiedlichsten Motiven geformt. Als Ausgangsmaterial hat man dafür aber auch Marzipan oder einfache Zuckermasse verwendet. Nach dem Trocknen konnten solche Stücke an den Christbaum gehängt und später abgeerntet werden.

57. Marzipan.

Bedarf: 5 Eier, 560 Gr. Zucker, 560 Gr. Mehl, 1 Löffel Arak, 1 Messerspitze pulverisierte Potasche.

Fünf ganze Eier werden mit 560 Gr. Zucker eine Stunde gerührt, dann 560 Gr. fein gesiebtes getrocknetes Mehl nebst einem Löffel Arak darunter gemengt, auf dem Nudelbrett zu einem festen Teig verarbeitet, bis derselbe ganz fein ist. Alsdann staubt man etwas Mehl auf das Nudelbrett, legt den Teig darauf, läßt ihn zwei Stunden mit einem erwärmten Tuche zugedeckt ruhen, staubt dann abermals etwas Mehl auf das Brett, walkt ihn messerrückendick aus, schneidet Stückchen daraus, drückt sie mit Marzipanformen aus, welche man mit Mehl, welches mit feinem Zucker vermischt ist, ausstaubt, stellt sie über Nacht, noch besser 2 Tage lang in ein warmes Zimmer, doch nicht an den Ofen. Man macht ein Blech heiß, bestreicht es dünn mit Wachs, ist es kalt, legt man die Stückchen darauf und bäckt sie bei sehr mäßiger Hitze. Der Marzipan muß weiß bleiben, bis er aufgestiegen und hart geworden ist. Man kann unter die Masse während dem Rühren auch eine Messerspitze Potasche mengen, dann steigt sie besser.

waren war allein der Zuckerbäcker oder Konditor zuständig. Er hat zum Beispiel aus Mandeln, Rosenwasser und Zucker Marzipan hergestellt, das zu Weihnachten entweder pur in Modeln geformt oder weiterverarbeitet, etwa als Teil eines Christstollens, auf den Tisch kam.

Das ursprünglich aus dem Orient stammende Marzipan wurde erst zur Zeit der Kreuzzüge im Hochmittelalter bei uns bekannt. Es wurde als Arznei gegen Verstopfungen und Blähungen verkauft und durfte deswegen, ähnlich wie der Lebkuchen, auch in der Adventszeit gegessen werden. Über den eigenartigen Namen machen viele Spekulationen die Runde. Am wahrscheinlichsten dürfte sein, dass er sich aus dem romanischen Dialekt Venedigs ableitet: *Marci panis* (= *Markusbrot*). Venedig, die Stadt des heiligen Markus, dominierte das ganze Mittelalter hindurch den Orienthandel. Nach der Entdeckung Amerikas wurde Rohrzucker billiger, womit sich in der Neuzeit viele weitere wichtige Handelsstädte zu Marzipanstädten entwickelten wie etwa das spanische Toledo, Reval (die estnische Hauptstadt Tallinn), Königsberg oder Lübeck. Lübecker Marzipan ist ja bis heute in Deutschland ein Begriff.

Die Kostbarkeiten, die in den Städten auf den Markt oder in den Laden kamen, waren natürlich wenigen finanzkräftigen, vor allem bürgerlichen Kunden vorbehalten. Bei der Landbevölkerung, unter der Bargeld immer ein rares Gut war, waren die Genüsse einfacherer Art, aber nicht minder vielfältig. Selbstverständlich fuhren auch die Bäuerinnen zu den Festtagen alles auf, was Küche und Keller hergaben, gut und teuer war: Honig, Eier, feines Weizenmehl und hie und da hat man vom Markt in der Stadt auch einmal teure Gewürze mitgebracht.

Unüberschaubar sind die Formen des heutigen Weihnachtsgebäcks. Unser Wort *Platzerl, Plätzle, Plätzlein* oder *Plätzchen* hängt mit *Platz* zusammen und stammt, wie viele hochdeutsche – bairische, fränkische oder schwäbische – Begriffe, aus dem Spätlateinischen oder Romanischen: *Platula, placentula* bedeutet *kleiner flacher Kuchen*. In manchen Regionen leitet man die Bezeichnung für kleines Weihnachtsgebäck auch von dem Wort *gut* ab wie *Guatl, Gutsel* oder von *Brot* oder *Laib* wie *Brötle, Laible* und dergleichen. Der Begriff *Keks*, der sich vornehmlich im Norden Deutschlands, aber auch im großbürgerlichen Wien findet, ist dagegen neueren Datums. Dabei handelt es sich um die deutsche Schreibung des englischen Fremdworts *cakes* (= *Kuchen*; und zwar im Plural). *Cakes/Keks* war industriell hergestelltes Dauergebäck, wie es zu Ende des 19. Jahrhunderts bei uns populär wurde. Zunächst, deswegen das Fremdwort, wurde es aus England importiert, schon bald aber auch hierzulande hergestellt. So wie in der Landshuter *Biscuits- und Cakesfabrik*, die bei den Einheimischen bis heute *die Keks* heißt. Diese ehemalige *Zugspitze-Keksfabrik* in Landshut wurde 1940 von der südwestfälischen Zwieback- und Schokoladenfirma *Brandt* übernommen und zählt heute zu den größten Herstellern von Schokonikoläusen und -osterhasen in Deutschland..

Zu den traditionellen Gebäcksorten der Weihnachtszeit gehören vor allem die *(Vanille)Kipferl*. Dieses Wort hängt mit dem lateinischen *cuppa* zusammen, das soviel bedeutet wie *Horn, Trinkhorn* oder *Becher*. Im Englischen hat sich der Begriff *cup* für *Tasse* bis heute erhalten. In den deutschen Sprachen kennen wir als Fremdwort noch die *Kuppel* (lateinisch: *cupola*), die die Gestalt eines umgedrehten Bechers hat, und zahlreiche ältere Formen, deren Namen auf das Keltoromanische zurückgehen, wie *Gupf* oder *Kupf* (= *kleiner Berg, Hügel*) oder dessen Verkleinerungsform, die stets etwas Hornartiges, Gewölbtes bezeichnet: den *Güpfel/Gipfel* oder *Küpfel/Kipfel*. Dieses *Kipfel* noch einmal

20. Bischofsbrot.

Bedarf: 5 Eischwer Zucker, 5 Eier, 70 Gr. Weinbeeren, 70 Gr. Rosinen, 35 Gr. Mandeln, 35 Gr. Citronat, 5 Eischwer Mehl.

Fünf Eischwer Zucker wird mit fünf Eiern drei Viertelstunden gerührt. Alsdann 70 Gr. Weinbeeren, 70 Gr. Rosinen, 35 Gr. abgezogene, länglich geschnittene Mandeln und 70 Gr. Citronat, fein geschnitten, dazu gegeben, zuletzt fünf Eischwer Mehl darunter gerührt. Eine längliche Form wird mit Butter ausgestrichen, die Masse eingefüllt und bei mäßiger Hitze drei Viertelstunden gebacken. Nachdem es kalt ist, wird es in halbfingerdicke Schnitten geschnitten.

22. Thomas-Laibchen.

Bedarf: 250 Gr. (1/2 Pfd.) Farin oder Thomaszucker, 4 Eidotter, 9 Gr. Zimmt, 8 Gr. Nelken, 250 Gr. (1/2 Pfd.) Mehl, Butter.

250 Gr. (1/2 Pd.) Farine oder Thomaszucker werden mit 4 Eier schaumig gerührt, dann 9 Gr. Zimmt, 8 Gr. Nelken und 250 Gr. (1/2 Pfd.) Mehl daran gegeben. Ein Backblech wird mit Butter bestrichen, mit etwas Mehl bestaubt, von der Masse kleine Häufchen mit einem Kaffeelöffel darauf gesetzt und diese im Rohr bei mäßiger Hitze gebacken.

24. Zimmtsterne.

Bedarf: 280 Gr. Zucker, 280 Gr. Mandeln, 3 Eiweiß, 1/2 Löffel gestoßener Zimmt.

280 Gr. fein gestoßener Zucker werden mit drei Eiweiß schaumig gerührt, dann 280 Gr. unabgezogene, fein gewiegte Mandeln, ein halber Eßlöffel gestoßener Zimmt gut darunter gerührt. Ein Nudelbrett wird mit feinem Zucker bestreut, die Masse darauf gegeben, halbfingerdick ausgewalkt, dann Sterne daraus gestochen. Ein Blech läßt man heiß werden, bestreicht es dünn mit Wachs, ist es kalt, legt man die Sterne darauf, und bäckt sie bei sehr mäßiger Hitze. Alsdann bereitet man ein sehr dickes Zuckerwasser, bestreicht oben alle Sterne mittelst eines Pinsels und läßt sie im Rohre ein wenig trocknen, damit die Glasur sich bilde.

51. Prophetchen.

Bedarf: 140 Gr. feines Mehl, 70 Gr. Zucker, 70 Gr. Butter, 2 Eier, 2 Eßlöffel saurer Rahm, $^1/_2$ Citrone, Butter. Zucker, Zimmt,

140 Gr. feines Mehl, 70 Gr. Zucker, 70 Gr. Butter, zwei Eigelb, zwei Eßlöffel guter saurer Rahm und etwas abgeriebene Citronenschale werden auf dem Nudelbrett zu einem feinen Teig verarbeitet. Alsdann bestaubt man das Nudelbrett leicht mit Mehl, walkt den Teig messerrückendick aus, bestreicht ihn mit zerlassener Butter und bestreut ihn gut mit fein gestoßenem Zucker, welcher mit gestoßenem Zimmt vermischt ist. Rädelt dann viereckige Stückchen daraus. Ein Blech wird hierauf mit Butter bestrichen, die Stückchen darauf gelegt und bei mäßiger Hitze hellgelb gebacken.

verkleinert, wie es im Bairischen möglich ist, ergibt das *Kipferl.* Das heißt: *Kipferl* sind *Gipfel.* Sie laufen an ihren Enden spitz zu wie die Gipfel im Gebirg.

Eine besondere Rolle spielen im Winter seit jeher getrocknete Früchte, die pur gegessen, in Schnaps eingelegt oder zu *Früchte-* oder *Kletzenbrot* verarbeitet werden. Vor allem in Obstbaugegenden erntete man im Herbst wesentlich mehr als man sofort essen konnte. Und selbst wenn sich vor allem Äpfel, kühl gelagert, bis weit ins neue Jahr hinein halten konnten – getrocknete Äpfel und Birnen wurden zusammen mit *Nuss und Mandelkern* zu den sprichwörtlichen Nikolaus- und Weihnachtsgeschenken.

Zum Trocknen musste man das Obst in Stücke schneiden, daher der Begriff *Kletzen* (= *Klötze*; von *klieben* = *spalten*), wie er eher in Altbayern gebräuchlich ist, oder der schwäbische Ausdruck *Schnitz.* In Franken verwendet man das Wort *Hutzeln.* Dahinter verbirgt sich der indoeuropäische Wortstamm *hot-* oder *hut-* (= *warm machen, trocknen*) wie er auch in *heiß, Hitze* und *heizen* steckt; im englischen *hot* (= heiß) ist er noch genauso erhalten wie im *Hutzlmännlein,* von dem man sich an den langen Adventsabenden gern erzählte, dass es lebendig wird

Alle Rezepte auf diesen Seiten stammen aus dem 1866 erschienenen und noch heute viel zitierten Kochbuch von Marie Schandri. Schandri war 40 Jahre lang Küchenchefin im Regensburger Hotelgasthof *Goldenes Kreuz*, einer Kaiserherberge seit dem 16. Jahrhundert.

und einem lästige Arbeit abnimmt. Hutzlmännlein oder Zwetschgenmandl aus gedörrten Zwetschgen gehören heute noch zum Angebot vieler Christkindlmärkte.

78. Hutzelbrot.

Bedarf: 10 Pfd. (5 Kilo) Schwarzbrotteig, 9 Pfd. (4½ Kilo) getrocknete Birnen, 1½ Pfd. (750 Gr.) süße Mandeln, 3 Pfd. (1½ Kilo) gedörrte Zwetschgen, 2 Pfd. (1 Kilo) Rosinen, 2 Pfd. (1 Kilo) Weinbeeren, 1 Pfd. (500 Gr.) Kranzfeigen, 100 Stück Nüsse, ¼ Liter Branntwein, 5 Gr. runden Anis, 3 Gr. Koriander, 3 Gr. gestoßener Pfeffer, 5 Gr. gestoßenes Nelkengewürz, 52 Gr. Citronat, 52 Gr. überzuckerte Pomeranzenschale, 750 Gr. Brotmehl.

Auf sechs mittelgroße Hutzelwecken nimmt man Teig von einem gewöhnlichen sechspfündigen (3 Kilo) Laib Schwarzbrot. Am Tage vorher, an welchem man das Brot bereiten will, müssen folgende Zuthaten hergerichtet und vorbereitet werden. Neun Pfund (4½ Kilo) ganz gut getrocknete Birnen (Hutzeln, Glötzen) wäscht man in warmem und dann in kaltem Wasser und siedet sie in Wasser weich. (Da man die neun Pfund (4½ Kilo) nicht auf einmal sieden kann, so wird immer die Hutzelbrühe, worin die Hutzeln gesotten wurden, wieder zu den andern verwendet und dann jedesmal nur noch wenig Wasser dazu gegossen.) Alsdann schneidet man Butzen und Stiele ab und zerschneidet die Hutzeln in zwei bis drei Teile. Die Brühe davon läßt man, wenn die Hutzeln alle darin gekocht sind, noch ein wenig einkochen und bewahrt sie in einem Topfe auf. 1½ Pfund (750 Gr.) süße Mandeln werden mit kochendem Wasser angebrüht und nach einiger Zeit wird denselben die Haut abgezogen. Drei Pfund (1½ Kilo) gedörrte Zwetschgen wäscht man warm, dann kalt und kocht sie in Wasser weich, entfernt dann die Steine davon und gibt sie in dieselbe Schüssel zu den gekochten und zerschnittenen Hutzeln. Zwei Pfund (1 Kilo) große Rosinen werden rein gewaschen, sowie zwei Pfund (1 Kilo) Weinbeeren, welche man ebenfalls zu den Zwetschgen in die Schüssel gibt und dann zudeckt. Alsdann wird ein Pfund (500 Gr.) Kranzfeigen in längliche Stückchen geschnitten in eine eigene Schüssel gethan und über Nacht mit kalter Hutzelbrühe angefeuchtet, damit sie aufquellen. Von hundert schönen Nüssen werden die Kerne eine Nacht in eine Schüssel gelegt und mit ¼ Liter guten Branntwein angefeuchtet.

Ferner hat man noch an Gewürzen folgende nötig: Fünf Gramm runden kleinen Anis, drei Gramm gestoßenen Koriander, ebensoviel gestoßenen Pfeffer und gestoßenes Nelkengewürz, 52 Gramm feingeschnittenes Citronat und ebensoviel fein geschnittene überzuckerte Pomeranzenschale. Es ist zweckmäßig, mit der Bereitung des Hutzelbrotes schon am Morgen zu beginnen. Zuerst gibt man den Teig in ein reines erwärmtes, mit Mehl bestaubtes hölzernes Gefäß (Zuber, Backtrog), fügt dann daß Gewürz und darauf alle zubereiteten Sachen bis auf die Mandeln und Nußkerne hinzu und verarbeitet alles gut. Die Sachen müssen mit beiden Händen mehr in den Teig hineingestrichen als wie geknetet werden, da sie sonst ihr schönes Ansehen verlieren würden. Der Teig wird mit beiden Händen immer vom Boden auf in die Höhe gehoben, da die Früchte immer zu Boden fallen. Wer noch nie ein Hutzelbrot gebacken hat, dem wird es unglaublich scheinen, wie in so wenig Teig so viele Früchte sich einkneten lassen, und doch muß es geschehen, denn sonst würde das Hutzelbrot leer und saftlos werden. In den Teig nimmt man keine Hutzel- oder Zwetschgenbrühe, da dadurch das Brot zu feucht würde. Ist alles gut mit dem Teig verarbeitet, gibt man auch die Nuß- und Mandelkerne hinein und mischt sie gut unter die Masse. Außer dem Teig, in welchen man die einzelnen Sachen einknetet, braucht man noch ungefähr vier Pfund (2 Kilo) Teig zum Einschlagen der Masse. Ein Nudelbrett wird mit Mehl bestaubt, der sechste Teil vom Brotteig zu einem runden Fleck fein ausgewalkt, mit Hutzelbrühe bestrichen, der sechste Teil der Masse hineingegeben, dieselbe fest zusammengedrückt, gut mit dem Teig umhüllt und oben mit Hutzelbrühe überstrichen. Alsdann legt man den Wecken auf ein anderes gut mit Mehl bestaubtes Brett und fährt so fort, bis alle sechs Wecken vollendet sind. Der Einschlagteig darf keine Risse haben, sonst zerspringt das Brot und verliert dadurch an Güte. Alsdann stupft man jeden Wecken mehrmals mit einer großen Gabel, gibt sie dann zum Bäcker, welcher sie noch einmal gehen lassen und langsam im Ofen backen muß. Es ist gut, wenn man das Brot erst am zweiten Tage anschneidet.

Unsere Herzen hängen an Dir auf dem Weg,
um uns auf den Pfad des Lebens zu bringen.
Und wir rufen zu Dir zu allen Zeiten und sagen:
Erhöre Du uns!

Isis-Gebet aus Ägypten, um 500 v. Chr.

Maria

Heilige Sippe

Die Zeitmessung spielt beim Backen eine nicht unerhebliche Rolle. Teig muss für bestimmte Zeitspannen gerührt, geschlagen, geknetet werden, das fertig geformte Gebäck für eine gewisse Dauer im Ofen backen. Dabei waren Uhren oder gar Küchenwecker in früheren Küchen gänzlich unbekannt. Und selbst nach ihrem ersten Aufkommen blieben solche feinmechanischen Erzeugnisse ausgesprochen teuer und selten. Oft besaß nur der Hausherr eine Taschenuhr, die er meist als Jugendlicher zur Firmung erhalten hatte und nur an Festtagen anlegte. Im Alltag genügte sonst der Viertelstundenschlag der örtlichen Turmuhr. Für die Zeitmessung in der Küche allerdings waren kürzere und variablere Zeitspannen nötig. Sie wurden üblicherweise in Gebetslängen gemessen. Kürzere in einzelnen, hintereinander gesprochenen *Vaterunsern*, längere in einem *Engel des Herrn*, in dem noch längeren *Psalter* oder gar in einem *Rosenkranz*. Im Vordergrund stand bei all diesen Gebeten das *Avemaria*.

Wie überhaupt Maria, die Mutter des Herrn, in der Advents- und Weihnachtszeit einen herausragenden Platz einnimmt: Zwei der drei Hochfeste der katholischen Kirche, die im Jahreslauf der Gottesmutter gewidmet sind, fallen in die Advents- und Weihnachtszeit. Das *Hochfest der Gottesmutter* am 1. Januar (Neujahr) und das *Hochfest der ohne Erbsünde empfangenen Jungfrau und Gottesmutter Maria*, kurz *Mariä Empfängnis*, am 8. Dezember.

Im Jahr 431 begründete das Konzil von Ephesos die Verehrung Marias als *Gottesgebärerin*. Immer stärker wurden in der Folge die uralten mythischen Vorstellungen von der *Muttergottheit*, der *Erdmutter*, der *großen Mutter* in die christliche Vorstellungswelt einbezogen. Selbstverständlich musste die Mutter Gottes ohne Erbsünde empfangen worden sein. Sie ist die *neue Eva*, die die Schuld der *alten Eva*, der Frau Adams, neutralisiert. Seit dem 9. Jahrhundert gibt es das Fest der unbefleckten Empfängnis Mariens. Der Festtag entwickelte sich rasch zu einem der wichtigsten im ganzen Advents- und Weihnachtsfestkreis.

Die vier normalen, die sogenannten *kanonischen* Evangelien nach Matthäus, Markus, Lukas und Johannes berichten nichts über die Eltern Marias oder die Umstände ihrer Geburt. Lediglich das von der

Erst 1854 hat der Papst das Dogma von der *Unbefleckten Empfängnis* (= *immaculata conceptio*) verkündet. In der Folge entstanden in der katholischen Welt zahlreiche Immaculata-Bildnisse, wie hier über dem Hauptaltar der 1903 geweihten Münchner Immaculatakirche. Die Jungfrau trägt einen Kranz mit zwölf strahlenden Sternen, zumeist auf blauem Grund – ganz ähnlich wie die heutige Europafahne.

Kirche als nicht authentisch angesehene, sogenannte *apokryphe* (griechisch: *verborgen, dunkel*) Jakobusevangelium erzählt von Marias Eltern Anna und Joachim, die lange kein Kind bekamen, deren Bitten aber schließlich von Gott erhört wurden, worauf Anna die ohne Erbsünde empfangene Maria gebar.

Obwohl sie offiziell nicht anerkannt war, erfuhr diese Geschichte vor allem im Spätmittelalter, in dem man alles ganz genau wissen wollte, eine weite Verbreitung. Man interessierte sich für die weltliche Familie des Gottessohnes, von dem es in den Evangelien heißt, dass er auch Geschwister hatte. Als *Geschwister* zählten in der Antike und im Mittelalter allerdings auch die Basen und Vettern. So entstanden die Legenden um die Marienmutter Anna, die nach dem Tod Joachims noch ein zweites Mal mit Cleophas und ein drittes Mal mit Salomas verheiratet gewesen sein soll. Mit jedem dieser Ehemänner hatte sie

Altar der Heiligen Sippe (1508) in der Stadtkirche Langenzenn (Landkreis Fürth). In der Mitte: Joachim und Anna (links) mit Maria und Joseph (rechts) und mittig das Jesuskind; dahinter Annas zweiter Ehemann Cleophas und ihr dritter Ehemann Salomas. Linker Flügel: Maria Cleophae mit ihrem Ehemann Alphäus und den Kindern Jakobus dem Jüngeren, Joseph, Simon Zelotes and Judas Thaddäus. Rechter Flügel: Maria Salome mit ihrem Ehemann Zebedäus und den Kindern Johannes Evangelista und Jakobus Maior.

jeweils wieder eine Tochter, denen sie ebenfalls den Namen Maria gab: aus zweiter Ehe *Maria Cleophae* und aus dritter *Maria Salomae*. Diese Halbschwestern der Gottesmutter gebaren danach die aus dem Matthäusevangelium bekannten Brüder Jesu: Jakobus der Jüngere, Joseph Barsabbas, Simon der Zelot, Judas Thaddäus, Johannes der Evangelist und Jakobus der Ältere.

Christlich wird der Name *Anna* auf das hebräische *Hannah* zurückgeführt, was soviel bedeutet wie *Gnade, Huld*. Tatsächlich kommt der Name bei zahlreichen alten Völkern vor. Der Stamm des Namens besteht nämlich aus dem uralten Lallwort *An-*, das zum Beispiel auch im deutschen *Ahn, Ahne, Ahnin* steckt, also in etwa *große Mutter, Großmutter* bedeutet. Im Sumerischen war *Inanna* die Tochter des Himmelsvaters *An*, gleichzeitig aber auch die Himmelsmutter. Bei den Kelten im Alpenraum gab es die Muttergottheit *Annea*, die in Norditalien sehr schnell gleichgesetzt wurde mit der römischen Göttermutter *Juno*. Die keltische Mythologie Irlands kennt eine Göttermutter *Anu, Ana* oder *Annan*. Sie galt als *Mutter des irischen Landes* und war die Mutter von *Danu* (= *Tochter der Anu*), die wiederum mit der Göttin *Brigid* gleichzusetzen war und zusammen mit ihren beiden Schwestern *Be Theite* und *Be Chuma* zu den *Drei Matronen* zählt.

Das Fest *Mariä Empfängnis* am 8. Dezember darf nicht verwechselt werden mit *Mariä Verkündigung* am 25. März. Im Dezember wird Maria, die ohne Erbsünde empfangene Jungfrau, gefeiert, im März, neun Monate vor Weihnachten, die Zeugung Jesu durch den Heiligen Geist.

Obwohl die Verkündigungsszene in zahlreichen Darstellungen besonders zu Beginn der Adventszeit populär ist, gehört sie eigentlich ins Frühjahr, wenn die Erde und ihre Früchte tatsächlich zu wachsen und zu gedeihen beginnen. Schon die jungsteinzeitlichen Völker kleideten im 6. Jahrtausend v. Chr. diesen Vorgang in das Bild der *Heiligen Hochzeit*, in der der Himmel sich als Vater über die Mutter Erde wölbt und sie mit seinem Samen, dem Regen, befruchtet. In Babylon, etwa 2000 Jahre v. Chr., vollzog der Stadtkönig eine solche Heilige Hochzeit symbolisch mit der Stadtgöttin Inanna. Besonders interessant ist dann die Entwicklung im alten Ägypten. Hier empfand sich der Pharao als *Sohn Gottes*, hervorgegangen aus der Verbindung zwischen dem Vatergott Amun und einer menschlichen Frau. Diese angeblich göttliche Herkunft des Pharaos legitimierte den ganzen Staat, dessen oberster Repräsentant er war, als *unantastbar, heilig*. Sie war gewissermaßen

Das komplexe Geheimnis der Verkündigung: Der Engel (griechisch: *angelos = Bote*, zugleich: *Botschaft*) kommt zu der Jungfrau Maria und verkündet: *Der Geist des Herrn wird über Dich kommen.* Dieser Geist, Teil des dreifaltigen Gottes, dargestellt in Form einer Taube, ist das ewige Schöpferwort Gottes. Maria wird in mittelalterlichen Darstellungen der Verkündigung häufig als Leserin gezeigt: Durch das Lesen erlangt man Bewusstsein, Bewusstheit, Verständnis für den Willen Gottes und Einsicht in die großen Zusammenhänge des Lebens.

ein frühes *Verfassungsprinzip,* das später auch von Alexander dem Großen und im Speziellen von Augustus, dem ersten Kaiser Roms, übernommen wurde.

Eine weitere, entferntere Verwandte der Gottesmutter Maria soll die *Base Elisabet* gewesen sein, zu der Maria bekanntlich übers Gebirge geht. Die Geschichte von dem Besuch bei der Base Elisabet wurde im Spätmittelalter in zahlreichen adventlichen Geschichten und Liedern ausgeschmückt. Genau genommen ist aber auch Marias Besuch bei Elisabet kein Adventsereignis: Beide Frauen waren zum Zeitpunkt des Besuchs schwanger. Jesus soll zur Wintersonnenwende am 25. Dezember geboren sein, dann also, wenn die Sonne wieder zu wachsen beginnt. Johannes' Geburtstag – der später von sich und Jesus sagen wird: *Er muss wachsen, ich aber muss abnehmen* – feiert die Kirche folgerichtig zur Sommersonnenwende am 24. Juni (= Johannistag). Das Treffen der schwangeren Frauen hat demnach *nach* Jesu Empfängnis am 25. März und *vor* Johannes' Geburt stattgefunden. Die katholische Kirche feiert ihn entsprechend am 31. Mai.

In der Advents- und Weihnachtszeit ist in den Evangelien auch die Rede von Marias Verlobtem Joseph, der sonst nirgends in der Heiligen Schrift erwähnt ist. Der Zimmermann aus Nazareth ist es, der *aus dem Haus und Geschlecht Davids* stammt, aus dem nach der alttestamentlichen Tradition der Messias hervorgehen soll. Als er von der Schwangerschaft seiner Verlobten erfährt, zweifelt er an ihrer Treue und will das Eheversprechen lösen. Gott muss ihm im Traum eine Botschaft, einen Engel (griechisch: *angelos = Bote, Botschaft*) schicken, der ihn davon überzeugt, dass hinter Marias Schwangerschaft nicht ein irdischer Mann, sondern Gottes Geist steht.

Zur Volkszählung reist Joseph mit Maria nach Betlehem, wo sie mit Jesus niederkommt, anschließend flieht er mit seiner kleinen Familie nach Ägypten. Das letzte Mal wird Joseph, wenn auch nur implizit, erwähnt, als der zwölfjährige Jesus seinen Eltern abhandenkommt und im Tempel lehrt. Im Übrigen bleibt Joseph aber ein Schattenmann der Heilsgeschichte. Er agiert nicht selbständig, *re*-agiert lediglich auf das, was von außen an ihn herangetragen wird. Eine wörtliche Rede aus seinem Mund überliefert keines der Evangelien. Auf mittelalterlichen Bildern, die die Geburt Jesu darstellen, ist er meist als weißhaariger alter Mann dargestellt – späterer Überlieferung zufolge soll er bereits 80 Jahre alt gewesen sein, als er Marias Bräutigam wurde. Um

Joseph trug sich mit dem Gedanken, seine Verlobte, die nicht von ihm schwanger war, zu verstoßen. Da erschien ihm ein Engel im Traum: *Sohn Davids, fürchte dich nicht, Maria als deine Frau zu dir zu nehmen; denn das Kind, das sie erwartet, ist vom Heiligen Geist.* In der barocken Jahreskrippe des Klosters Gnadenthal in Ingolstadt fällt der heilige Zimmermann ob dieser Zumutung Gottes fast aus dem Bett.

Joseph nimmt das Wort Gottes ernst und somit die Rolle eines Nährvaters Jesu an. Um dennoch zu zeigen, dass der Zimmermann aus Nazareth mit der Vaterschaft für den Gottessohn nichts zu tun hat, präsentieren ihn mittelalterliche Bilder häufig als alten (= zeugungsunfähigen) Mann in sinnierender (= abwesender) Haltung.

deutlich zu zeigen, dass er mit dem göttlichen Kind im Prinzip nichts zu tun hat, stellen die Künstler ihn gedankenversunken, meist am Rand, oft sogar von der eigentlichen Szene abgewandt dar.

Matrona Patrona

Die Marienfrömmigkeit erlebt gerade im Advent und gerade im ehemals romanischen Alpenraum vielfältigste Ausprägungen. In zahlreichen Orten findet heute immer noch oder wieder das *Frauentragen* statt, ein Brauch, der in Zusammenhang mit der Herbergssuche der Heiligen Familie steht. Dabei wird eine Figur der Jungfrau Maria, manchmal begleitet von Musikern, von Haus zu Haus getragen. Jeden Abend wird sie von einer anderen Familie aufgenommen, bekommt Nachtquartier im Herrgottswinkel und die Familie hält eine kleine häusliche Andacht.

O Mutter im himmlischen Kleid,
wir öffnen Dir unsere Herzen weit!
Du hast uns ja den Heiland gebracht
vor langer Zeit in der Heiligen Nacht!

Anschließend wird bei Glühwein und Lebkuchen noch lange beieinander gesessen, bevor die *Liebe Frau* am nächsten Tag weiterzieht. Nicht zuletzt deswegen ist Bayern durch und durch *marianisch*. Große Liebfrauendome wie in München oder Ingolstadt und unzählige andere Marienkirchen, darunter viele Wallfahrtsorte, an denen Maria unter zahlreichen Aspekten verehrt wird, prägen das Land. Besonders die bayerischen Kurfürsten und Könige, deren Herzen in der Gnadenkapelle von Altötting bestattet sind, haben die Marienfrömmigkeit immer gefördert. Kurfürst Maximilian I. stellte ganz Bayern unter den Schutz der Gottesmutter.

Als Schutzfrau Bayerns ist sie zum Beispiel an der Münchner Residenz dargestellt – ebenso seit dem Ende des Dreißigjährigen Krieges auf der Mariensäule auf dem Münchner Schrannenplatz. Der Platz wurde damals in Marienplatz umbenannt, zum Dank für die Errettung der beiden bayerischen Hauptstädte München und Landshut aus Kriegsgefahr. Von der Mariensäule aus werden heute noch alle Straßenentfernungen in Bayern gemessen. 1916 wurde Maria auch offiziell *Patrona Bavariae*, also Schutzfrau Bayerns. Mitten im Ersten Weltkrieg erwirkte König Ludwig III. bei der päpstlichen Kurie dazu ein eigenes kirchliches Hochfest für Bayern: das Hochfest der *Patrona Bavariae*, das heute am 1. Mai gefeiert wird. Dargestellt wird die Schirmherrin Bayerns auf der Mondsichel stehend mit Szepter, Krone und Sternenkranz.

Die schwarze *Muttergottes von Altötting*, die *Ettaler Madonna*, die *Maria im Sand* im unterfränkischen Dettelbach, die Wallfahrt von *Maria Brünnlein* im schwäbischen Wemding: Sie alle ziehen bis heute Menschen in Scharen an. Eine der ältesten Marienkirchen Bayerns steht, gewissermaßen als niederbayerisches Nationalheiligtum, seit dem 12. Jahrhundert auf dem Bogenberg hoch über der Donau. Dort wird die *Maria gravida* (= *schwangere Maria, Maria in der Hoffnung*) verehrt, ein ganz besonders adventlicher Aspekt der Muttergottes, der gleichzeitig aber auch weit zurückweist in die Geschichte, in der alle Völker zu allen Zeiten der schwangeren *Magna Mater*, der *Großen Mutter* (italienisch: *matrona = Matrone*) gehuldigt haben. Ihre Leibesfrucht ist es, die im Frühjahr zu grünen, blühen und gedeihen beginnt.

In den Themenkreis der Maria in der Hoffnung gehört auch das im Spätmittelalter häufig dargestellte Motiv des Einhorns. Das Fabeltier, das meist als weißes Pferd mit einem dem Narwalzahn ähnlichen Horn auf der Stirn dargestellt wird, kann der Legende nach nur von einer Jungfrau gefangen werden, der es den Kopf in den Schoß legt. Dieses im Grund erotische Motiv wurde vielfach auf die Verkündigung der Schwangerschaft an die jungfräuliche Maria bezogen und mit zahlreichen Nebenmotiven aufgeladen, die oft aus dem alttestamentlichen Hohen Lied stammen. Wie in dieser Sammlung von Liebesgedichten aus der Zeit um 500 v. Chr. findet die Einhornjagd immer in einem *verschlossenen Garten* statt, in dem es eine ebenfalls *verschlossene Quelle* gibt, ein *elfenbeinerner Turm* steht und die *Morgensonne* scheint.

Maria steht – wie das apokalyptische Weib – auf der Mondsichel, ein Zeichen für die Überwindung des Heidentums. Marias ikonographisches Vorbild, die Göttin Isis-Luna-Selene, trug die Mondsichel noch auf dem Kopf. Im Spätmittelalter und in der Renaissance wurde die über der Mondsichel triumphierende Gottesmutter gleichzeitig als Siegerin über die Türken gesehen, deren Zeichen der Halbmond war. Als Kurfürst Maximilian I. 1616, im Vorfeld des Dreißigjährigen Kriegs, Maria zur *Patrona Bavariae* machte, sah man in der Darstellung zudem den Sieg über die vom rechten Glauben abgefallenen Protestanten; Bronze von Hans Krumpper an der Münchner Residenz.

M·DC·XVI
PATRONA
BOIARIÆ

Die Einhornjagd auf einem Wirkteppich (um 1500) im Bayerischen Nationalmuseum München: Im verschlossenen Garten sind anspielungsreich die Marien- und Jungfräulichkeitssymbole Turm, Quelle, Morgensonne, Bundeslade, eine goldene Urne als Behältnis für das himmlische Manna und die Himmelspforte dargestellt.

Die *Maria gravida* (= *schwangere Maria*); ein solches Bildnis der Gottesgebärerin findet sich beispielsweise in einer Nische der Wallfahrtskirche Bogenberg, wo sie in ihrem gewölbten Bauch das Christkind trägt. Hier ein barocker Kupferstich des mittelalterlichen Kultbilds.

Erst das Trienter Konzil hat die Darstellung der Einhornjagd, bei der erotische und mystische Momente eine so innige Verbindung eingehen, verboten.

Zahlreiche kleine und große Kapellen überall im Alpenraum erinnern an die vielen kleinen Tempelchen und Heiligtümer, die schon Kelten und Römer hier erbaut haben. Auch der geheimnisvolle Kult um *schwarze Madonnen* wie die schwarze Muttergottes von Altötting in ihrer bereits um 700 errichteten Gnadenkapelle reicht weit in die Vorgeschichte zurück. Die babylonische *Ishtar* und die sumerische *Inanna* genauso wie die ägyptische *Isis*, die griechische *Artemis* oder die keltische *Anu* wurden als schwarze Göttinnen verehrt, ähnlich wie noch heute die indische Göttin *Kali*. Diese Hindu-Göttin (*Kali* = sanskrit: *die Schwarze*) ist die Herrin des Todes, der Zerstörung, aber gleichzeitig auch der Erneuerung und kann in dieser Form auch Wünsche erfüllen.

Die Grundbotschaft der schwarzen Göttin ist die Vergänglichkeit: Alles Lebensvolle, Blühende, Helle trägt bereits die tödliche Welke des Dunkels in sich. Nichts bleibt, nichts ist ewig – kein Glück, aber auch kein Schmerz. Die Gewissheit, dass das Schicksal jeden treffen kann und mit der Zeit auch treffen wird, relativiert den individuellen Schmerz und hilft, ihn zu tragen bis wieder hellere Zeiten anbrechen.

Weihnacht

sehen
stehen
Nacht
heute
Gegenwart
jetzt
träumen
Ruhe

✵

Todesstarre liegt über der Welt und aus dem Dunkel der Tiefe, von dort, wo man die Verstorbenen ablegt, drohen die Geister aufzusteigen: Schon die allerersten menschlichen Kulturen der Mittelsteinzeit (vor 15 000 bis 9 000 Jahren) haben den kürzesten Tag und die längste Nacht als geweihte, heilige, als besondere, aus dem Alltag herausgehobene Zeit begangen. Sie haben gewusst: Das Lebensrad, der Jahreskreis dreht sich unaufhörlich – und doch gibt es den einen Punkt der Gegenwart, den einen Augenblick, an dem sich das Jahr, an dem sich alles wendet.

Dieser Augenblick verkörpert das *Jetzt der Ewigkeit*: Das Jetzt, die Gegenwart entsteht zwar ewig immer neu – aber es stechen auch immer wieder bedeutendere Augenblicke heraus, erheben sich über andere. Dann nämlich, wenn man gar nicht anders kann, als den göttlichen Augenblick zu fühlen.

Augenblick hat nicht zufällig eine zweite Bedeutung: Es ist auch konkret das *Ansehen*, das *Anblicken* – Gott sieht alles. Der spätmittelalterliche Philosoph Nikolaus von Kues schenkte 1453 dem Kloster Tegernsee eine Bildtafel, aus der Jesus frontal herausschaute, sodass sich jeder einzelne Betrachter direkt angeblickt fühlen konnte. Anhand dieses Bildes erläuterte er dem Abt und den Mönchen seine Philosophie des Augenblicks:

Der Betrachter wird nun bewundern, wie jener Blick sich unbeweglich bewegt … und so wird er auch einsehen, dass der Blick der geringsten Kreatur gleich wie der größten, ja wie dem ganzen Weltall aufmerksamste Sorge widmet.

Und so ist es ganz einfach, den Unterschied zwischen dem (Augen-)Blick eines Menschen und dem göttlichen (Augen-)Blick zu verstehen:

Unser Auge wendet sich jeweils nur einem Gegenstand zu, weil unser Blickvermögen nur in einem Winkel von begrenzter Größe sieht. Der Blickwinkel deines Auges aber, Gott, ist unendlich. Ein Kreis, unendliche Kugel, dein Auge sieht alles.

Dieses allsehende Auge Gottes ist gleichzeitig überhell und *dunkel* – *Licht* und *Finsternis*. Alle Geschöpfe existieren nur durch diesen Anblick Gottes. Sie kommen nur *aus seiner Sicht* zur Welt, deswegen, weil er sie *ersehen* hat. Solche Bilder weisen weit zurück in die ägyptische Antike, wo der Gottessohn Horus seinem (jedes Jahr im Winter gestorbenen) Vater Osiris sein Falkenauge gibt, wodurch dieser (jedes Jahr aufs Neue) geboren wird und die Dualität von Vater und Sohn in eins zusammenfällt.

Mittelalterliche Philosophen wie Nikolaus von Kues oder Johann Amos Comenius haben diese Übereinstimmung gesehen. Sie übernahmen das Auge des Horus für das Auge Gottes. Die heidnische Herkunft bereitete ihnen keine Sorgen. Für sie war klar: In dem einen Augenblick Gottes fallen das Früher und das Später, Antike, Jetztzeit und Zukunft zusammen. Die Ewigkeit wird geboren.

In der Dunkelheit sind jene,
die nur die Welt anbeten,
aber in größerer Dunkelheit solche,
die nur das Unendliche anbeten.
Jener, der beides akzeptiert,
rettet sich vor dem Tode
durch das Wissen um das Erstere
und erlangt Unsterblichkeit
durch das Wissen um das Letztere.

Hinduistische Weisheit aus den Upanishaden, zwischen 700 und 200 v. Chr.

Finsternis

Reflexe

Finsternis und Licht – beide scheinen in die gleiche Richtung zu wirken: Die mysteriöse Dunkelheit der schwarzen Göttinnen weckt die Neugier und das Staunen. Die lichte Helle eines Wintertags lässt das Staunen zuweilen ins überwältigend Begeisterte wachsen. Die Übergänge bildet ein langer Dämmer, die winterliche Zwischenwelt des künstlichen Lichts. Die beste Zeit, um über das in Finsternis und Helle Geschaute nachzudenken, zu reflektieren (lateinisch: *nachdenken*; wörtlich: *zurückbiegen*).

Vor der Einführung des Petroleum- und Gaslichts im 19. Jahrhundert spendete die Wachskerze das gute, aber auch teure Licht in den Wohnräumen der Wohlhabenden. In den Wirtschaftsräumen wie Keller und Stall oder im Außenbereich nahm man selbst in den besten Häusern aus Sparsamkeitsgründen mit stinkenden Talg- und Unschlittkerzen aus tierischen Fetten, mit rauchenden Kienspänen oder gleich gar mit der Pechfackel vorlieb. Die Fackel (lateinisch: *fax*, später *facula*), die, je länger sie brennt, sich selbst vom Rauch reinigt, spielt im Volksbrauchtum eine wichtige Rolle: als Symbol der Reinigung und Erleuchtung, auch als Symbol des Lebens und der Fruchtbarkeit. Sie ist die älteste und gewissermaßen die Einzahlform des Feuers – das Feuer schlechthin. Ihr Licht aber ist grob, unstet, für die Arbeit kaum geeignet.

Ganz anders das stille Licht der Kerze: Mag es auch wenig lichtstark sein – hat sich das Auge erst einmal daran gewöhnt, langt es sogar zum Lesen. Unser Wort *Kerze* ist die Kurzform von lateinisch *cerata* (ergänze: *candela*) und bedeutet wörtlich *Wachslicht*. Die Kerze war auch bei den Römern schon teuer. Sie benutzten für die Beleuchtung ihrer Häuser viel häufiger die Lampe, in der minderwertigeres Olivenöl aus zweiter oder dritter Pressung brannte. Die Öllampe aus Ton galt auch als Symbol für den Menschen, der ebenfalls aus Lehm gemacht war. Die tote *Materia* des Menschen, das der *Mutter* (lateinisch: *mater*) Erde entnommene *Material*, der *Mutterstoff*, wird durch den göttlichen Hauch (lateinisch: *spiritus* = *Hauch, Atem, Geist*) zum Leben erweckt. Die Lebenskraft des Geistes steckt nach alter Vorstellung im warmen Blut, mit dem der Körper gefüllt ist, ganz ähnlich wie die

Leuchtkraft der Lampe vom brennenden Öl kommt. Nicht jede Flüssigkeit brennt. Sie muss nach der antiken Überzeugung vom Geist, Spiritus gewissermaßen beseelt sein. Noch heute nennt man hundertprozentigen Alkohol *Spiritus*.

Schon früh stellten deswegen die Anhänger der antiken Mysterienreligionen Öllampen auf die Gräber als Zeichen dafür, dass die Toten nur schlafen, dass auch für sie ein Frühling kommen wird, in dem die göttliche Lebenskraft sie wieder auferstehen lässt. Selbstverständlich haben das auch die Christen so gemacht. Das Christentum war ja anfangs nur eine von vielen Mysterienreligionen, die an das Weiterleben nach dem Tod geglaubt haben. Gerade an Weihnachten erhebt sich über den Gräbern der Schein der Laternen – seit mehr als 2.000 Jahren.

An den Gräbern besonderer Menschen, die vielen etwas bedeuteten, sammelten sich bereits in der Antike die Lampen und Kerzen. Auch das ein Brauch, der bis heute in den christlichen Kirchen an den Gräbern und vor den Altären der Heiligen geübt wird. Oftmals kamen wesentlich mehr Lichter zusammen als man gleichzeitig brennen lassen konnte, weswegen man die Kerze unangezündet danebenlegte. So entwickelte sich das Kerzenopfer, das bis ins 19. Jahrhundert in höchstem Schwang war. Besonders in großen Wallfahrtskirchen wie etwa in Andechs oder in Bettbrunn bei Ingolstadt sammelten sich seit der Gotik Riesenkerzen – heute von unschätzbarem kunsthistorischem Wert, damals wegen des sehr teuren Wachses ausgesprochen kostbare Gaben.

Die Kerze ist im Prinzip eine Weiterentwicklung der Fackel. Nachdem die Römer Ägypten erobert hatten, verbreitete sich in ihrem Reich der Gebrauch des Papyrus, den man nicht nur zum Schreiben verwenden, sondern auch rollen, in flüssiges Wachs tauchen, anzünden und so als Mini-Fackel gebrauchen konnte. Im 1. Jahrhundert n. Chr. ist bereits der aus einer feinen Schnur bestehende Docht bekannt, den man dann auch für die Öllampen benutzte. Die tönernen Lampen wurden in Modeln geformt und waren, genauso wie die Kerzen, beliebte Saturnalien- und Neujahrsgeschenke. Bedarf hatte jeder: Kerzen verbrauchten sich von selbst und die Tonlampen zerbrachen gern. Deswegen trugen viele der Lampen Aufschriften wie *annum novum faustum felicem tibi* (= *Ein glückliches und erfolgreiches Neues Jahr für Dich*). Letztlich entwickelten sich die Öllampen – wie sie heute noch in den Kirchen als *Ewiges Licht* verwendet werden – wegen ihrer deutlich höheren Brenndauer im Mittelmeerraum zum beliebtesten Beleuchtungsmittel. Nördlich der Alpen war Olivenöl ein teures Importgut, das zum Beispiel von Kaufleuten im römischen Passau über die Donau herauf transportiert wurde. Nachdem die weitreichenden Handelsbeziehungen mit dem Römischen Reich im Frühmittelalter aber zugrunde gingen, musste die Kerze technisch verfeinert werden, bevor sie vom Hochmittelalter bis ins 19. Jahrhundert hinein die wichtigsten Beleuchtungsfunktionen übernehmen konnte.

Erleuchtung

Besonders in der wallfahrtsfrommen Barockzeit hatten die Lebzelter und Wachszieher alle Hände voll zu tun, sogenannte Wachsvotive zu modellieren. Diese in Modeln geformten Votivgaben besaßen keinen Docht. Sie wurden in den Wallfahrtskirchen abgelegt, wenn man ein Anliegen hatte, und vom dortigen Mesner bei Bedarf wieder zum Wachszieher zum Einschmelzen gebracht – ein für alle Seiten einträglicher Kreislauf: Die Wallfahrtskirche musste kein Kerzenwachs kaufen, der Wachszieher freute sich über ein gut gehendes Geschäft und die Gläubigen wurden aufgrund ihres Glaubens von Schmerzen in den Armen ebenso geheilt wie von Schwerhörigkeit und vielen anderen Krankheiten und Leibesnöten.

Walburga Plezacherin von Ehrenberg lidt [...] große schmerzen an den prüsten [...] und verspricht 2. wächserne brüst, ist alsbald hülf erfolgt, heißt es beispielsweise 1730 in einem Niederscheyerner Mirakelbuch. Wer das Einschmelzen verhindern und sein Votiv aufbewahrt wissen wollte, der bestellte es beim Wachszieher rot gefärbt, denn Kerzen aus rotem Wachs kann man in den Kirchen kaum brauchen. Das ist auch der Grund, warum sich fast ausschließlich rote Wachsvotive bis heute erhalten haben, obwohl die weißen Wachsgaben sicher einmal überwogen haben.

Besonders häufig waren beispielsweise *Augenvotive.* Viele Leute litten früher an allen möglichen akuten und chronischen Augenkrankheiten, die sich vor allem in der dunklen Jahreszeit bemerkbar machten. Und es ist kein Zufall, dass akkurat am 13. Dezember, der bis zur gregorianischen Kalenderreform im Jahr 1582 der kürzeste und damit dunkelste Tag des Jahres war, drei Lichtheilige ihren Festtag feiern: der heilige Jodokus, unter anderem Schutzpatron der Blinden, die heilige Ottilia, die bis heute in allen möglichen Anliegen rund ums

Im Pfaffenhofener Lebzelter- und Wachszieherei-Museum kann man zahlreiche alte Wachsvotive besichtigen – und neue kaufen. Frauen mit Kinderwunsch stifteten häufig schildkröten-beziehungsweise vulvaförmige Votive (links oben). Kröten symboliserten die Gebärmutter (griechisch: *hyster = Gebärmutter*, eigentlich *Nachgeburt*), die man sich früher als im Körper wandernd vorgestellt hat; verlässt sie ihren richtigen Platz, wird die Frau unfruchtbar, erreicht sie gar den Kopf, wird die Frau *hysterisch*.

Augenlicht angerufen wird, und vor allem die heilige Lucia, deren Name ja bereits soviel bedeutet wie *die Lichte*.

Die heilige Ottilia oder Odilia gilt als elsässische Nationalheilige. Sie wurde blind geboren und hat angeblich erst das Augenlicht erlangt, als sie von dem Wanderbischof Erhard getauft wurde. Erhard, der deswegen häufig mit einem Buch dargestellt wird, auf dem zwei Augen liegen, übernahm später das Amt des Bischofs von Regensburg. Durch diese Verbindung der Ottilienlegende mit Bayern wurde die Heilige vor allem im Bistum Regensburg viel verehrt. Einer der bedeutendsten Ottilien-Wallfahrtsorte ist Hellring (Landkreis Kelheim). Vorläufer der dortigen Barockkirche gehen vermutlich ins 8. Jahrhundert, vielleicht sogar in die Zeit des heiligen Erhard (gestorben um 715) zurück. Weitum bekannt ist der Wallfahrtsort wegen *dem Hellring*, der Wallfahrerdult, die wegen des besseren Wetters nicht im Dezember, sondern alljährlich am zweiten Oktobersonntag stattfindet. Die Dorfbewohner haben an dieser Dult von Donnerstag bis Montag das *Recht des Einschenkens und Auskochens*, das heißt sie bewirten die Wallfahrer in ihren Stuben, die sie eigens dafür ausräumen. Wie in vielen anderen Ottilienkirchen auch gibt es in der Hellringer Kirche einen Quellbrunnen, dessen Wasser bei Augenleiden helfen soll. In manchen Orten geht die Wasserwallfahrt nachgewiesenermaßen auf eine vorchristliche Kultstätte zurück. So etwa bei der Ottilienkapelle im baden-württembergischen Plochingen, die 1328 über einem keltischen Wasserheiligtum erbaut worden sein soll.

In früheren Zeiten hat es rund um den Ottilien- und Lucientag in Bayern zahlreiche Lichter- und Wasserbräuche gegeben. Der bedeutendste ist das seit Jahrhunderten nachweisbare Lichterschwemmen auf der Amper in Fürstenfeldbruck. Dort tragen die Schulkinder am 13. Dezember selbstgebastelte, von Kerzen erleuchtete Häuser in die Kirche, wo sie ihm Rahmen einer Messe gesegnet werden. Anschließend bringen die Kinder die kleinen Kunstwerke in einer Prozession zur Amper hinab. Dort werden sie behutsam ins Wasser gesetzt und treiben leuchtend flussabwärts.

Das Lichterschwemmen, eine Art Besänftigungsritual für den abendlich düsteren, zu winterlichem Hochwasser neigenden Fluss, geht auf alte Zeiten zurück und hatte sich, wie viele Bräuche, häufig gegenüber Kritikern zu rechtfertigen. Am 18. Februar 1706 etwa schrieb der Freisinger Bischof nach (Fürstenfeld)Bruck, es habe sich …

... an St. Luciae fest zu Prugg negst Fürstenfeld diser gewisse Mißbrauch eingeschlichen, daß man papierrene heusel sambt einem inhabenten liecht häuffig auf die Glon [fälschlich für: Amper] zulegen und hinab rinen zlassen pflege, ohnwissent aus was ursachen.

Lang und breit schreibt der dortige Pfarrer zurück, dass der Brauch ...

... ein altes herkhommen seye, der seinen ursprung von einer beschehenen ausgiessung [= Hochwasser] der Ammer, so den markht Prugg durchfliesset ...

... genommen habe. Die Kinder würden Papierhäuser bauen und nach einer Heiligen Messe würden die Häusl von ihnen mit der Hilfe eines Fischers auf die Amper gesetzt. Und er berichtet davon, ...

... daß die künder [...] nach [...] disem kündspüll, in dem markh von haus zu haus herumbgefahren und gerütten seyn, welche allerhand verehrung und erfrischungen von der burgerschafft eingesamblet, so sye hernach mit einander in kündlicher freuden verzörtt haben.

Und tatsächlich finden sich in den amtlichen Rechnungen des Marktes aus den 1620er Jahren Einträge wie *Luziae den Schuelkhindern zu Prugg wie breichig 1 fl* (= *1 Gulden*). Auch damals war das Lichterschwemmen offenbar schon lange Zeit *breichig*, also *Brauch, gebräuchlich*, und mit einem Heischeumzug der Kinder verbunden wie er überall zur Advents- und Weihnachtszeit gehört.

Mitten in der längsten Nacht, auf düsterkaltem Fluss ist das Licht in größter Gefahr, von der Finsternis verschlungen zu werden. Und auch wenn sich der brave skandinavische Lucien-Lichterbrauch mittlerweile auch hierzulande ausbreitet: Im Volksbrauchtum der Alpenländer war Lucia alles andere als *licht*. Johann Andreas Schmeller, im 19. Jahrhundert Münchner Hofbibliothekar, beschreibt in seinem „Bayerischen Wörterbuch" die *Luz, Luzi* oder *Luzel* als ...

... eine mythische Person, die in der ersten Rauhnacht bösen Kindern den Bauch aufschneidet und Kieselsteine hineinsteckt. Anderwärts hat man dieses, wenn man sich nicht recht satt ißt, am Lucientag selbst, den 13. Dezember (dem auch den alten nordischen Völkern bedeutungsvollen Mittwintertag) zu gewärtigen.

Und weiter stellt er eine Verbindung her zwischen der *Lucia*, der *Leuchtenden*, und *Frau Perchta*, deren Name ja Ähnliches bedeutet. Auch wenn die *Perchten* in den Adventstagen vorher nur an einzelnen Orten ihr Unwesen getrieben haben – die *schiache Luz*, die blutrünstige *Lutzlfrau*, trat früher fast überall in Bayern auf. Kinder reagierten auf sie manchmal mit Angst, zumeist aber mit gelassener Heiterkeit. Besonders wenn erzählt wurde, die Luz gehe nach ihrer blutigen Tat herum und biete *Schwingerl voll Darm* zum Verkauf an, ging zumindest den helleren Kindern ein Licht auf und die Unholdin lief Gefahr, massiv verspottet zu werden:

Lucia, Lucia, dei Hemmad steht für!
Geh auße, stecks eine,
na tanz i mit dir!

Helle Freude und düsterer Schrecken liegen eben immer schon nah beieinander.

Lichtdunkler Zauber

Wo Licht ist, ist auch Schatten. Ja, den Schatten gäbe es nicht einmal ohne Licht und ohne die Dunkelheit wiederum wäre das Licht sinnlos. Nur wer einmal ausprobiert hat, wie viel Finsternis eine einzige Kerze weitum bannen kann, der kann ermessen, was noch unsere Urgroßeltern in den Stuben in Stadt und Land empfunden haben müssen angesichts des prächtigen Paradeisls oder auch des Christbaums am Heiligen Abend.

In unserer Zeit werden Zweck und Zauber des Lichterbaums in der lichtärmsten Mittwinternacht entwertet durch elektrische Lichtorgien, die das Dunkel 24 Stunden am Tag vertreiben. Wie soll man in einer perfekt ausgeleuchteten, bis in die letzten Winkel strahlend hellen Kirche anknüpfen können an die geheime Magie des Halbdunkels, die beim Kerzengeflacker die Bilder der Heiligen erst so recht lebendig wirken lässt?

Die Kirchenaltäre wie wir sie heute kennen sind im Spätmittelalter entstanden. Ursprünglich waren Altäre ja nichts anderes als Gräber von Heiligen, auf denen mit dem Messopfer die *Auferstehung* gefeiert wurde. Noch heute muss in jedem katholischen Altar eine Reliquie eingelassen sein – er ist also gleichsam ein Grab. Im Mittelalter begann man nun, diese Altarreliquien in besonders kostbare Behältnisse zu fassen, die oft bildhaft die Legende des Heiligen zeigten, und sie an seinem Festtag auf den Altar zu stellen. Daraus haben sich im Lauf der Zeit die auf und hinter dem Altar stehenden dauerhaften Altarbilder entwickelt. Im 14. und 15. Jahrhundert kam man nun auf eine besondere Form der Theatralik: den Flügelalter, dessen Bilder beziehungsweise Flügel man auf- und zuklappen und so den verschiedenen Festen im Jahreskreis anpassen konnte.

An besonders hohen Festtagen wurden die mittelalterlichen Altarflügel ganz aufgeklappt und die kostbaren, vollplastischen Figuren im Schrein wurden sichtbar. Sie sind auch bei den größten Altären nie ganz lebensgroß, sodass sie im Geflacker der langen Altarkerzen wie eine eigentümlich entrückte Erscheinung aus einer anderen Welt wirken. Die Reformatoren wandten sich gegen diesen Zauber mit den Bildern, besonders radikal die Bilderstürmer. Sie wollten die Auslegung der Schrift nur den studierten Theologen, nicht aber irgendwelchen Kunsthandwerkern gestatten. In der katholischen Welt dagegen erkämpften sich die Künstler die Freiheit von ihren kirchlichen Auftraggebern – berühmt wurde etwa Michelangelo, der sich beim Bildprogramm für die Sixtinische Kapelle gegen den erklärten Willen des Papstes durchsetzte. So entwickelte sich in der Neuzeit aus dem spätgotischen Flügelalter der barocke Bühnenaltar und eine riesige Welt von Bildern, die schließlich in die Bilderflut der Gegenwart mündete.

Trotz aller elektrischen Potenz der Moderne, rührt uns der lichtdunkle Zauber der Advents- und Weihnachtszeit immer noch an. Wir alle träumen von fackelhellen Schlittenfahrten durch düstere Hohlwege und über sternklare Höhen, vom laternenerleuchteten Stapfen durch den Schnee zur Weihnachtsmette in der festlich geschmückten, aufstrahlenden Kirche oder vom Eisstockschießen auf dem zugefrorenen See oder Fluss einen glitzernden Wintersonnentag lang, bis abends der Vollmond auf dem Eisspiegel glänzt.

Vor der Erfindung des *Elektrischen*, vor noch gar nicht so langer Zeit, hat es als einzige künstliche Lichtquelle die lebendige Flamme gegeben, das Licht der Kerze, die, sich selbst verzehrend, ein leuchtendes Sinnbild ist für das Christkind, das sich hingibt, die Finsternis der Welt zu erleuchten.

Spätestens mit dem Luciatag kommt die Zeit des Wachens, der gespannten Erwartung. Wer in dieser Nacht Wache hält, der soll nach altem Herkommen den *Lucienschein* erleben dürfen, ein eigentümlich zitterndes Licht am Himmel. Aber wehe dem, der einschläft! Er wird das ganze nächste Jahr keinen Schlaf finden.

Höllenmacht

So wie die Lucia-Lichter der Fürstenfeldbrucker Kinder, getaucht in die Flussnacht, die Amper hinabschwimmen, so schwimmen alle Heiligenfesttage im Dezember *der Nacht* zu, einer heiligen Nacht: Weihnachten. Zuvor aber gilt es noch, die düstersten Tage des Jahres durchzustehen, die gute Woche zwischen dem Lucientag und der Thomasnacht, die seit der Kalenderreform 1582 die längste Nacht des Jahres ist. Diese Tage scheinen nun endgültig den Mächten der Finsternis zu gehören. Mit der Luzlfrau, der prächtigen Frau Percht, hat es angefangen. Sie ist ja niemand anders als die Frau Holle, die die verborgenen, eben *höllischen* Gegenden auf und unter der Erde beherrscht als, sozusagen, Herrin der Welt mitsamt ihren Abgründen.

Sehr passend, dass am 14. Dezember 1272 der selige Berthold von Regensburg gestorben ist, weswegen man seinen Festtag bis heute einen Tag nach dem Lucientag feiert. Berthold wurde vielleicht sogar noch zu Lebzeiten des heiligen Franz von Assisi Franziskaner und entwickelte sich danach zum vermutlich bedeutendsten Bußprediger des Mittelalters. Auf seinen Reisen kam er durch mehrere europäische Länder und hatte überall so gewaltigen Zulauf, dass er auf freiem Feld predigen musste, weil selbst die größten Kirchen die Menschenmassen nicht fassen konnten.

Zu Bertholds Zeit kam, wenn man so will, *der Teufel auf die Welt*. Das sogenannte *Hochmittelalterliche Klimaoptimum*, eine klimatische Warmzeit etwa zwischen den Jahren 900 und 1400, sowie neue Techniken in der Landwirtschaft hatten die Bevölkerung in Europa teilweise um das Doppelte anwachsen lassen. Der Bevölkerungsüberschuss siedelte sich in Städten an. Allein in Bayern gründeten die Wittelsbacher in der ersten Hälfte des 13. Jahrhunderts, also zu Bertholds Zeit, nicht weniger als 22 Städte und Märkte, darunter Straubing, Deggendorf, Dingolfing und die neue bayerische Hauptstadt Landshut.

In den alten und neuen Städten kommerzialisierte sich das Leben in bisher ungeahntem Ausmaß: Neue Formen der Geldwirtschaft, des Kredit- und Bankenwesens entstanden. Wenige Kaufleute sowie adelige und geistliche Großbesitzer kamen schnell zu riesigem Wohlstand

– vielfach auf Kosten der kleinen Leute, der verarmenden Landbevölkerung und des niederen Adels.

Aus den Verlierern dieser Urbanisierung rekrutierten sich die *Ketzer* (griechisch: *katharoi = Reiniger*). Unter ihnen entwickelte sich die Vorstellung, dass die ganze Welt, selbst das menschliche Leben, ein Produkt des Teufels sei und Gott nur im jenseitigen Leben zu suchen wäre. Damit lebten uralte Ideen wieder auf: Schon in der Antike galten Reichtum und Teufel als eins, im Mittelmeerraum war einer der Namen des Gotts der Unterwelt sogar *Reichtum: Plouton/Pluto* (griechisch: *ploutos = Reichtum, Schatz*). Interessant ist die antike Darstellung Plutos als Knabe auf dem Arm der Friedensgöttin Eirene; eine solche Figur findet sich beispielsweise in der Münchner Glyptothek: Der Frieden gebiert den Reichtum, der sich zum mächtigen Gott des Totenreichs auswachsen wird.

Aufbauend auf diesen Ideen hatte es in der Zeit des frühen Christentums dualistische Strömungen gegeben: hier die Welt, die Erde, der materielle Reichtum, der Teufel – dort die himmlische, göttliche Sphäre. Davon hatte sich die Kirche, wie sie glaubte, eigentlich schon am Ende der Antike befreit. Sie wollte Leib und Seele, Welt und Jenseits nicht getrennt wissen. Jesus war an Weihnachten in die Welt gekommen, um sie zu erlösen. Doch plötzlich, mehr als ein halbes Jahrtausend später, wurden Hölle und Teufel wieder ungeheuer populär und schienen Gott seine Allmacht streitig machen zu wollen.

Wichtigstes Ziel der Katharer-Religion war, die gute Seele des Menschen aus der bösen Welt zu retten und in den Himmel zu bringen. Für ihre Gläubigen galt deswegen das ganze Jahr über, wenn man so will, strengste Fastenzeit: Man durfte nicht fluchen, nicht lügen, aß dauerhaft fleischlose Kost, damit man nicht töten musste. Außerdem war die Ehe verboten, die Sexualität überhaupt, weil angeblich Adam und Eva erst vom Teufel zur Zeugung von Kindern verführt worden seien. Nur wenn man all die Gebote peinlich genau einhielt, konnte

Die *prächtige* Artemis von Ephesos – schwarze Göttin und vielbrüstiges Musterbild der antiken Gottesmutter. Letztlich verehrten die alten Völker vom Atlantik bis Indien ein und dieselbe Muttergottheit unter vielen Aspekten und Namen: Ishtar, Inanna, Kybele, Magna Mater, Hera, Anu, Artemis, Demeter, Ceres, Isis, Selene. Selbstverständlich machten die Kelten oder die Skythen im Norden davon keine Ausnahme. In der Spätantike hat das Christentum die uralten Vorstellungen schließlich purifiziert und in der Idee von der *Gottesgebärerin* Maria zusammengeführt; römische Kopie der Artemis Ephesia, Neapel, Archäologisches Museum

die Seele die *ewige Tröstung* empfangen. Schwangere Frauen übrigens durften die *Tröstung* nicht empfangen. Sie hatten nach Vorstellung der Katharer einen Dämon, also einen Teufel, im Leib.

In den Augen der Kirche und ihrer weltlichen Gefolgsleute wandte sich in diesem freudlos-fundamentalistischen Ketzertum das Leben gegen sich selbst. Die Katharer und ähnliche ketzerische Strömungen wurden daher streng bekämpft. Berthold von Regensburg tat das, indem er gegenüber seiner Zuhörerschaft, die vor allem aus kleinen Leuten von geringem Stand und noch viel geringerer Bildung bestand, forderte, die Missstände zu beseitigen, die im Hochmittelalter eingerissen waren und den Nährboden des Ketzertums bildeten. Vor allem die Geldgier der neu entstandenen Stände von Klerus, Adel und Bürgern war für ihn des Teufels:

Oweh! Wieviel Leut sind es, die nach unrechtem Gut trachten und unrechtes Gut gewinnen! Das sind die betrügerischen Händler, die Brandschatzer und Plünderer! Der Dieb und die Diebin, innerhalb des Hauses und außerhalb! Der Wucherer, der Pfänder und Pfandleiher, der Vorkäufer, der billig ein- und teuer verkauft! Der Nötiger, der Zwangsabgaben eintreibt, unrechte Steuer, unrechter Zoll, unrechte Abgaben, hier nehmen, da rauben! Der Pfenningprediger, der für Geld predigt: einer der liebsten Knechte, die der Teufel irgend hat! Pfui Pfenningprediger, Mörder des Lebens, der Du bereit bist, für Deinen Gewinn viele Seelen von der wahren Sonne abzubringen und auf den Grund der Höllen zu stürzen.

Die *Pfennigpredigerei*, also das Verkaufen des Seelenheils gegen Geld, sollte noch lange ein Problem bleiben. Der rote Faden scheint vom Hochmittelalter über die Ablassprediger des Spätmittelalters und der Frühen Neuzeit bis zu den professionellen Fernsehpredigern amerikanischer Art oder den Glücksverheißungen des Konsums in der Moderne zu reichen. Ausbeuterischer Kapitalismus und roher Materialismus hatten ja eben erst begonnen, ihren Siegeszug anzutreten.

Für Berthold war all das ein Werk des Leibhaftigen. Aber auch die Verachtung alles Leiblichen, mit der die Ketzer das Kind mit dem Bad ausschütteten, war für ihn Teufelswerk:

So sprechen und glauben etliche Ketzer, dass der Teufel den Menschen geschaffen habe und unser Herr nur die Seele. Pfui, verfluchter Ketzer! [...]

Seht, ihr seligen Gotteskinder, dass euch der allmächtige Gott Seele und Leib geschaffen hat. Und das hat er euch unter die Augen geschrieben, ins Antlitz, dass Ihr sein Ebenbild seid!

Berthold predigte also die Schönheit des Lebens, das Wahre und Gute, das die Lügen des Bösen nicht kontaminieren konnten. Leib und Seele gehörten für ihn zusammen. Berthold wollte die Wirkmacht des Teufels in der Welt begrenzen, konnte aber nicht verhindern, dass der Teufel damit auch zum Thema wurde. Der Leibhaftige war plötzlich überall, eroberte sich mit seiner Hölle sogar riesige Freskenflächen in den Kirchen.

Lucifers Geburtstag

Und akkurat den Festtag des ungeheuer menschlichen, weil zweifelnden Apostels Thomas, akkurat den Tag dieses *ungläubigen Thomas*, der zurecht noch immer der Namenspatron vieler rechtschaffener Leute ist, beging man nun gewissermaßen als inoffiziellen Gedenktag des Teufels: Weihnachten war nicht mehr weit und seit der gregorianischen Kalenderreform war die Thomasnacht vom 21. auf den 22. Dezember tatsächlich die längste Nacht des Jahres.

Exakt diese Nacht soll es nun gewesen sein, in der der Erzengel Michael den Satan aus dem Himmel stürzte. Schon früh wurde der Teufel mit dem antiken Gott *Lucifer* (= *Lichtträger, Lichtbringer*), dem Morgenstern, in Verbindung gebracht. Michael, dessen Name bedeutet *Wer ist wie Gott*, macht mit dem Sturz des sogenannten *Heidengottes* und seiner Gehilfen, der gefallenen Engel, den Weg frei für Christus, den wahren Lichtbringer.

Satan/Lucifer wurde in die ewige Finsternis der Hölle verbannt. Vor diesem Hintergrund gilt die Thomasnacht auch als die Nacht, in der, gerade um die finsterste Mitternacht, unterirdisch verborgene, *plutonische* Schätze aufglühen, sodass sie leichter zu finden sind. Ein Glaube, dem die uralte Lebensweisheit zugrundeliegt, dass Reichtümer, materielle Güter allgemein, *vom Teufel sind* (griechisch: *diabolos* = *Durcheinanderschmeißer, Verwirrer*), insofern sie nicht immer Glück, dafür aber die Beziehungen der Menschen untereinander und zu sich selbst gehörig durcheinanderbringen können. Die Menschen aller Zeiten und Kulturen wussten, dass es einen Mittelweg zu finden galt. Buddha nannte das den *Mittleren*, den *Achtfachen Pfad* zwischen

Luxus und Askese: die Freuden der Welt zu genießen, ohne sich von ihnen vereinnahmen zu lassen.

Um die Mächte der Finsternis zu bannen, beginnt man jetzt mit dem traditionellen Ausräuchern von Wohnhäusern und Ställen. Die Thomasnacht, die Weihnacht sowie die Silvester- und die Dreikönigsnacht sind auch heute noch die wichtigsten *Rauchnächte*, wie die Rauhnächte in Anlehnung an den Räucherbrauch auch oft genannt werden. Mancherorts verbrennt man auf der Kohle in den Räucherpfannen mit dem Weihrauch die getrockneten Kräuterbuschen, die man auf Mariä Himmelfahrt am 15. August gesammelt hat.

Ausgeräuchert werden alle Räume des Hauses, bei einem Bauernhof besonders auch der Stall. Vorher muss das Haus aufgeräumt werden und die Wäsche kommt von der Leine. Denn mit dem Ausräuchern in der Thomasnacht beginnt bereits der Weihnachtsfrieden. Jetzt soll die Alltagsarbeit bis Neujahr ruhen. Früher glaubte man beispielsweise, wer zwischen Weihnachten und Neujahr wasche, dem gehe das ganze Jahr die schmutzige Wäsche nicht aus. Gemeint ist wohl: Wer es nicht schafft, in dieser herausgehobenen Zeit den Alltag zu vergessen, wird nie die Chance auf einen Feiertag haben.

Wie alle großen Rauhnächte ist die Thomasnacht auch eine bedeutende Losnacht, in der die Leute glauben, erfahren zu können, wen sie heiraten werden oder wer bald sterben muss. Genauso wie an Weihnachten soll jetzt das Vieh in den Ställen reden und weissagen können. Jetzt, wenige Tage vor der Heiligen Nacht, schlagen den allerletzten Gänsen und der *Mettensau* ihre letzten Stündlein. Denn der Thomastag war einmal der wichtigste Schlachttag des Jahres. Schließlich sollte das geschlachtete Tier noch vor Weihnachten komplett verarbeitet sein.

Wenn geschlachtet wurde, hat man selbstverständlich auch die Nachbarn an der Schlachtschüssel teilhaben lassen. Mancherorts wurde das von den Nachbarn auch aktiv eingefordert. In der Oberpfalz verkleideten sie sich beispielsweise mit abgerissenen Kleidern, als ob sie Pilger auf der Reise wären, und gingen mit einer Kanne in der Hand zum *Wurstpudern* (= *Wurstbitten*), *Spießrecken* oder *Wurstsuppenfahren*:

Mir ham ghört, Ihr habts gschlacht
Und große Würscht gmacht
Drum wollen wir bitten

Die Darstellungen des Teufels im europäischen Mittelalter nahmen traditionell Anleihen an der Ikonographie des Dionysoskults: Bocksfüße, Hörner, Körperbehaarung und Schwanz glichen denen des Hirtengottes Pan, eines Begleiters beziehungsweise Alter Egos des Dionysos. Hahnenfüße, wie auf diesem mittelalterlichen Holzschnitt, eine Hahnenfeder, Klauen u.ä. spielten auf den Hahn, das heilige Tier der Götter Apoll, Hermes, Ares, Demeter, Persephone oder Hades, an.

Um ein kleins Stückl Wurst
Fünf, sechs Meter lang
Und um ein kleins Stückl Fleisch
Vom Kopf bis zum Schwanz.
Mir wollns ja nit ganz!

Vielerorts in Bayern kamen zum Schlachten die Metzger auf die Höfe, zuweilen passiert das heute noch. Und in früheren, weniger zartbesaiteten Zeiten waren die Kinder selbstverständlich mit dabei, auch beim Blutrühren oder Brühen. Dem aber, der sich aus Ekel oder Furcht vor dem blutigen Geschäft in der warmen Stube verkroch, dem konnte es passieren, dass ihm auf einmal ein blutiger Haxen durch die Tür entgegengereckt wurde. Das war dann halt der *bluadige Thamerl*, der mit seinem blutbesudelten Hammer, einem klassischen Schlachtwerkzeug, umzugehen pflegte, einem – wenn überhaupt – aber nur einen vorübergehenden Schrecken einjagte.

Thamer mit'm Hammer
hauts Weiberl am Kopf.
Sagts Weiberl zum Thamerl
Du knipferter Knopf!

Der bluadige Thamerl – die letzte Rauhnachtsgestalt vor Weihnachten. Die Thomasnacht ist eben die Nacht Lucifers, den das Rad des Schicksals vom Himmel tief in die Hölle sturzte, der dann aber wieder als teuflischer *Durcheinanderschmeißer* von der Unterwelt aus in der Oberwelt das Unterste zuoberst zu kehren drohte. Auch Saturn, der römische Gott des längst vergangenen Goldenen Zeitalters, dessen Saaten jetzt in der Erde im Winterschlaf liegen, gilt als Gott der Unterwelt. Ein titanischer Gott, der ja ebenfalls verlangte, dass bei seinen Festen die Welt auf den Kopf gestellt wurde und das düster Triebhafte zu seinem Recht kam.

Genauso wie der griechische Unterweltgott Plouton/Pluto oder der christliche Teufel bewachte sein römisches Pendant, der Bauern- und Bodengott Saturn, einen Schatz. Sogar den wichtigsten Schatz des Römischen Reichs. Unterirdisch, unter dem Vorbau seines Tempels auf dem Forum, des zweitältesten Tempels der Stadt Rom, bewahrte man das *Aerarium*, den Staatsschatz des römischen Volkes auf. Und am Tempeleingang informierten sich die Römer an den Aushängen, den *acta diurna,* den täglichen Bekanntmachungen, über die politischen Neuigkeiten in Stadt und Staat.

Der spätere Thomastag lag mitten in den römischen Saturnalien, die ja am 17. Dezember, dem Weihetag des großen Saturntempels auf dem Forum, begonnen hatten. Ihren Höhe- und Schlusspunkt erreichten diese Festtage am 24. Dezember. Und es ist natürlich kein Zufall, dass ausgerechnet am Heiligen Abend, dem Vorabend der Geburt unseres Herrn Jesus Christus, das Fest von Adam und Eva gefeiert wird. Das Goldene Zeitalter Saturns wandelt sich hier ins christliche Paradies. Das Paradies, das durch die Versuchung des Teufels und den anschließenden Sündenfall die Erlösung des Menschen erst nötig macht. Eine Erlösung durch das Wort Gottes, das Fleisch wird.

Trägt nicht alles, was uns begeistert, die Farbe der Nacht?

Novalis (1772 – 1801)

Nacht

Horus und das Jahr

Die tiefste, die finsterste Nacht, jene Nacht, in der das Rad des Schicksals, der Kreis des Jahres kurz stillsteht, um seinen Lauf neu zu beginnen, die Nacht, in der die Sonne stirbt und gleichzeitig neu geboren wird, die Wintersonnwende, wurde schon in den allerersten Bauerngesellschaften vor rund 12 000 Jahren gefeiert. Damals war die Bestimmung des exakten Datums eine Geheimwissenschaft der Priesterkönige, die zu den Sternen aufblickten und dem Volk anschließend Antwort geben konnten über den *Ratschluss der himmlischen Götter;* womit sie gleichzeitig die weltlichen Geschicke der Menschen bestimmten.

Zur Zeit des ägyptischen Pharaos Amenemhet I., um das Jahr 1996 v. Chr., wurden diese Geheimnisse erstmals mit dem Volk geteilt. Der erste Kalender entstand, an dem die Leute selbst ablesen konnten, wann die Überschwemmungen des Nils kommen würden, wann also die rechten Zeiten für Aussaat und Ernte waren. In diesem Kalender wurde nun auch die Wintersonnenwende – wenn man so will, die uralte, vorchristliche *Weihenacht* – erstmals kalendarisch fixiert: auf den Tag, der nach dem späteren Julianischen Kalender der 6. Januar werden sollte.

Allerdings war dieser erste ägyptische Kalender nicht sehr genau, weswegen das Datum der Wintersonnenwende zu wandern begann – alle vier Jahre um einen Tag. Immer wieder musste der Kalender korrigiert werden, bis man schließlich entdeckte, wie man dauerhaft Abhilfe schaffen konnte. Pharao Ptolemaios III. führte im Jahr 237 v. Chr. einen neuen Kalender ein, der in Zukunft Schalttage vorsah. Als die Neuerung umgesetzt wurde, fiel die Wintersonnenwende – der Tag, an dem die Ägypter die Geburt ihres *Herrn des Lichts* feierten – exakt auf den Tag, der nach dem Julianischen Kalender später 25. Dezember hieß. Teile der ägyptischen Priesterschaft scheinen sich lange dagegen gewehrt zu haben, den Geburtstag ihres uralten Gottessohns *Horus* zu verlegen. Der Streit endete in einer Spaltung. Künftig gab es Altgläubige, die weiter den Horus als Sohn des Sonnen- und Himmelsgotts Re und der Erdgöttin Nut verehrten, und es gab eine moderne Richtung: Sie feierte am neuen Termin den gleichen Gott unter seinen

Udjat-Auge, das Auge des Horus, des falkenköpfigen Königsgotts der Ägypter. In kompletter Falkengestalt sollen die Spitzen seiner Flügel die Enden der Erde berühren, seine *Falkenaugen*, die alles sehen, werden oft allein dargestellt, symbolisieren den Gott auch als Hieroglyphe.

griechischen Namen *Harpokrates, Aion* oder *Helios*. In den neuen Mythen wandelte sich zudem Re in Osiris und Nut in Isis.

Horus/Aion galt als der personifizierte Kosmos (griechisch: *kosmos = göttliche Ordnung*), als *Weltaltergott*, dem die *Aionen*, die Äonen, also Werden und Vergehen im Jahreslauf und natürlich Zeit und Ewigkeit, ja die Geburt der Zeit schlechthin unterlagen. Nach der damaligen Vorstellung entstand er aus der Vereinigung des Gottvaters Re/Osiris (griechisch: *pneuma = Geist*, d.h. *Hauch, Luft, himmlisches Prinzip*) und Nut/Isis (griechisch: *physis = Materie*, d.h. *irdisches Prinzip*). Der Name *Horus* ist verwandt mit dem indoeuropäischen Wort *y-or*, das soviel bedeutet wie *Zeit, Jahreslauf*. Im Griechischen steht *hora* für *Jahres-* und *Tageszeit*. Bei den Römern wandelte sich die Wortbedeutung in *Stunde*. Die gleichen Bedeutungen haben heute noch das aus lateinisch *hora* entstandene deutsche Wort *Uhr* und das Wort *Jahr*, das direkt auf die indoeuropäische Wurzel *y-or* zurückgeht.

Vermutlich sahen als erstes die ägyptischen Sonnenpriester in den zwölf Tagen zwischen dem alten und dem neuen Sonnwendtermin *tote Zeit*: eine Zeit der *rauhen*, also ungeordneten, gesetzlosen Nächte, die der kosmischen Ordnung entgegenstehen, eine Zeit der Geister, die das Unterste zuoberst kehren. Eine Vorstellung, die sich in Form der römischen Saturnalien und der Rauhnächte bis in unsere Tage erhalten hat.

Heute gebar die Jungfrau den Herrn der Zeiten.

Dieser Satz, der uns so seltsam vertraut vorkommt, ist von den altägyptischen Horuspriestern überliefert, die die Geburt ihres Gottes am 5. und 6. Januar feierten. Ort der Handlung war im ägyptischen Alexandria der Tempel der göttlichen Jungfrau *Nut*. Die Gemeinde der Aion- oder Heliospriester dagegen versammelte sich in der Nacht vom 24. auf den 25. Dezember in einer unterirdischen Grotte der *Kore*, der göttlichen Jungfrau (= *Persephone, Proserpina*), und sobald am Morgen die ersten Sonnenstrahlen kamen, formierten sie eine Prozession. Voran ein Priester, der die Statuette eines neugeborenen Knaben trug und rief: *Die Jungfrau hat geboren, es wächst das Licht*.

Auf den ersten Blick sind Statuen der jungfräulichen Muttergottheit Nut/Isis mit dem Horusknaben auf dem Schoß kaum von mittelalterlichen Madonnenbildern zu unterscheiden. Tatsächlich nahmen

Die ägyptische jungfräuliche Gottesmutter Isis nährt den Horusknaben – eindeutige ikonographische Parallelen zur *Maria lactans*, die dem Jesuskind die Brust gibt.

die Bildhauer des Mittelalters die Isis-Statuen als Vorlagen für ihre Muttergottesbilder.

Du Helferin des Menschengeschlechtes, die zärtliche Liebe einer Mutter erzeigst du den Elenden in ihrem Leid!

– lautet ein altes Isisgebet, das man heute mit Leichtigkeit für ein Mariengebet halten könnte. Die antiken Mysterienkulte haben als erste das Denken und den Glauben der Menschen grauer Vorzeiten festgehalten, die, wie auch heute noch, um den Dualismus von Tod und Leben kreisten. Der Dichter Apuleius (um 123 – nach 170 n. Chr.) überliefert beispielsweise das folgende Bekenntnis eines Eingeweihten in die Mysterien der Isis:

Höre also, aber glaube auch – es ist die Wahrheit: Ich kam an die Grenzscheide von Leben und Tod. Ich übertrat in der Unterwelt die Schwelle der Proserpina [= lateinisch für Persephone], und nachdem ich durch alle Elemente gefahren, kehrte ich wieder zurück. Zur Mitternacht sah ich die Sonne in hellem Lichte strahlen. Ich trat den Göttern der Höhe von Angesicht zu Angesicht gegenüber und betete sie aus nächster Nähe an.

Im Isiskult der römischen Kaiserzeit werden die Parallelen zu den christlichen Bildern immer deutlicher: Osiris, der Gemahl der Isis, der als göttlicher Vater in seinem Sohn Horus wiedergeboren wird, trägt den Beinamen *soter*, zu Deutsch: *Erlöser, Heiland*. Beinamen der Isis sind *Regina Coeli*, also *Himmelskönigin*, oder *Stella Maris* – das heute noch wörtlich anklingt im Marienlied *Ave maris stella* (= *Meerstern, ich dich grüße*): uralte Vorstellungen also, die kontinuierlich wirkten, von der Antike bis weit ins Mittelalter und in die Neuzeit hinein, und Bilder und Zeichen entwickelten, die das allergrößte Mysterium, das Geheimnis des Lebens, augenfällig offenbar machen sollten.

Der spielende Knabe

Die Idee von dem Kind, das die Welt aus der Dunkelheit rettet, beherrschte die ganze Antike. Die gleichen Bilder wie in den ägyptischen Mythen um Isis, Osiris und Horus finden sich auch in den spätantiken Mysterienkulten um Demeter im griechischen Eleusis, um Dionysos oder den persischen Lichtgott und Erlöser Mithras wieder. Auch die

Eingeweihten in die *Eleusinischen Mysterien* kannten eine *Weihe-Nacht*, in der die griechische Frühlingsgöttin als göttliche Jungfrau (= *Kore* beziehungsweise *Persephone*) mit dem Kind aus dem Dunkel des winterlichen Hades hervorsteigt. Am nächsten Tag gab es dann ein großes gemeinsames Mahl aller in die Mysterien Eingeweihten, der sogenannten *Mysten*.

Im Lauf des Jahres wurde Persephone gewissermaßen zu ihrer eigenen Mutter Demeter, zuständig für die Ernte. Der zur Frühlingszeit mit heraufgestiegene Knabe Dionysos/Plouton/Hades wurde schließlich mit dem dunkler und kälter werdenden Jahr wieder zu seinem eigenen Vater. Noch im 19. Jahrhundert verehrten die gerade von jahrhundertelanger Türkenherrschaft befreiten Eleusiner antike Demeterstatuen als Bilder der *Hl. Dimitra*. Dimitra galt ihnen als *Schutzpatronin der Felder*. Heute steht in Eleusis eine Marienwallfahrtskirche.

Und immer mehr gleichen sich die Bilder: Der Götterbote Hermes, eine uralte Gottheit, die ihren Ursprung weit vor der klassischen Zeit der Griechen hat, wird noch im 4. Jahrhundert n. Chr. mit dem Dionysosknaben auf dem Schoß oder dem Plutoknaben im Arm dargestellt. Umgeben ist er dabei oft von huldigenden Gestalten, die nicht von ungefähr unseren Heiligen Drei Königen ähneln. Hermes ist aber nicht nur der mythische Retter des Dionysos, er wird in der Gestalt des *guten Hirten* dargestellt und verschmilzt so mit Dionysos beziehungsweise Horus/Osiris, sowie Mithras, die ebenso uralte Hirtengottheiten sind.

Als geflügelter Götterbote, der die göttlichen Nachrichten an die Menschen übermittelt, ähnelt Hermes dem Heiligen Geist, der in Gestalt einer Taube zu den Menschen kommt. Wie der Heilige Geist schenkt er den Irdischen Einsicht und Verstehen und ist damit auch der Gott der Wissenschaften, der *Hermeneutik*. Gleichzeitig beschützt er als *Hermes Psychopompos* (= *Seelenführer*) die Seelen der Menschen vor allem Unheil und geleitet sie über die Schwelle des Todes in die Unterwelt, von wo er wieder das Leben, den Knaben hervorbringt. Und dieser Gottessohn Dionysos/Bacchos/Bacchus entwickelte sich im Lauf der Jahrhunderte in zahlreichen Mythen zum kosmischen *All-Gott*, der dem jüdisch-christlichen Verständnis gar nicht so unähnlich ist.

Das göttliche Kind, ein spielender Knabe, ist seit Aion und Horus ein Sinnbild für Zeit und Ewigkeit – in allen Kulturen. So kommt es nicht von ungefähr, dass das Bild auch in der Dichtung sämtlicher Kulturkreise beschworen wird:

Christkind, sogenanntes *Trösterlein*, aus dem Ingolstädter Franziskanerinnenkonvent St. Johann im Gnadenthal. Der spielende, tanzende Knabe war bereits in der Antike ein Symbol für die ewige Erneuerung der Welt. Das Trösterlein erhielt eine Novizin nach ihrer Ewigen Profess in der Regel von ihrer Familie als symbolischen, spirituellen Ersatz für eigene Kinder. Im Gegenzug bekam die Familie für den Verlust ihrer Tochter eine kleine Nonnenfigur für den Herrgottswinkel.

Ich war […] spielend vor seinem Antlitz durch alle Zeit, spielend im Rund seines Erdenlandes, und hatte mein Vergnügen an den Söhnen des Menschen. Und nun, ihr Söhne, höret auf mich! Und selig sind, die meine Wege hüten!

So heißt es beispielsweise in den um 500 v. Chr. entstandenen Sprüchen Salomos im Alten Testament. Bei dem griechischen Philosophen Heraklit, der etwa zur gleichen Zeit schrieb, klingt es so:

Aion, der ewige Kreis der Zeiten,
ein spielendes Kind ist er,
Spielsteine setzend,
sein ist die Königsherrschaft!

Und der römische Dichter Vergil, der kurz vor Christi Geburt lebte – ein Zeitgenosse des schrecklichen römischen Bürgerkriegs –, spricht in einem seiner Hirtengedichte, den *Eklogen*, prophetisch von einem Knaben, dem das Wohlergehen der Welt anvertraut werden wird:

Jener Knabe wird das göttliche Leben empfangen, im Himmel mit den Seligen und Heroen verkehren und mit der Kraft seines Vaters ein Friedensherrscher über die Welt werden.

Hier klingt bereits der *Friedensfürst* an, der nach christlichem Verständnis, ebenfalls mit der Kraft seines göttlichen Vaters ausgestattet, die Welt erlösen soll.

Das antike Denken kennt einen Begriff, für den es im heutigen Deutsch keine direkte Übersetzung gibt, den *kairos*. Das griechische Wort bedeutet soviel wie *der rechte Augenblick, der richtige Zeitpunkt, die Fülle der Zeit*. Die Christen sahen mit der Geburt ihres Erlösers diese *Fülle der Zeit* gekommen, Christus selbst spricht vor seinem Tod von seinem *kairos*, von seiner *Zeit, die gekommen ist*. Im Römischen Reich hatte sich exakt um die Zeit von Christi Geburt ebenfalls *die Zeit erfüllt*: Nach jahrzehntelangem Bürgerkrieg erlebten die Römer unter Kaiser Augustus einen dauerhaften Frieden, die *pax augustana*. Für sie war Augustus der *Friedensfürst*. Er, der seinen Vorgänger als *göttlichen Caesar* verehrte, galt später selbst, wie auch alle seine Nachfolger, als göttlich, als *Sohn der lebensspendenden Sonne*.

Unbesiegte Sonne

Mit dem Beginn des göttlichen römischen Kaisertums und des Kaiserkults wurde der uralte Sonnengeburtstag, der 25. Dezember, der Tag des *Sol Invictus*, des *unbesiegbaren Sonnengottes*, einer der wichtigsten Festtage. Eine Generation vor Augustus war die orientalisch-ägyptische Idee des Gottkaisers in den Westen, ins Abendland, gekommen. Den Kontakt hergestellt hatten die beiden römischen Kontrahenten Caesar und Antonius, die beiden Liebhaber der ägyptischen Königin Kleopatra. Caesars Adoptivsohn Augustus war es, der das orientalische Konzept des göttlichen Herrschers durchsetzte, just zu der Zeit, zu der in Betlehem der göttliche Bub Jesus geboren wurde – das Kind, das später eben dem Gottkaiser und -königtum ein Ende machen sollte. Es war tatsächlich die Fülle der Zeit …

Ähnlich wie schon bei den ägyptischen Pharaonen hing die Göttlichkeit der römischen Caesaren (aus lateinisch *Caesar* wird deutsch *Kaiser*) an ihrem Amt, das wiederum den Staat repräsentierte. Wenn die Römer also ihr traditionelles Kaiseropfer am 25. Dezember, dem offiziellen Geburtstag des Kaisers, brachten, dann zeigten sie damit öffentlich, dass sie keine Staatsfeinde waren, dass sie hinter dem Staat beziehungsweise dem Kaiser standen. Für die Anhänger der antiken Mysterienreligionen war das überhaupt kein Problem, weil sie an diesem Tag sowieso eines ihrer höchsten Feste feierten und für sie der himmlische Herrscher und der weltliche nahtlos zueinanderpassten.

Die Christen sahen das anders. Für sie stand ihr Erlöser über dem weltlichen Herrscher des Römischen Reichs. Es fiel den christlichen Philosophen nicht schwer, plausibel zu machen, warum Christus als *Friedensfürst* glaubwürdiger war als der Kaiser: Jeder Frieden auf Erden braucht Grenzen. Der Limes an der Donau und hinauf nach Germanien war eine solche Friedensgrenze. Bis dahin galt die *Pax romana*, der römische Rechtsfrieden, den der Kaiser mit seinen Soldaten garantierte. Grundstücke werden *eingefriedet* oder *umfriedet* mit einer Mauer oder einem Zaun. Noch heute gilt als eines der Grundprinzipien des menschlichen Zusammenlebens, dass die Freiheit des einen dort endet, wo die Freiheit des anderen beginnt – eine Grenze, die immerwährend neu ausgehandelt und gezogen werden muss. Alle diese Grenzen können von Feinden überschritten werden, der Frieden kann genommen werden. Doch das Reich des christlichen Friedensfürsten war *nicht von dieser Welt*. Das war neu: Keine Macht der Welt konnte ihm und seinem Frieden, seinen Grenzen, etwas anhaben. Christus hat es vorgemacht – er hat als Kind keine Macht gebraucht, um König zu sein, und als ausgelieferter Erwachsener erst recht nicht. Weltliche Mächte können nicht alles nehmen. Was tatsächlich unantastbar ist, ist das, was moderne Verfassungen die *Würde des Menschen* nennen. Man kann jemanden würdelos behandeln – seine Würde verliert er dennoch nicht. Eine revolutionäre Idee, die das Christentum gerade bei den Unterprivilegierten im Römischen Reich populär machte, bei den Armen, den Sklaven, den Frauen.

Im Gegensatz zu anderen Mysterienkulten des 1. Jahrhunderts n. Chr. lehnten also die Christen das Kaiseropfer als Götzenkult ab. Sie wollten nur einen einzigen Gott anerkennen. Deswegen wurden sie rund zweieinhalb Jahrhunderte lang immer wieder als Staatsfeinde, gewissermaßen als Feinde der römischen Verfassung, verfolgt. Jede dieser neuen Verfolgungen aber schien die Christen nur zahlreicher werden zu lassen. Zu Beginn des 4. Jahrhunderts musste Kaiser Konstantin schließlich zur Kenntnis nehmen, dass gegen die Christen nicht mehr zu regieren war. In mehreren großen Schritten wechselten er und seine Nachfolger die Seiten. Im Jahr 380 schließlich wurden die Tempel der alten Kulte geschlossen, das Christentum zur alleinigen Staatsreligion erklärt.

Konstantin war es auch, der Vergils berühmt gewordene Prophezeiung vom Friedensfürsten als erster nicht mehr auf sich selbst, sondern auf Christus bezog. Damit akzeptierte er gleichzeitig den Christengott, der selbst über dem Kaiser stand. Konstantin und alle christlichen Herrscher, die ihm bis zu den Kaisern und Königen des 20. und 21. Jahrhunderts nachfolgten, waren von nun an nur noch Herrscher *von Gottes Gnaden*. Der neue *Friedensfürst*, die neue *Sonne der Gerechtigkeit*, war Christus, dessen Geburtstag schließlich im Jahr 354 folgerichtig auf den althergebrachten Festtag der Geburt der Sonne gelegt und damit auch zum *Verfassungstag* des römischen Staates wurde.

Freilich war die Festlegung der Geburt des Herrn auf den Tag der Wintersonnenwende nicht unumstritten. Auch die Frühjahrs-Tagundnachtgleiche, der 25. März – nach uralter Überlieferung der Tag, an dem Gott die Sonne erschaffen hatte, an dem der Frühling beginnt und die Natur wiederauflebt –, wurde eine Zeit lang als Geburtstag des Herrn begangen, konnte sich aber nicht durchsetzen. Jesu Geburtstag am 25. Dezember hatte den unbestreitbaren Vorteil, dass der 25. März, genau neun Monate vorher, als Tag seiner Empfängnis gefeiert werden konnte.

Der Weihrauch, der früher dem Kaiser geopfert worden war, stieg nun auch in den römischen Provinzen wie Raetia und Noricum, in kleinen und großen Städten von Kempten (*Cambodunum*) bis Passau (*Batavis*) oder Vindobona (*Wien*) mit den Gebeten der Gläubigen zu Gott auf, dessen ewiges Wort an Weihnachten Fleisch geworden war.

Inkarnation

Das Motiv vom Wort (griechisch: *logos*), das Fleisch annimmt, *eingefleischt* wird, geht auf den Anfang des Johannesevangeliums zurück. Seine Wurzeln hat es in der Ideenwelt des griechischen Philosophen Heraklit:

Der Seele ist der Logos eigen, der sich selbst mehrt.

Und:

Am Anfang war der Logos und der Logos war bei Gott und Gott war der Logos.

– schreibt Johannes.

Für diesen Logos aber, obgleich er ewig ist, gewinnen die Menschen kein Verständnis, weder ehe sie ihn vernommen noch sobald sie ihn vernommen

– meint Heraklit. Und bei Johannes heißt es:

Das wahre Licht, das jeden Menschen erleuchtet, kam in die Welt. Er war in der Welt und die Welt ist durch ihn geworden, aber die Welt erkannte ihn nicht.

Das Christentum versuchte, es den Nichtjuden unter seinen potenziellen Anhängern eben leicht zu machen. Es stellte sich selbst dar als die neue *Mysterienreligion des Logos*, rein äußerlich eine Synthese zwischen orientalischen Mysterienkulten und griechischer Philosophie.

Es gibt sogar Religionswissenschaftler, die das Christentum von Anfang an als eine speziell jüdische Ausformung der griechischen

Denkrichtung des *Kynismus* sehen. Dabei handelt es sich um eine philosophische Schule, die auf den Sokratesschüler Antisthenes und wiederum auf dessen Schüler Diogenes zurückgeht. Der Kynismus war zusammen mit der daraus hervorgehenden *Stoa* des Aristoteles die am weitesten verbreitete Philosophie im Hellenismus und im Römischen Reich: Seine Anhänger propagierten ein bedürfnisloses Leben, bei dem Besitz, geregelter Lebenswandel, Ehe oder traditionelle religiöse Gebote keine große Rolle spielten. Dafür forderten und praktizierten sie Nächsten- und Feindesliebe und das Stiften von Frieden – ganz ähnlich, wie das auch Christus tat, der auf Sarkophagen oder in Katakombenmalereien aus der christlichen Frühzeit des 4. Jahrhunderts – und im Prinzip bis heute – durchaus wie ein Kyniker gezeigt wird: barfuß mit Philosophenbart und Philosophenmantel.

Anfangs, in den ersten Jahrzehnten nach Jesu Tod, schien noch nicht ausgemacht, was das neu entstandene Christentum sein sollte und sein wollte – eine jüdische Sekte, eine philosophische Richtung, eine neue Mysterienreligion? Als Kaiser Theodosius I. 380 das Christentum als Staatsreligion etablierte, begannenen die philosophischen Elemente des Glaubens in den Hintergrund zu treten, ohne jedoch an theologischer Wirksamkeit zu verlieren. Im Vordergrund standen jetzt die für eine Volksreligion notwendigen mythischen Elemente und Bilder, die an erster Stelle in der neutestamentlichen Geburtsgeschichte Jesu beschworen wurden und in der Spätantike tief in die bisherigen Domänen der alten Mysterien eindrangen.

Typisch und unverwechselbar christlich ist die einzigartige, ungeheuer modern anmutende Mischung aus mythisch-mystischen und philosophischen Elementen, die dem Christentum von Anfang an und bis heute ein Alleinstellungsmerkmal unter den Weltreligionen verschafft hat und die unwiderstehliche Anziehungskraft erklärt, die es innerhalb von nur wenigen Jahrhunderten im Römischen Reich entwickelte. Als Staatsreligion entwickelte sich das Christentum zum ethisch-religiösen Überbau des Reichs sowie seiner mittelalterlichen Nachfolger in Europa und entfaltete eine nie dagewesene Dynamik, die schließlich zum weltweiten Erfolg des europäischen Lebensstils und Denkens der Gegenwart führte. Verfassungen, Menschenrechte, Demokratie konnten sich offenbar nur auf der Grundlage dieser besonderen Verknüpfung von Philosophenreligion und Staat entwickeln.

Die Christenreligion unterschied sich in einem Punkt drastisch von den heidnischen Mysterienkulten: Jesus ist für jedermann nachvollziehbare historische Realität, sein Leben und sein Tod sind nicht Teil eines alten Göttermärchens. An seiner Geburt ist nicht zu zweifeln. Der, den man später *Christos* (griechisch: *Gesalbter*, d.h. *Retter, Erlöser, Heiland*) nennen sollte, hat gelebt; das setzt voraus, dass er tatsächlich geboren wurde. Wie aber Sprache und Schrift insgesamt aus Bildern entstanden sind, so befleißigen sich auch die Texte des Evangeliums vor allem im Zusammenhang mit der Geburt Jesu einer bildhaften Sprache, die in das Vorstellungsvermögen der damaligen Menschen und die religiöse Bilderwelt der Zeit passen sollte. Und die vorchristlichen Geschichten der Jungfrauengeburt, von Gottessohn und Erlöser, lassen die christlichen Theologen bis heute als *Vorahnungen* des wirklichen Heilands gelten.

Traditionelle Form einerseits, andererseits ein frappierender inhaltlicher Bruch mit jeder religiösen Tradition – dieses Spannungsfeld war für die Menschen der Antike schließlich das radikal Neue, das Religiös-Revolutionäre am Christentum. Der erstaunlich unkonventionelle Menschensohn, der auf dramatisch menschliche Weise am Kreuz stirbt, um anschließend den Tod in einer unerhörten Auferstehung zu überwinden – er bricht mit allem Herkommen und das offensichtlich mitten in der historischen Realität. Eine bis heute schwer begreifbare Geschichte.

Dafür eben galt es mythische Bilder zu finden, Bilder, in denen sich dieser Vorgang erzählend, erklärend, kurz: für Laien verständlich spiegelte. Im Lukasevangelium und in den apokryphen Evangelien zeigen sich diese Bilder in den Geschichten von Jesu Geburt am überzeugendsten: Hier wird eine traditionelle Gottesgeburtsgeschichte erzählt, die schließlich gipfelt in Überwindung des Todes und Auferstehung. Eine Geschichte, die versöhnlich und wohl auch anziehend wirken sollte auf die Anhänger der alten Mysterienreligionen, denen sich die frühen Christen in gewisser Weise verwandt fühlten.

Gerade diese *Verwandten* versuchte der Kirchenvater Clemens von Alexandrien (ca. 150-215 n. Chr.) in ihrer eigenen, gewohnten Sprache

Leben und Tod gehören zusammen. Wie bei jedem Menschen weist auch bei Christus schon die Geburt auf den Tod voraus. Das auf dem Kreuz liegende Jesuskind mit den Leidenswerkzeugen: Barocke Mal- und Stickarbeit, aus dem Kloster Gnadenthal in Ingolstadt.

DE PASSIONE CHRISTI.

anzusprechen. Als Ägypter vertraut mit der ehrwürdigen Religionstradition seines Landes und des Mittelmeerraums, erwähnt er in seiner „Mahnrede an die Heiden“ die alten Mythen um Dionysos oder um den blinden Seher Teiresias, dem man in Homers „Odyssee“ oder in den Dramen des Sophokles begegnet:

Ich will dir den Logos und die Mysterien des Logos zeigen und sie dir mit den Bildern erklären, die dir vertraut sind [...]. Komm auch du, blinder Seher, zu mir, [...] wirf Wahrsagekunst und Bacchosdienst von dir, lass dich zur Wahrheit führen! Fühle, ich reiche dir hier das Holz des Kreuzes, dich darauf zu stützen. Eile, Teiresias, komme zum Glauben! Du wirst sehend werden. Christus, der die Augen der Blinden wieder sehend macht, leuchtet auf, heller als die Sonne. Auch von dir wird die Nacht weichen, das Feuer wird sich vor dir fürchten, der Tod sich von dir scheiden. Den Himmel wirst du schauen, Greis, der du Theben nicht sehen konntest.

Neues Licht, heller als die Sonne in den Augen des Blinden; die weichende Nacht, der scheidende Tod; der Greis, der den Himmel erblickt – in solchen Bildern spiegelt sich das Wunder des Lebens: Sommer und Winter, Wärme und Kälte, Werden und Vergehen. Im Ganzen der Dualismus von Leben und Tod als Urerfahrung des Menschen. All das spielte schon in den ältesten Menschheitskulturen eine zentrale Rolle.

Und noch etwas war vollkommen neu und spektakulär für das antike Denken: Der historische Realität gewordene Gott der Christen hat den ewigen Kreislauf von Werden und Vergehen durchbrochen. Seine Auferstehung war keine ewige Wiedergeburt in der Welt, sondern die Überschreitung der Welt in eine neue Dimension. Aus historischer Zeit in die Über-Zeit, die Ewigkeit. Wir wissen heute, dass die Zeit tatsächlich eine Dimension ist, die wir mit unseren dreidimensionalen Sinnen nur begrenzt wahrnehmen können. Die Menschen der Antike konnten das nur ahnen.

Geburt

Die reine Abstraktion, wie sie das Johannesevangelium für die Geburt Christi mit dem berühmten Logos walten lässt, der knappe, aber bildhafte Bericht aus dem Lukasevangelium – all das war anscheinend vielen Neugläubigen, die die alten Mysterien zugunsten des Christusglaubens aufgegeben hatten, zu wenig. So wie das frühe Christentum machtlos gegenüber den eingebürgerten Fest- und Feiertagen in seiner antiken Umgebung war, ebenso zwecklos war der in Teilen der frühen Kirche geführte Kampf für das biblische Bilderverbot. Im Westen wollte man sich *ein Bild machen*, hier war die religiöse Abbildung etabliert und weiterhin für das Verständnis notwendig. Nur so ist zum Beispiel das apokryphe *Kindheitsevangelium nach Thomas* zu verstehen, das, wie es betont, vor allem für die bisherigen Heiden Jesu Kindheitsgeschichte anschaulich machen will:

Ich, Thomas der Israelit, habe für notwendig erachtet, allen Brüdern aus den Heiden Kunde zu geben von den wunderbaren Taten, die unser Herr Jesus Christus schon als Kind in unserem Land vollbracht hat. Vernehmet also, wie alles begonnen hat.

Der unbekannte Verfasser, der das Evangelium in der ersten Hälfte des 2. Jahrhunderts schrieb, bediente sich bei seinen Erzählungen aus zahlreichen älteren Vorlagen. Unter anderem spielen hier alte Osiris-, Horus- beziehungsweise Aionlegenden eine Rolle. Jetzt also war es Jesus, der als Knabe Spatzen aus Lehm formte und sie lebendig werden ließ oder einen unbotmäßigen Spielkameraden tötete.

Obwohl derlei Schriften im Jahr 367 nicht in den klassischen Kanon des Neuen Testaments übernommen wurden, weil ihre Herkunft *apokryph*, zu Deutsch *unklar*, *verborgen*, war, entfalteten sie eine nicht zu unterschätzende Wirkung auf die Bilderwelt zur Zeit des frühen Christentums und im Mittelalter. Im apokryphen Jakobusevangelium heißt es:

Und sogleich zog sich die Wolke aus der Höhle zurück und es erschien ein großes Licht in der Höhle, das unsere Augen nicht ertragen konnten. Und jenes Licht zog sich Stück um Stück zurück, bis das Kind erschien. Und es kam und nahm die Brust seiner Mutter Maria.

Hier also wird der Ort näher beschrieben, an dem die Geburt Jesu stattgefunden haben soll. Und tatsächlich verehrt man in Betlehem seit konstantinischer Zeit eine Geburtsgrotte, die zuvor einmal, ähnlich wie viele Grotten der Gegend, ein Stall gewesen sein mag. Noch mehr als ein klassischer Krippenstall über der Erde nimmt die Krip-

Der Platz, an dem Jesus geboren sein soll, im Höhlenstall in Betlehem, wird bereits seit dem 2. Jahrhundert verehrt. Seit dem Jahr 334 steht dort die sogenannte Geburtskirche.

Weihnachten als Zeichen der Auferstehung: Ochs und Esel und das Kind im Tympanon des um 385 entstandenen sogenannten *Sarkophags des Stilicho* in der Ambrosiuskirche Mailand; der Fries darunter mit Sonnensymbol (Swastika) und Blüten.

penhöhle das uralte Motiv der Dunkelheit der (Unter-)Welt auf, die durch das Licht des Erlösers erhellt wird.

Eine Parallele hat die Geburtshöhle in den Höhlen und Grotten, in denen der persische Lichtgott Mithras verehrt wurde, aber auch in den Paradieshöhlen, von denen im 6. Jahrhundert in zahlreichen Adamslegenden die Rede war. In einer solchen Höhle soll Eva ihren ersten Sohn geboren haben und Adam, so heißt es in der Legende, stand voller Kummer über die Schmerzen Evas dabei. Dieser Adam mit dem kummervoll geneigten Haupt wurde endlich zum Vorbild für den heiligen Joseph, der – ebenso seit dem 6. Jahrhundert – das heute noch geläufige Bild der Krippenszene komplettiert: Grotte oder Stall, darin Maria und Joseph mit dem neugeborenen Jesus, flankiert von Ochs und Esel, davor anbetende Hirten und Könige.

Grundsätzlich interessierten sich die Christen der ersten Jahrhunderte nicht sonderlich für den Geburtstag ihres Herrn. Er war geboren, hatte tatsächlich gelebt, das war die Hauptsache. Im Vordergrund ihres Glaubens stand schließlich die Überwindung des Todes durch die Auferstehung; weshalb auch in den Evangelien nur wenig über die Geburt berichtet wird. Und das, was da zu lesen steht, hat – ganz im Gegensatz zur Passion – nicht vorrangig mit historischen Ereignissen im Sinn von wissenschaftlich überprüfbarer Realität zu tun. Es schöpft aus der Vorstellungs- und Bilderwelt der damaligen Zeit.

Und es kam die Zeit, da sie gebären sollte. Und sie gebar ihren Sohn, den Erstgeborenen, wickelte ihn in Windeln und legte ihn in eine Krippe, weil für sie kein Platz in der Herberge war. In jener Gegend lagerten Hirten auf freiem Feld und hielten Nachtwache bei ihrer Herde. Da trat der Engel des Herrn zu ihnen und der Glanz des Herrn umstrahlte sie. Sie fürchteten sich sehr …

Viel ist es nicht, was das Lukasevangelium über die Geburt Jesu preisgibt: Kein Platz in der Herberge, deswegen die Futterkrippe, in die das Kind gelegt wird, in Windeln gewickelt. Nichts steht hier von einem Stall oder einer Höhle. Nichts von Ochs und Esel, nichts darüber, dass die Weisen aus dem Morgenland Könige gewesen sind. Die Hirten kommen zwar vor, aber was hüten sie eigentlich? Geißen? Rinder? Schweine? Mit keinem Wort werden Schafe erwähnt. Und erst recht gibt es in der biblischen Erzählung weder Bauern noch Bäuerinnen, es gibt keine abweisenden Wirte, keine Kamele, keine Pferde und später auch keinen Knaben Jesus, der seinem Vater bei der Zimmermannsarbeit hilft.

Die meisten Requisiten, die heute ganz selbstverständlich zu weihnachtlichen Krippendarstellungen gehören, sind also nicht im Text der Heiligen Schrift verbürgt. Gerade auf den ältesten christlichen Weihnachtsdarstellungen aus dem 4. Jahrhundert n. Chr. fehlen Engel und Hirten, fehlen sogar Maria und Joseph. Hier liegt das – um seine Besonderheit herauszustellen, oft übergroße – neugeborene Jesuskind gewickelt in einer Krippe, bewacht allein von Ochs und Esel. Warum ausgerechnet diese beiden Tiere, die nirgends, nicht einmal in den apokryphen Evangelien, zu finden sind, als allererste Begleiter des Christuskinds?

Visionen

Bereits der bedeutende Kirchenschriftsteller Origenes erzählt im 3. Jahrhundert von dem *reinen* Ochsen und dem *unreinen* Esel als Sinnbilder für die unvernünftige Kreatur, die im Gegensatz zum Menschen ihren Schöpfer erkennt. Der Prophet Jesaja hatte ja vorausgesagt: *Ein Ochse kennt seinen Herrn und ein Esel die Krippe seines Herrn, aber Israel erkennt's nicht und mein Volk vernimmt's nicht.* Nach Vorstellungen, die unter anderem Ambrosius von Mailand formuliert hat, handelt es sich bei den Tieren um Symbole für Heiden- und Judenwelt, die beide durch Christus erlöst werden sollten. Aber warum gerade ein männliches Rind und ein Esel?

Auch hier ist ein Blick auf die beiden wichtigsten, mit dem Christentum konkurrierenden Mysterienkulte der Spätantike interessant: Der Esel, in seiner Widerspenstigkeit seit jeher ein Symbol der Sünde und der Wollust, hat schon immer in Fruchtbarkeitsritualen eine Rolle gespielt. In dem Roman „Der goldene Esel" des römischen Schriftstellers Apuleius ist der Esel beispielsweise ein verzauberter Mensch, der schließlich durch eine Isispriesterin erlöst und in die Mysterien eingeweiht wird. Der Stier wiederum steht im Zentrum des Mithraskultes. Er ist der mythische Ur-Stier, der von Mithras getötet wird zur Erneuerung der Welt.

Dieses in den Tuffstein gehauene Mithrasheiligtum bei Sutri (Latium, Italien) wurde später in eine christliche Kirche umgewandelt; rechts die Steinbänke der Mysten.

Parallelen zwischen Mithras und Christus gibt es viele. Der Tag des *Sol Invictus*, des unbesiegten Sonnengotts, am 25. Dezember ist beider Geburtstag. Im Zentrum des Mithraskults standen – ganz ähnlich wie heute noch in der christlichen Liturgie – Brot und mit Wasser vermischter Wein. Bilder in den Kulthöhlen zeigen Mithras' Leben, von der Geburt aus dem Himmel bis zu seiner Himmelfahrt, sowie Cautes und Cautopathes, die Gefährten des Gottes. Die beiden sind die Wächter des Himmels, jeder von ihnen trägt eine Fackel: Cautes Fackel zeigt nach oben und brennt. Sie steht damit für die Tagundnachtgleiche im Frühjahr, den Osten, das Licht, den Sonnenaufgang, die Hoffnung, das Leben im Sommer und den Tag schlechthin. Die Fackel von Cautopathes ist gesenkt und erloschen und symbolisiert die Tagundnachtgleiche im Herbst, den Westen, die Nacht, den Sonnenuntergang, Leiden, Tod und Winter. Auf dem Altar wurde während der Feier des Mithraskults das Licht entzündet, Symbol für die Anwesenheit des Gottes. Als nach der Einführung des Christentums als Staatsreligion im Jahr 391 sämtliche heidnischen Kulte verboten worden waren, ging der hauptsächlich von Soldaten ausgeübte Kult, bei dem keine Frauen zugelassen waren, innerhalb weniger Jahre unter. Seine ehemaligen Mysten schlossen sich dem Christentum an.

Die ersten menschlichen Zeugen von Christi Geburt sind im Lukasevangelium die einfachen Hirten. Sie stehen stellvertretend für das *ganze Volk*, also die Menschheit, die erlöst werden soll:

In jener Gegend lagerten Hirten auf freiem Feld und hielten Nachtwache bei ihrer Herde. Da trat der Engel des Herrn zu ihnen und der Glanz des Herrn umstrahlte sie. Sie fürchteten sich sehr, der Engel aber sagte zu ihnen: Fürchtet euch nicht, denn ich verkünde euch eine große Freude, die dem ganzen Volk zuteilwerden soll: Heute ist euch in der Stadt Davids der Retter geboren; er ist der Messias, der Herr. Und das soll euch als Zeichen dienen: Ihr werdet ein Kind finden, das, in Windeln gewickelt, in einer Krippe liegt.

Das Kind, Ochs und Esel und ein einzelner Hirt. Diese Konstellation gehört zu den ältesten verbürgten Darstellungen der Geburt Christi: Andächtig gestützt auf seinen Stab vertritt der Hirt alle Menschen, die auf die Erlösung warten. Maria kommt auf diesen allerersten Darstellungen nur vor, wenn die Geburt Christi nach dem Matthäusevangelium, also mit der Huldigung der Magier geschildert

Hier wird im oberen Bildteil der erstaunlich große Gottessohn lediglich von Ochs und Esel sowie Engeln bewacht; unten liegt Maria im Kindbett, daneben der, wie immer, sinnierende, das heißt unbeteiligte Josef. Die Mitte zeigt die Verkündigung an die Hirten. Interessant: Zwischen ihren Beinen springen nicht nur Schafe!

wird. Die frühesten Abbildungen der Gestalten, die später einmal zu den Heiligen Drei Königen mutieren werden, sind auf Steinsarkophagen des 3. Jahrhunderts zu finden – klassischerweise mit den berühmten *phrygischen Mützen*, die in der griechisch-römischen Antike zur Kleidung von Fremden aus fernen Ländern gehörten.

Die phrygische Mütze war ursprünglich Teil der Tracht der in Anatolien ansässigen Phryger. Dabei handelte es sich um den gegerbten Hodensack eines Stiers, dessen Eigenschaften – insbesondere Kraft und Mut – nach antiker Vorstellung auf den Träger der Mütze übergingen. Im Mithraskult war sie nicht nur typisches Kennzeichen des persischen Lichtgotts Mithras, sondern auch wichtiges Requisit der in seinen Kult Eingeweihten. Im Mittelalter machte die Mütze Karriere als Kopfbedeckung des Dogen von Venedig, während der Französischen Revolution trugen sie die Jakobiner. Zu Beginn des 19. Jahrhunderts erbte der bayerische Kasperl Larifari die nach vorn geschlagene Zipfelmütze von dem schwarzhäutigen König Kaspar, einem der Heiligen Drei Könige, als Zeichen seiner Andersartigkeit und Widerspenstigkeit. Etwa zur gleichen Zeit wurde die Zipfelmütze auch das Kennzeichen des Weihnachtsmanns. Heute sind vermutlich die Mainzelmännchen die populärsten Träger phrygischer Mützen – zumindest im deutschen Sprachraum.

Schon Origenes hatte im 2. Jahrhundert vermutet, die – wie es im griechischen Original des Matthäusevangeliums lautet – *magoi apo anatolon*, die Magier aus dem Morgenland, seien chaldäische Sterndeuter gewesen, die dem Stern nach Betlehem gefolgt waren. Auf Origenes geht vermutlich auch die Anzahl der Weisen zurück. Im Matthäusevangelium ist nämlich nur von Magiern die Rede – eine genaue Zahlenangabe, wieviele es waren, findet man bis dahin nicht.

Erst ab der Mitte des 5. Jahrhunderts wird Maria zum selbstverständlichen, immer vorhandenen Bestandteil auf Weihnachtsbildern. Im Jahr 431 war sie auf dem Konzil von Ephesos zur *Gottesgebärerin* ausgerufen worden. Jetzt emanzipierte sich die Figur, die Jesus zuvor lediglich den Magiern präsentiert hatte, und nahm den Platz einer dauerhaften Begleiterin des göttlichen Kindes ein. Ausgehend von Ägypten, Palästina und Syrien wurde sie zur *jungfräulichen Gottesmutter*, die manchmal – nach dem alten Vorbild der Isis – vor den Gläubigen thront, zumeist aber neben dem Kind im Wochenbett liegt.

Unser heutiges Bild von der Geburt Christi entstand erst in der Mys-

Zum Zeichen ihrer Fremdartigkeit trugen die Drei Heiligen Könige häufig phrygische Mützen. Auf dem unteren Bild präsentiert Maria den überlebensgroßen Neugeborenen nach einem ikonografischen Muster, das schon bei den altägytoschen Isisdarstellungen galt. Interessant: die Körperfarbe der Maria – das *göttliche* Grün der Fruchtbarkeit.

tik des Spätmittelalters. Es geht auf eine Vision der heiligen Birgitta von Schweden (1303–1373) zurück. Bei Birgitta war Maria keine normale Wöchnerin mehr, deren Kind nach der Geburt von Ammen gewaschen wurde. 1372 berichtet die Mystikerin von dem, was sie gesehen hat: vom heiligen Joseph als altem, mehr oder weniger hilflosem, wenn auch ehrenwertem Nebendarsteller und von einer Jungfrau Maria, die nach einer außergewöhnlichen Geburt das Kind anbetet.

Als ich mich bei der Krippe des Herrn in Betlehem befand, sah ich eine sehr schöne schwangere Jungfrau, mit einem weißen Mantel und einem dünnen Kleid angetan. […] Mit ihr war ein sehr ehrenwerter alter Mann, und sie hatten einen Ochsen und einen Esel mit sich. Als sie in die Grotte gekommen waren, band der Alte den Ochsen und den Esel an die Krippe, ging hinaus und kam mit einem entzündeten Licht zur Jungfrau zurück, das er an der Mauer befestigte. […] Die Jungfrau nahm die Schuhe von ihren Füßen, entledigte sich des weißen Mantels, den sie trug, zog den Schleier vom Haupte und legte die Kleidungsstücke neben sich. So hatte sie bloß das Kleid auf sich, und ihr wunderbares, goldglänzendes Haar war über die Schultern ausgebreitet. […] Als alles ordentlich verrichtet war, fiel die Jungfrau ehrfurchtsvoll auf die Knie, um zu beten, wobei sie den Rücken gegen die Krippe wandte, […] und in derselben Stunde, ja in einem Augenblick, gebar sie ihren Sohn, von welchem ein so unsäglicher Strahlenglanz ausging, dass die Sonne damit keinen Vergleich aushielt, noch weniger jene Kerze, welche der Alte zum Erleuchten aufgesteckt hatte, weil jener göttliche Glanz den materiellen Schein der Kerzen ganz vernichtet hatte. Jene Art des Gebärens erfolgte so jäh und so plötzlich, dass ich weder bemerken, noch unterscheiden konnte, wie es zuging oder mit welchen Körperteilen sie gebar. Ich sah indessen sogleich das ehrenreiche Kind nackt und klar scheinend auf dem Boden liegen. […] Und ich hörte süß klingenden Engelgesang von wunderbarer Schönheit. […] Als die Jungfrau merkte, dass sie geboren habe, beugte sie sogleich das Haupt, legte die Hände zusammen, betete mit großer Ehrbarkeit und voll Ehrfurcht den Knaben an und sprach zu diesem: Willkommen, mein Gott, mein Herr und mein Sohn.

Birgittas Vision hat die Kunst in der Folgezeit in ungeheurem Ausmaß beeinflusst. Ende des 14. und Anfang des 15. Jahrhunderts werden die Weihnachtsbilder der Maler immer homogener: Ochs und Esel treten in den Hintergrund, dafür rückt Maria nach vorn.

Mit offenem Haar und barfuß kniet sie betend vor dem Kind, das nun nicht mehr in Windeln gewickelt in einer Krippe auf Stroh liegt, sondern lediglich auf einem Tuch auf dem flachen Boden. Daneben der heilige Josef, nach wie vor sinnierend, aber jetzt immer mit einer Kerze oder Laterne.

Visionen (= *Sichtungen, Anblicke*) lagen damals gewissermaßen in der Luft. Das Spätmittelalter ist eine Zeit, in der man alles genau wissen, genau sehen, sich die heiligen Geschichten *ausmalen* wollte – konkret wie im übertragenen Sinn. Es ist die Zeit, in der die Altarbilder in großem Reichtum zu blühen beginnen und das geistliche Spiel sich Raum in den Gottesdiensten erobert. Auf vielfältige Weise werden in den großen Hallenkirchen, die noch nicht mit Kirchenbänken möbliert waren, Szenen aus der Heiligen Schrift – und natürlich ganz besonders die Weihnachtsgeschichte – *vor Augen geführt,* in Bildern oder im geistlichen Spiel. Der mystische Charakter der Zeit will sich mit allen Sinnen vertiefen.

Unsere Welt wäre unerträglich ohne die Liebe
– doch die Menschen verstehen nicht zu lieben!
Das Theater könnte aber die Liebe
zu den Menschen, zur Frau, zum Leben lehren.

Maxim Gorki (1868 – 1936)

Weihnachten bleibt, um uns an jene Zeiten zu erinnern,
heidnische ebenso wie christliche, als die vielen noch Dichtung lebten,
statt daß einzelne sie schrieben.

Gilbert Keith Chesterton (1874 – 1936)

Spiel

Musik

Im *theatrum sacrum*, dem *heiligen Theater*, flossen im Spätmittelalter zwei Entwicklungen zusammen: Das generelle Bedürfnis nach möglichst lebendigen Bildern auf der einen Seite wurde andererseits unterstützt durch eine Kirchenmusik, die sich immer weiter ausdifferenzierte. Die von Ambrosius von Mailand geschaffenen Hymnen waren dabei noch bis ins 8. Jahrhundert in allen ehemaligen Gebieten des Römischen Reichs außerhalb Roms maßgebend, auch in Bayern, Schwaben oder im Rheinland. Erst die iroschottischen Missionare, die aus der bayerischen Kirche eine *romtreue*, katholische Kirche machen sollten, begannen, auch den gregorianischen Ritus Roms und damit den gregorianischen Choral in Bayern einzuführen. Unter den karolingischen Königen, die ihr Reich im 9. Jahrhundert von Regensburg aus regierten, setzte sich diese Praxis dann allgemein durch.

Mittlerweile war das Singen der Hymnen und Choräle keine von Mönchen und anderen heiligen Männern nur von Mund zu Ohr weitergegebene Geheimwissenschaft mehr. Schon im 9. Jahrhundert hat man begonnen, allmählich eine Notenschrift, die sogenannten *Neumen* (= *Winke*), zu entwickeln, mit deren Hilfe man versuchen konnte, eine Melodie zu singen, die man zuvor noch nie gehört hatte, oder sich zumindest bestimmte Nuancen wieder ins Gedächtnis zu rufen. Das nutzte dem religiösen Leben in den wachsenden oder neugegründeten Städten, die in ihren großen Domkirchen ebenfalls Kirchenmusik erklingen lassen wollten. Diesen Kirchen wurden *Schulen* (lateinisch: *schola*) angegliedert, in denen die *magistri* (= *Lehrer, Meister*) den ihnen anvertrauten Knaben nicht nur Lesen und Schreiben, sondern auch Latein und die Grundlagen aller damals bekannten Wissenschaften, eben auch der Musik, beibrachten. Ziel des Knabengesangs in den Kirchen war das *cantando praedicare* (= *singend verkünden, predigen*). Dieses Predigen geschah unter anderem dadurch, dass man die althergebrachten biblischen Texte in der Liturgie, zum Beispiel Psalmen, sang und an das abschließende *Halleluja* noch eine *sequentia* (= *folgendes*) anhängte.

Solche Sequenzen – mit der Zeit immer aufwendiger ausgestaltet – wurden im Spätmittelalter sehr beliebt. Auch das älteste erhaltene

Weihnachtslied ist eine Sequenz in lateinischer Sprache. Sie stammt aus dem Regensburger Kloster St. Emmeram und lautet in deutscher Übersetzung so:

Dank wollen wir jetzt alle sagen
dem Herren Gott,

der durch seine Geburt
uns befreit hat
aus der Gewalt des Teufels.

Ihm müssen wir singen
mit den Engeln immer:
Ehre in der Höhe.

Die Sequenzen wurden bald in Strophenform gegliedert, erhielten ein Versmaß, Reime und eigenständige Melodien. Oft wurden die Sätze auch im Wechselgesang gesungen, erhielten Dialogform und wurden inszeniert. Es dauerte nicht lang, bis sich auch komische Elemente daruntermischten, was zwar – selbstverständlich! – immer wieder für Kritik sorgte, die Attraktivität für die Gläubigen aber ungemein erhöhte.

Damit hatte das entstehende geistliche Spiel seine Texte erhalten: Gesungene Lieder wechselten sich wenig später mit gesprochenen Szenen ab, ähnlich wie bei heutigen Musicals. Und auch die Musik wurde immer eingängiger. So steht zum Beispiel im sogenannten „Hohenfurter Liederbuch", das um 1460 im bayerisch-österreichischen Raum entstanden ist, dass es *ethlich geistlich lieder, doch in weltlich weysen* enthält. Da wurden also mehr oder weniger geistliche Texte mit, wenn man so will, mittelalterlicher Schlagermusik unterlegt.

Berühmt wurde etwa das Krippenspiel, das der heilige Franziskus zu Weihnachten des Jahres 1223 im Wald von Greccio aufführte und das bis heute als die Geburtsstunde der weihnachtlichen Krippendarstellungen gilt. Franziskus wollte damit, so sagte er selbst, die *Kindsnöte, die Christus litt, so echt wie möglich mit meinen körperlichen Augen sehen*. Der Realismus des Spiels sollte das Einfühlungsvermögen steigern. Gerade auch bei den einfachen Leuten.

Heiliges Theater

Mit dem *theatrum sacrum*, aus dem sich später unser heutiges Theater entwickeln sollte, wurde Weihnachten im Lauf des Spätmittelalters immer mehr ein Fest für das Volk und mit dem Volk. Die Weihnachtsspiele eroberten sich einen immer breiteren Raum in der Liturgie. In diesen Spielen wurde so während spätmittelalterlicher Weihnachtsmetten außer dem (lateinischen) Weihnachtslied, ganz nebenbei, auch das deutsche Kirchenlied geboren: Die Schola sang die Sequenzen lateinisch vor, das Volk sang auf Deutsch nach. Die allerersten unserer deutschen Weihnachtslieder haben deswegen sowohl einen lateinischen als auch einen deutschen Text. Manche wechseln sogar mitten im Lied Latein-Deutsch ab wie das bekannte *In dulci iubilo, nun singet und seid froh.*

Eine Sonderform des Krippenspiels war das *Kindlwiegen*, das in den bayerischen Klöstern im Anschluss an das kanonische Abendgebet, die Complet, stattfand und in dessen Mittelpunkt meist ein Fatschenkindl in einer Wiege stand. Das Fatschenkind ist eine Puppe, die den Jesusknaben als Wickelkind zeigt – eben *in Winden gewickelt*: In früheren Zeiten wurden Säuglinge eng in Binden gewickelt, *gefatscht* (lateinisch: *fascia = Binde, Band, Bündel; fasciare = einwickeln*). Das Kindlwiegen wurde bis in die Barockzeit vor allem in Frauenklöstern gepflegt. Für die eigene Meditation stand den Schwestern außerdem noch ein sogenanntes *Trösterlein* zur Verfügung, eine Christkindlfigur, dem die ganze mystisch-mütterliche Zuneigung der Nonnen galt. Zahlreiche solcher oft kostbar ausgestatteter Christkindlfiguren haben sich in den bayerischen Nonnenklöstern erhalten. Auch die alten Weihnachtslieder tragen Spuren dieses Brauchs: Silbenfolgen wie *susani, susani* oder *eia, eia* (eben nicht *e-ja*, sondern ganz normal *aia* auszusprechen) verraten, dass dazu ein neugeborenes Kind gewiegt wurde.

Das älteste rein deutschsprachige Weihnachtslied, das heute noch gesungen wird, ist erstmals 1345 belegt. Es stammt von dem anonymen *Mönch von Salzburg*, einem Benediktiner, der am Hof des bayerisch-österreichischen Erzbischofs Pilgrim in Salzburg wirkte. Das Lied, bei dem es sich um die Übertragung des alten Hymnus *Resonet in laudibus*

Folgende Doppelseite: Auf die Melodie des Hymnus *Resonet in laudibus* wurde das vom *Mönch von Salzburg* neugetextete Weihnachtslied *Joseph, liber nefe mein* gesungen. Aber noch im *Regensburger Obsequiale* von 1570 ist es lateinisch abgedruckt.

NATALIS CHRISTI.

Reſonet in laudibus.

ruit:

ru st · in Is ra ēl, quod annunci a tum est per Ga-

bri el. Sunt impleta. Vt supra.

Aliud Canticum.

PVer na tus in Bethleem :/:
EJn Kind geborn zů Bethlehēm/. :/:

Vnde gaudet Hierusalem. ij
Des frewet sich Hierusalem/. ij

ij
ij

handelt, wurde schnell das Weihnachtsspiel-Lied schlechthin. Deswegen hat der Dichter für seine Aufführung auch gleich noch die Regieanweisung mitaufgeschrieben: Danach sind die Verse zwischen *unnser fraw* (*unsere Frau* = Maria), *Yoseph* und dem *kor* (*Chor*) aufzuteilen:

Und so man daz kindel wiegt über das Resonet in laudibus hebt unnser fraw an ze singen in ainer person: Yoseph, lieber neve mein. So antwurt in der andern person Yoseph: Geren liebe mueme mein. Darnach singet der kor dy andern vers ...

Joseph, lieber nefe mein,
hilf mir wiegen mein kindelein,
das got müeß dein loner sein
in himmelreich, der meide kint, Maria.

Gerne, liebe mueme mein,
ich hilf dir wiegen dein kindelein,
das got müeß mein loner sein
in himelreich, du raine maid Maria.

Der Mönch von Salzburg bezeichnet *Joseph* in dieser Urfassung wie selbstverständlich nur als *Neffe* und Maria als *Muhme*. Beides waren damals Bezeichnungen für eine weitschichtigere Verwandtschaft; Josef konnte ja keinesfalls der Ehemann der *meide* (= *Jungfrau, Magd, Maid, Mädchen*) Maria sein.

Das geistliche Spiel, das so anschaulich die abstrakte Liturgie und die heiligen Texte illustrierte, lief natürlich ständig Gefahr, aus dem Ruder zu laufen und zum Possenspiel in den Kirchen zu werden. Besonders die Weihnachtsspiele nahmen schnell volksfestartigen Charakter an. So beschwert sich zu Anfang des 16. Jahrhunderts der berühmte Ingolstädter Humanist und Luthergegner Dr. Johannes Eck über ein solches Weihnachtsspiel im Ingolstädter Münster. Das fand dort traditionell während der Mitternachtsmette statt und muss tatsächlich *eine rechte Metten* gewesen sein, nach unseren heutigen Maßstäben.

Denn ganz, wie man es auch auf spätmittelalterlichen Tafelbildern sieht, rührte da der Darsteller des heiligen Joseph den Brei für das neugeborene Christuskind an – direkt während der Christmette – wozu er ein Feuerl hat machen und anblasen müssen und sich mehr als einmal Finger und künstlichen Bart verbrannt hat; was wiederum zu ganz weltlichen Lachern in der Kirche geführt hat. *Die Kirche Gottes*, so schreibt Eck in seinem Pfarrbuch, solle durch solche Vorgänge *nicht zum Gespött werden*. Kein Wunder, wenn die Theologen und Pfarrer schon das ganze 15. Jahrhundert über darüber nachdachten, wie man

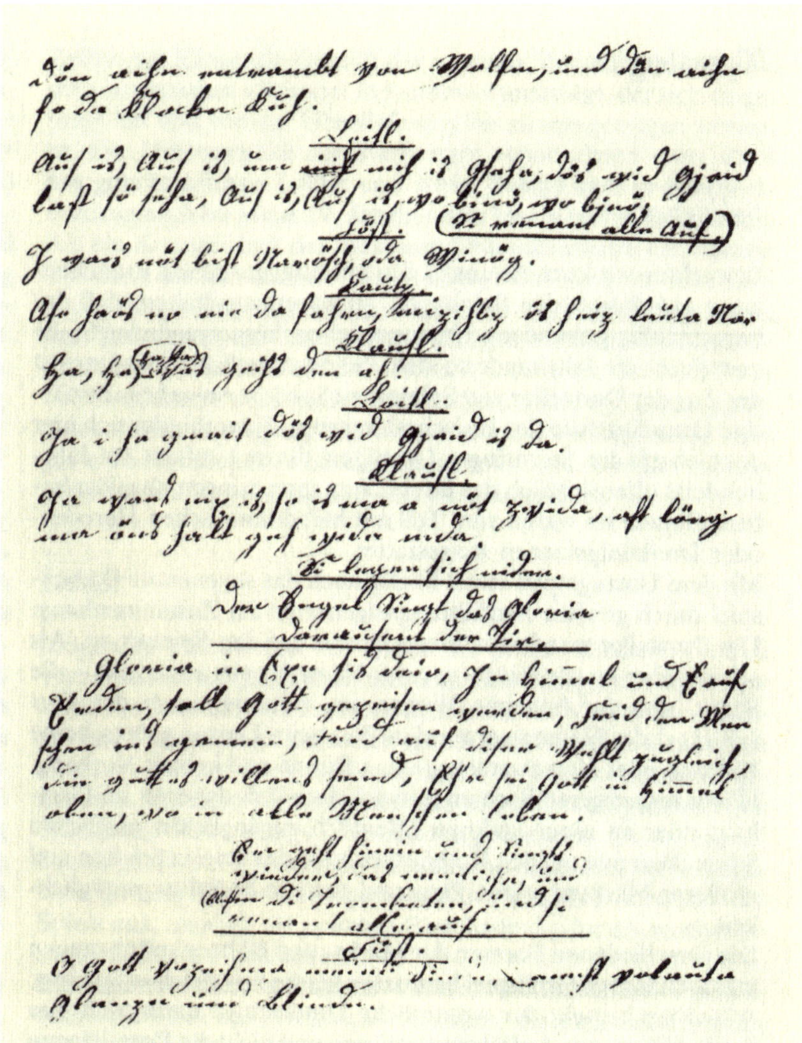

Selten und recht spät sind schriftliche Aufzeichnungen über Weihnachtsspiele überliefert. Diese Handschrift eines Hirtenspiels stammt aus dem 19. Jahrhundert.

dem einen Riegel vorschieben konnte, ohne dem spielfreudig begeisterten Volk einen allzu großen Dämpfer zu versetzen.

So wie in Ingolstadt (und noch schlimmer) ging es fast überall zu. Der Renaissancedichter Jörg Wickram (1505–1560) erzählt folgende Begebenheit aus dem Rheinland:

Im bisthumb Cöllen beschach es einmal zů den weyhennachtzeyten in der christnacht, daß sy das kindlein inn derselben nacht wiegen, unnd namen einen grossen chorschůler, der solte das kindlein seyn, und legten das kindlin Jesu in ein wiegen; und Maria die wiegt es, und das kindlin fieng an gar hefftig ze schreyen. Als es aber nit schweygen wolt, laufft der Joseph gschwind hin und wil dem kindlin Jesu ein müßlin oder brey kochen und im zů essen gebenn, damit es schweyge. Ye vester er aber kochet, ye mer das kind schreyt. Als es

Vor Betlehem lagernde Hirten mit Musikinstrumenten und ihren Schippen. Das Motiv des Hirten, des guten Hirten, durchzieht viele Schriften des Alten und Neuen Testaments. Im Mittelalter übernahmen schließlich die Bischöfe die Schippe, mit denen die Hirten ihre Schafe dirigieren und fangen (= auf die Schippe nehmen), als Bischofsstab.

aber ye nit schweygenn wil, nimpt der gůt Joseph ein löffel voll heisses můß, laufft mit zů der wiegen unnd stoßt dem kind den löffel mit dem heissen můß in halß und verbrannt dem kind das maul also übel, daß im das schreyen unnd weinen vergieng. Das kind wüscht geschwind in der wiegen auf, fiel dem Joseph ins haar, unnd schlůgen einandern. Aber das kind was dem guten Joseph ze starck; dann es warff in ze bodenn unnd gienge dermassen mit im umb, daß die leüt, so in der kirchen waren, dem Joseph zu hilff műßten kommen.

Im 16. Jahrhundert allerdings leisteten die Reformatoren hier ganze Arbeit. Sie sorgten für eine umfassende Repression der alten Bräuche und schafften den Mummenschanz zu Weihnachten komplett ab. Neben dem heiligen Martin, dem Nikolaus oder den Perchten am Anfang und den Karnevals-Maskeraden am Ende des Winters waren davon selbstverständlich auch die Paradies- und Weihnachtsspiele betroffen. Selbst katholische Theologen wie der erwähnte Ingolstädter Professor Johannes Eck, der bedeutendeste Gegenspieler Luthers, reihten sich unter die Kritiker ein, auch wenn das Volk vielerorts heftig dagegen aufbegehrte, dass ihm *die ganze Freud* genommen werden sollte.

Spektakel klein und groß

Der Gründer des Jesuitenordens, der heilige Ignatius von Loyola (1491–1556), hatte schließlich die rettende Idee: Er nutzte das mittelalterliche Bedürfnis zum sinnlichen Erleben für sein ganz neues meditatives Konzept eines *sinnlichen Betrachtens* und schuf damit die Voraussetzungen für die neuen geistlichen Wege der Renaissance und des Barock. In seinen „Geistlichen Übungen" fordert er dazu auf, sich ein *inneres* Bild von Szenen und Schauplätzen auszumalen:

Mit der Sicht der Vorstellungskraft den Weg von Nazareth nach Bethlehem sehen, dabei die Länge, die Breite erwägen, und ob dieser Weg eben ist oder ob er über Täler oder Steigungen geht; ebenso den Ort oder die Höhle der Geburt schauen, wie groß, wie klein, wie niedrig, wie hoch und wie er bereitet war.

Und Ignatius' Jesuiten setzten die Idee ihres Gründers kongenial um: Wurde die Geburt Christi nicht fast ebenso eindringlich wie durch richtige Menschen, aber viel ruhiger und gefahrloser, von Bildern und, noch besser, Skulpturen dargestellt? Was lag näher, als die Figu-

Der Königszug in der Barockkrippe des Ingolstädter Münsters zur *Schönen Unserer Lieben Frau*. Die Krippe umfasst mehr als 260 Figuren, teilweise Kleinkunstwerke bedeutender Bildschnitzer.

ren allmählich von den Altären zu lösen und sie wie in einer richtigen Theaterszenerie frei aufzustellen?

Das heilige Krippentheater war geboren. In Süditalien, wo 1548 das erste Jesuitenkolleg gegründet worden war, begann man, im Lauf des 16. Jahrhunderts aus den ursprünglich starren *presepe*, den Weihnachtsdarstellungen auf den Altären, die moderne Weihnachtskrippe mit vielen beweglichen Figuren herauszulösen: eine mobile Welt im Kleinen, die es erlaubte, das heilige Geschehen ganz im ignatianischen Sinn betrachtend zu erleben. Und die italienischen Fürstenhöfe und bald darauf der bayerische Hof der Wittelsbacher machten aus dem Krippenbau umgehend eine europaweite Mode.

1549, noch zu Lebzeiten ihres Ordensgründers, waren die Jesuiten nach Ingolstadt gekommen, um 1555 in der Stadt der bayerischen Landesuniversität ihr zentrales Kolleg für die oberdeutsche Ordenspro-

vinz, zu der auch Österreich und Teile der heutigen Schweiz gehörten, einzurichten. Vermutlich haben schon die allerersten Jesuiten um den heiligen Petrus Canisius in Ingolstadt die pädagogischen Möglichkeiten von Krippendarstellungen und geistlichem Schauspiel in ihrem Sinn genutzt.

Die erste Erwähnung einer bayerischen Weihnachtskrippe gibt es freilich erst aus dem Winter des Jahres 1594. Aber auch diese Spur führt nach Ingolstadt. Damals schickte der wittelsbachische Erbprinz Maximilian, der spätere Kurfürst, ein Paket auf die Reise von der Isar an die Donau. Empfänger waren zwei jüngere Brüder Maximilians, die zu Ingolstadt an der bayerischen Landesuniversität studierten: Philipp Wilhelm, der nachmalige Bischof von Regensburg, und Ferdinand, der spätere Erzbischof von Köln. Der Inhalt des Pakets: *ein schons weinachtskripl* – wie es in dem Begleitschreiben heißt. Und den Schreiner zum Aufstellen der Krippe schickte Maximilian gleich mit.

Im Jesuitenkolleg Ingolstadt wirkte damals bereits Frater Joseph

Brandstetter, ein einfacher Laienbruder, als Küchenmeister, Apotheker und Bader. Nach seinem Tod wird er im Totenbuch von seinen Mitbrüdern aber auch als *Bildner* bezeichnet, der *die Künste mit höchstem Ruhm gekrönt* habe. Brandstetter sei nämlich *Urheber der Krippen* gewesen, *welche in den Kollegien der Provinz zur Geburt des Herrn errichtet worden sind.* Vermutlich war es also dieser Frater Joseph, der vom Zentralkonvent in Ingolstadt aus die Kollegien in ganz Bayern und Österreich mit Krippen versorgt und damit die altbayerische Krippentradition begründet hat: Verbürgt sind 1601 die Jesuitenkrippe in Altötting, 1607 die Krippe im Münchner Konvent, 1608 in Innsbruck, 1609 in Hall in Tirol.

Freilich darf man sich den Ingolstädter Krippenpater nicht als Einzelkämpfer vorstellen. Schließlich wurden in der oberdeutschen Provinz bis 1625 ganze 15 Konvente gegründet, von Amberg bis Trient und von Regensburg bis Luzern, die alle mit den neuen didaktischen Mitteln ausgestattet sein wollten. Brandstetter wird in Ingolstadt vor allem geplant, entworfen, organisiert und schließlich ortsansässige Künstler für seine Projekte gewonnen haben. Sicher aber war er der Motor, der die Krippenkunst erstmals einem breiten Publikum bekannt gemacht hat.

Das bayerische Herzogshaus und bayerische Jesuiten also standen an der Wiege der Weihnachtskrippe, eine Kulturleistung, die nach ganz Deutschland und weit darüber hinaus ausstrahlte. Brandstetters jesuitischer Mitbruder Philipp de Berlaymont beschrieb 1619 in seinem Werk „Paradisus Puerorum" (= Paradies der Kinder) eine damalige Weihnachtskrippe, die genauso ausschaute wie unsere Krippen heute:

Allen war jene lobenswerte Sitte bekannt, dass wir, wenn wir alljährlich nach dem Brauch der Vorfahren die Geburt Christi feiern, auch die kleine Wiege Jesu aus dem Stall von Bethlehem zur Erinnerung an die wahre Begebenheit nachbilden. […] In einer Hausruine, an deren strohernem Dach ein in die Höhe ragender Stern befestigt ist, wird zwischen Maria und Joseph die Krippe mit dem Kind aufgestellt. Hirten und Engel sind anwesend und das ganze ist so geschickt arrangiert, dass das Frömmigkeitsgefühl der Beschauer aufs lebhafteste erregt wird. Sie glauben dem wunderbaren Ereignis selbst beizuwohnen, mit eigenen Ohren das Wimmern des Kindes und die himmlische Musik zu hören, mit eigenen Händen die Windeln zu betasten und ein heiliger Schauer erfasst sie.

Heiliger Schauer im heiligen Theater. Aus den vielfältigen mittelalterlichen Wurzeln des *theatrum sacrum* und des *theatrum mundi* ist den Krippen und Heiligen Gräbern, den verschiedensten Inszenierungen einer *Welt im Kleinen*, ein heute noch weitaus bedeutenderer Spross zugewachsen: die Schauwelt in Lebensgröße, das Theater. Es hat sich vor rund 200 Jahren von seinen religiösen Wurzeln abgekoppelt, um nun selbst mit ganz und gar profanen Themen die Zuschauer zu bewegen und zu erbauen.

Ganz besonders beliebt war das *große Jesuitentheater* in den Kirchen der Barockzeit. Aus dem Straubinger Jesuitengymnasium wissen wir, wie solche Aufführungen in den siebziger Jahren des 17. Jahrhunderts ausgeschaut haben. Vor allem an den zweiten Feiertagen der Hochfeste im Kirchenjahr – Oster- oder Pfingstmontag, ganz besonders aber am 26. Dezember – wurden dazu im hinteren Kirchenbereich, speziell an Seitenaltären, die mit der Handlung des Spiels korrespondiert haben dürften, Bühnen aufgeschlagen. Dort gab es dann rhetorische Deklamationen der Schüler und Theaterstücke zu bewundern. Diese waren teilweise aufwendig ausgestattet. In Wolnzach in der Hallertau etwa hat man 1628 – mitten im Dreißigjährigen Krieg – dem Organisten zwei Schilling und 15 Pfennige für die Renovierung von Engelsflügeln gezahlt. 13 Jahre später wissen wir von Engelshauben, die der Wolnzacher Bader angefertigt hat, und auch die Schauspieler wurden bezahlt. Die *Comedianten, so sich beim hl. Weihnachtsspiel gebrauchen lassen*, haben 1655 einen Gulden und 36 Kreuzer gekriegt. Doch wehe, wenn die Spielfreude einmal mit den Akteuren durchging: Sofort griff wieder die Obrigkeit ein. So heißt es 1764 in einem Erlass des bischöflichen Ordinariats Regensburg, die Geistlichen sollten *gegen die Dreikönigsspiele und andre Unanständigkeit besonders eifern*. Und 1775 ermahnt der Passauer Fürstbischof seine Pfarrer, sie sollten bei den *lusus de Nativitate Domini, auch Weynachtsspiele genannt*, dafür sorgen, dass ausschließlich *echte Frömmigkeit und erbauliche Vorstellungen* gepflegt werden.

Bilderfeinde

Ganz ähnliche Praktiken, wie sie Ignatius im Westen entwickelt hat, üben bis heute bestimmte Spielarten des fernöstlichen Daoismus aus. Dabei geht es darum, den göttlichen Makrokosmos zu begreifen, indem man den Mikrokosmos, das heißt den eigenen Körper und die jeweilige Umgebung, mit dem Makrokosmos in Einklang bringt – so entsteht *göttliche Harmonie*. Als Hilfsmittel zur Meditation dient dabei unter anderem der Bau von idealen Miniaturlandschaften, in denen das zwischen Yin und Yang ausgeglichene Leben dargestellt ist. Die Szenerien erinnern – wenn auch unter anderen Vorzeichen – an das ideale Vater-Mutter-Kind-Familienglück in den jesuitischen Krippentheatern. Offenbar empfinden Menschen es überall auf der Welt als angenehm, mithilfe einer Welt im Kleinen die große Welt im Wortsinn zu *be-greifen*. In heutigen Zeiten dienen diesem meditativen Wohlgefühl möglicherweise auch ganz säkulare Modelleisenbahnen und Puppenstuben für Erwachsene.

Letztlich geht es bei den kleinen und großen Theatern um nichts anderes als die Erschaffung von Schaubildern des Lebens (*Theater* von griechisch *theatein = sehen, zuschauen*). Bilder aber kollidierten mit dem Bilderverbot des Alten Testaments, weswegen sie immer wieder auf heftige Ablehnung stießen. Um 380 n. Chr. hatten die „Apostolischen Konstitutionen", eine insgesamt achtbändige Sammlung von Texten zu Gottesdienst, Kirchenordnung und der Lehre der frühen Kirche, die Maler, Bildhauer und Schauspieler mit Dirnen und Bordellbetreibern verglichen. Die einen wie die anderen mussten vor einer eventuellen Taufe ihren Beruf aufgeben. Auch wenn sie, im Gegensatz zu Dieben oder Mördern, von der Gesellschaft toleriert wurden, verstießen sie doch allesamt quasi berufsmäßig gegen eines der zehn Gebote. Im Fall der Künstler lautete es: *Du sollst dir kein Gottesbild machen und keine Darstellung von irgendetwas am Himmel droben, auf der Erde unten oder im Wasser unter der Erde*. Trotzdem ging man in der Folgezeit mit dem alttestamentlichen Bilderverbot vergleichsweise lax um.

Während der Auseinandersetzung mit dem Islam, der das Bilderverbot unnachgiebig streng handhabte, kam es dann aber im 8. und 9. Jahrhundert in der Ostkirche zum heftigen Streit um die Ikonen (griechisch: *eikon = Bild*) zwischen Ikonodulen (= *Bilderverehrern*) und Ikonoklasten (= *Bilderzerstörern*), in deren Verlauf zahlreiche Ikonen und Mosaikbilder in den Kirchen vernichtet wurden.

Mithilfe einer Formulierung des Kirchenlehrers Johannes von Damaskus fand man schließlich einen Ausweg aus der theologischen Sackgasse: Gott selber ist zwar unsichtbar, aber durch seine Geburt in menschlicher Gestalt, der *Inkarnation*, durchaus sichtbar und damit darstellbar geworden. Die Heiligen wiederum verkörpern den Heiligen Geist. Damit dürfen sowohl Christus als auch die Heiligen bildlich festgehalten werden. Dieses Argument für die künstlerische Darstellung heiligen Geschehens setzte sich schließlich im Osten wie zuvor bereits im Westen durch.

Im Spätmittelalter aber lösten sich die Bilder im Abendland immer mehr und immer deutlicher aus ihrer formelhaften Ikonenstrenge. Die dargestellten heiligen Gestalten erhielten Fleisch und Blut, bewegten sich natürlich, stellten offenbar Gefühle zur Schau. Dazu kam, dass der Einsatz von Bildern – ausgehend von weihnachtlichen Szenen – in den spätmittelalterlichen Kirchen des Abendlands überhandnahm. Immer reicher wurden die Kirchen mit Skulpturen und gemalten Tafeln ausgestattet. Das rief wiederum teils heftige Kritik auf den Plan. Unter anderem kam sie von frühen Reformatoren wie dem Engländer John Wytcliff oder dem Böhmen Jan Hus. Es war dieselbe Kritik, die sich auch gegen die Weihnachtsspiele wandte. Vor allem zu Beginn der Reformation in den dreißiger Jahren des 16. Jahrhunderts setzten die sogenannten *Bilderstürmer* ihre aggressive Missbilligung dann in die Tat um. Während Luther die Zerstörung von Bildern verurteilte, propagierten Reformatoren wie Karlstadt, Calvin oder Zwingli die *Abthuung der Bylder.* Von deren Anhängern wurden Kirchen mancherorts *ordentlich* ausgeräumt, oft regelrecht organisiert durch den Rat der Stadt. In Konstanz zum Beispiel hat man die Kunstwerke des Doms an Meistbietende verkauft. Kostbare metallene Kunstgegenstände, vor allem Reliquienbehältnisse aus dem Kirchenschatz, wurden eingeschmolzen, die Reliquien selbst in den Rhein geworfen. Die Einnahmen aus der Aktion flossen in die Stadtkasse. Vielerorts, etwa in Ulm, kam es aber auch zu gewalttätigen Vernichtungsexzessen durch fanatisiertes Volk.

In anderen Städten, zum Beispiel in Nürnberg, widersetzten sich die reichen Patrizierfamilien der Bildervernichtung. Ihre Vorfahren hatten die reich bebilderten Altäre und Grabdenkmäler einst zu ihrem Seelenheil gestiftet. Und auch wenn man nun aus religiösen und nicht zuletzt politischen Gründen zur Reformation übergetreten war, wollte man sich diese kostbaren Familienandenken nicht zerstören lassen. Der Kult um die Bilder wurde zwar eingestellt, die Bilder selbst aber blieben erhalten.

In katholischen Gegenden dagegen entwickelten sich die Künste ungehindert fort – und nicht nur das: Gerade die von Jesuiten geprägte katholische Gegenreformation versuchte, die Menschen durch möglichst reiche Bilderpracht zu bewegen, zu beeindrucken und somit beim *rechten Glauben* zu halten. Fürsten, die, wie etwa die bayerischen Herzöge oder der Kaiser in Wien, beim alten Glauben geblieben waren, hielten auch im weltlichen Bereich geradezu demonstrativ an der Bildertradition fest und ließen ihre Paläste farbenfroh ausschmücken. Bewusst und fast schon provokant setzte man dabei auch auf Szenerien aus der griechischen und römischen Antike, die man ganz selbstverständlich zum reichen Fundus der eigenen christlichen Kultur zählte.

In der Folge erlebte zumindest die westliche Ausprägung des Christentums eine ungeheure Entfaltung der bildenden und darstellenden

Der berühmte *Englische Gruß* von Veit Stoß in der Nürnberger Lorenzkirche blieb erhalten, weil sich die selbstbewussten Nürnberger Patrizier gegen die eifernden Bilderstürmer durchsetzen konnten.

Künste, die bis heute andauert. Der Faszination (lateinisch: *fascinatio = Verzauberung;* wörtlich: *Einwickelung*) der Bilder konnten sich die Menschen zu keiner Zeit und in keiner Kultur entziehen: Nicht einmal im Judentum und im Islam haben sich kategorische Bilderverbote letztlich dauerhaft und vollständig durchsetzen lassen.

Natürlich aber wurde die Auseinandersetzung zwischen Altgläubigen und Protestanten gerade rund um Weihnachten auf vielen Feldern ausgetragen. Zusammen mit den Heiligen Spielen und den Bildern räumten die Protestanten nämlich auch mit der Heiligenverehrung auf. Heilige, das waren für sie lediglich herausragende Menschen, Vorbilder, deren allenfalls gedacht, zu denen aber niemals gebetet werden sollte. So, wie in den Augen der Reformatoren aus den Darstellungen der Heiligen Götzenbilder geworden waren, so liefen die Heiligen selbst Gefahr, zu heidnischen Götzen zu verkommen.

Gegen den Götzendienst

Jetzt bestand aber gerade die Adventszeit aus einer ganzen Reihe ungeheuer populärer Heiligengedenktage mit vielfältigen Kulttraditionen. Und nach Weihnachten ging es nahtlos damit weiter: Stephanitag, Johannistag, Festtag der Unschuldigen Kinder – damit machten die Reformatoren Schluss. Genauso mit allem anderen, was in ihren Augen an die heidnische Vielgötterei denken ließ. Schon allein das Wort *Weihnachten* war für Luther viel zu wenig christlich, so wurde aus dem Weihnachtstag der *Christtag*. Für das eigentliche *Hochfest des Heiligen Erzmärtyrers Stephanus* war dann die Bezeichnung wieder gut genug: Es wurde der *zweite Weihnachtstag*. Katholiken nennen diesen Tag dagegen bis heute *Stephanitag*.

Als heidnisch abgeschafft wurde auch das Fest des Evangelisten Johannes (27. Dezember). Ein Dorn im Auge war den Reformatoren vor allem das *Trinken der Johannisminne*, eines geweihten heurigen Weins, der den Gläubigen nach dem Gottesdienst gereicht wurde – und bis heute gereicht wird. Dieser Wein soll angeblich vor Krankheiten und Gefahren schützen.

Genauso wie Stephanus und Johannes ging es danach auch den Unschuldigen Kindern und selbstverständlich auch dem heiligen Nikolaus an den Kragen. Beide Feste hingen nämlich im Brauchtum unmittelbar zusammen. Der Tag des Schülerpatrons Nikolaus bildete den Auftakt für eine Brauchtumsreihe, die mit dem Tag der Unschuldigen Kinder am 28. Dezember ihren Höhepunkt und Abschluss fand. Seit dem Frühmittelalter ist dieses *festum puerorum* (= *Fest der Kinder*), *festum stultorum* (= *Fest der Narren*) oder *ludus episcopi puerorum* (= *Spiel des Kinderbischofs*) verbürgt: ein Narrenfest in der Tradition der römischen Saturnalien. Das Fest beziehungsweise Spiel bestand darin, dass die Schüler an Kloster-, Stifts- und Domschulen – in den Klöstern manchmal auch die einfachen Brüder – aus ihren Reihen einen *Abt* oder *Bischof* wählten, der, regelrecht ausgestattet mit Chorkleidung, Mitra und Stab, im Rahmen pompöser Auftritte kirchliche Feiern karikierte. Oft fanden sogar echte liturgische Feiern unter der Leitung eines solchen Kinderbischofs statt und die eigentlichen Bischöfe hatten den Anordnungen der Miniaturausgaben ihrer selbst zu folgen. Nach der Zeremonie in der Kirche zogen die Kinderbischöfe samt ihrem Gefolge aus Pseudo-Domherren durch die Straßen und in die Häuser der Bürger, um sich bewirten zu lassen und Geschenke zu erheischen.

In Regensburg etwa hieß der alljährliche Kinderbischof *Ruprecht* – der vermummte vorweihnachtliche Begleiter des heiligen Nikolaus

Ein Kinderbischof samt kindlichen Chorherren in St. Stephan in Bamberg um 1581

hatte sich nun selbst zum Bischof aufgeschwungen. Ruprecht führte die Domschüler an, die *monstra larvarum* trugen, also Larven, Masken mit den Gesichtern von Ungeheuern oder Dämonen. An den Pforten der Regensburger Klöster wurden sie unter anderem mit Wein bewirtet. Im Jahr 1248 wollten die Mönche des Klosters Prüfening dabei nicht mitspielen und verweigerten dem Ruprecht den Zutritt. Daraufhin brachen die Schüler die Pforte auf und nahmen das Vieh aus den Ställen mit. Der Abt des Klosters beschwerte sich darüber sogar beim Papst, der tatsächlich eine Bulle schickte, in der er das Spiel verbot – selbstverständlich ohne Erfolg. Noch schlimmer kam es im Jahr 1357: Während der Kinderbischof Ruprecht durch die Straßen zog, wurde bei einem Streit sogar ein Domherr erstochen. In der Folge kam es zu einer heftigen Auseinandersetzung zwischen Stadt und Bischof, mit der sich sogar Kaiser Karl IV. befassen musste.

Derlei Exzesse waren natürlich Wasser auf die Mühlen der Reformatoren. Die Bräuche der eben manchmal gar nicht so Unschuldigen Kinder wurden genauso abgeschafft wie der Nikolaustag. In katholischen Gegenden hielt sich der Knabenbischof dagegen mancherorts noch bis zur Aufklärung im 18. Jahrhundert.

Mit dem heiligen Nikolaus war bei den Protestanten aber gleichzeitig der Gabenbringer der Kinder liquidiert worden. Weil jedoch auch die evangelische Nachkommenschaft Geschenke wollte, verlegten die Protestanten den Termin für die Bescherung kurzerhand vom 6. auf den 24. Dezember, also auf den Vorabend des Christgeburtstags, und überließen das Bringen der Gaben künftig einem unsichtbaren *Christkind*. Hätten sie von der römisch-saturnalischen Geschenktradition an diesem Tag gewusst, hätten sie das vermutlich gelassen. Heute dient uns das als Beweis dafür, wie sich scheinbar parallel laufende Bräuche völlig unabhängig voneinander an denselben Anlässen immer neu entzünden können.

Die Idee vom Geschenke bringenden Christkind hat allmählich auch den Katholiken gut gefallen. Seitdem kriegen die Kinder zweimal was: Zuerst vom durchaus sichtbaren Nikolaus samt dem hörbar mit den Ketten rasselnden Krampus und dann vom unsichtbaren Christkind. Allerdings konnten sich – Bilderverbot hin oder her – die evangelischen Kinder und ihre Eltern mit dieser Unsichtbarkeit nur schlecht abfinden. So lief bald ein Christkind aus Fleisch und Blut beziehungsweise Farbe und Pinselstrich genauso herum wie die, trotz aller Bedenken der Vertreter der reinen Lehre, immer noch anwesenden Heiligen Nikolaus und Martin.

Dem nicht genug, mutierte Knecht Ruprecht, der frühere Helfer des Nikolaus samt Sack und Rute, bisweilen zu einem Christkindbegleiter oder verschaffte sich selbstherrlich und selbständig Zugang bei den Kindern. Mancherorts gab er sich dazu erneut als Heiliger aus und legte sich Namen wie *Sinterklaas* oder *Santa Claus* zu. Letztlich führte all das zu einem unvorstellbaren Durcheinander von heiligen Gabenbringern auf den Straßen – Zustände also, die jeder reformierten Obrigkeit zuwider sein mussten und beispielsweise am 28. November 1682 zu folgendem Edikt des mecklenburgischen Herzogs Gustav Adolf führten:

Demnach nunmehro die Adventszeit und das darauf folgende Heilige Christ-Fest herbey kombt, da dem gemeinen Brauch nach allerlei vermummte Personen unter dem Namen des Christkindeleins auff Gassen umbherlauffen, in die Häuser entweder willig eingeruffen werden, oder sich auch in dieselben hineindrängen, dergestalt, daß den Kindern eingebildet wird, als wäre es das wahre Christkindlein, auch Nikolaus oder Martinus bey demselben die Kinder zu vertreten sich annehmen, auch andere nichtige unchristliche, mutwillige Dinge in Worten und Werken vornehmen und treiben, in der Tat aber die Sache im stockfinsteren Heidentum den Ursprung hat, so haben wir in Erwägung solcher Umstände nach reiflicher Überlegung beschlossen, daß solche repräsentativ skandalose mit allen ärgerlichen Zeremonien in unseren Herzogtümern und Landen bey ernstlicher Strafe gänzlich abgetan und durchaus bey Adel und Unadel verboten seyn soll.

Tatsächlich war ein greifbares Christkind wenig praktikabel. Um die Kinder zu verzaubern, musste es ein wirkliches *Kind* sein, konnte also schlecht von einem Erwachsenen gespielt werden. So ging die Idee des sichtbaren Christkinds zunächst wieder ein – aber nur, um im 20. Jahrhundert fröhliche Urständ zu feiern. Zum Beispiel auf dem Nürnberger Christkindlesmarkt. Das berühmte Eröffnungszeremoniell mit dem Prolog des Christkinds gibt es erst seit 1933. Es ist eine Erfindung des nationalsozialistischen Oberbürgermeisters Willy Liebl, der in der Christkindrolle eine junge Schauspielerin auftreten ließ. Das Zeremoniell überstand den Krieg. Seit 1969 wird für das Christkind ein *natürliches, unverfälschtes Kind aus dem Volke* gesucht. Wer nun behauptet, die protestantischen Nürnberger seien halt von all dem bayerischen Katholizismus, der sie umgibt, korrumpiert, hat sicher nicht ganz Unrecht. Andererseits hat selbst der ansonsten tadellos norddeutsch-protestantische Dichter Theodor Storm im Jahr 1862 das Christkind und seinen Knecht Ruprecht ein berühmtes Zwiegespräch halten lassen. Sein Gedicht *Von drauß' vom Walde komm ich her* gehört zum ewigen Hausschatz der Weihnachtsgedichte.

Allem Hin und Her zum Trotz, ging die Zeit des sichtbaren Christkinds, in Norddeutschland jedenfalls, schon im 19. Jahrhundert zu Ende. Bei Storm schickt das nur noch für den (erwachsenen) Dichter sichtbare Christkind den Knecht Ruprecht als Vertreter; mit Äpfel, *Nuss und Mandelkern* für die guten und mit der *Rute* für die bösen Kinder. Damit waren schon die wichtigsten Requisiten für eine neue Weihnachtsfigur beieinander – den Weihnachtsmann.

Herr Winter

Der Weihnachtsmann, der heutzutage dem Christkind genauso wie dem heiligen Nikolaus das Leben schwer macht, wird zumeist für eine Erfindung der Neuzeit gehalten. In Wirklichkeit ist die Figur wesentlich älter. Das Bild geht zurück auf die Allegorie des Winters, wie sie

Moritz von Schwind orientierte sich 1847 in seiner Zeichnung für den fünften Münchner Bilderbogen vielleicht am skandinavischen Vorbild des *Herrn Winter*.

bereits im ältesten Monatsbilderzyklus aus der Münchner Staatsbibliothek zu sehen ist: ein Mann, der sich am Feuer wärmt. Ähnliche traditionelle Allegorien des Winters sind aus Russland und Skandinavien bekannt. In Russland trägt *Väterchen Frost* ein Kostüm in den weiß-blauen Farben des Eises, in Skandinavien wärmt ihn ein brauner Mantel mit Kapuze.

Der Maler Moritz von Schwind hat 1847 seinen *Herrn Winter* für den *Münchener Bilderbogen* mit langem weißen Bart und braunem

Vorläufer des Weihnachtsmanns: *Herr Winter* am Feuer von Josef Stammel (1695–1765)

Kapuzenmantel samt Christbäumchen im Arm gezeichnet. Bereits aus dem 18. Jahrhundert allerdings stammt ein anderer Weihnachtsmann-Vorläufer aus dem bayerisch-österreichischen Raum. Das Stift Admont bewahrt in seiner Kunsthistorischen Sammlung vier kleine Jahreszeitfiguren des Barockbildhauers Josef Stammel: Den Winter repräsentiert der alte Mann am Feuer. Er trägt bereits den mit weißen Pelz besetzten roten Mantel – wie später auch der Weihnachtsmann. Es fehlt nur die phrygische Mütze beziehungsweise die Kapuze.

Selbst in Vietnam gibt es – völlig unabhängig von der westlichen Kultur – eine Art Weihnachtsmann: Der Küchengott Ông *Táo*, der in jedem Haus in einer Art Hauskrippe auf dem Boden sitzt, trägt wie der westliche Weihnachtsmann einen roten Mantel und einen weißen Bart. Einmal im Jahr, genau sieben Tage vor dem Neujahrsfest *Tết*, fährt er hinauf in den Himmel zum *Großen Jadekaiser*, um dort Bericht zu erstatten über das Wohlverhalten der Familie. Tatsächlich wird der Hausaltar zu dieser Zeit abgebaut und von Resten des Räucherwerks gesäubert. Am Neujahrsfest erscheint Ông Táo dann wieder in altem Glanz und wird mit Opfergaben überhäuft. Dafür soll er der Familie das Jahr über Wohlstand bescheren. So vereinen sich im Küchengott all die Aspekte vorweihnachtlich verehrter Götter und Heiliger, die es seit alten Zeiten in Europa gibt: Einerseits beaufsichtigt er das Einhalten von Geboten, andererseits schüttet er dafür sein Füllhorn an saturnalischen Schätzen aus.

Seine endgültige – heutige – Gestalt bekam der angelsächsische Weihnachtsmann schließlich ab den dreißiger Jahren durch den amerikanischen Grafiker Haddon Sundblom, der sich – im Auftrag von Coca-Cola – munter aus dem reichen Fundus abendländischer Winterallegorien bediente. Sundblom staffierte seinen knallroten amerikanischen Weihnachtsmann in der Folgezeit mit allerhand Märchen- und Brauchtumsmotiven wie Rentieren und Wichteln aus, die in der skandinavischen Heimat seiner Eltern und Vorfahren als Begleiter des Weihnachtsmanns bereits eine lange Geschichte hatten. Das *Hohoho*! des Coca-Cola-Weihnachtsmanns steht für das zeitgenössische Kommerzweihnachten, das, jeder religiösen Konnotation entkleidet, so bunt und trubelig daherkommt, wie es selbst zu römisch-saturnalischen Zeiten kaum zugegangen sein kann. Es scheint eben doch Verhaltensmuster zu geben, die sich über Jahrtausende hinweg durchsetzen.

Je mehr Verbote und Beschränkungen ein Reich kennt,
desto ärmer wird das Volk.

Lao Tse (6. Jahrhundert v. Chr.), chinesischer Philosoph

Ein Fest ist ein gestatteter, vielmehr ein gebotener Exzess,
ein feierlicher Durchbruch des Verbotes.
Nicht weil die Menschen infolge einer Vorschrift froh gestimmt sind,
begehen sie Ausschreitungen, sondern der Exzess liegt im Wesen des Festes,
die festliche Stimmung wird durch die Freigebung des sonst Verbotenen erzeugt

Sigmund Freud (1856 – 1939), aus: „Totem und Tabu"

Schnell kommt man dazu,
etwas zu tun, was nicht erlaubt ist,
wenn man alles tut, was erlaubt ist.

Clemens von Alexandria (um 150 – 215 n. Chr.), Philosoph und Kirchenvater

Mette

Exzesse

Wie schon im alten Rom und im zeitgenössischen New York des Coca-Cola-Weihnachtsmanns waren die winterlichen Wochen auch im Spätmittelalter und in der Frühen Neuzeit eine einzige große und meistens lärmende Festzeit. Die Festtage reichten von Anfang November bis mindestens Neujahr und Dreikönig – und weit darüber hinaus. Ganz im Gegensatz zu heute, wo man Weihnachten in protestantischer Tradition als innerliches Fest der Familie sieht, beschränkte sich das familiäre Feiern damals eher auf das ausgiebige gemeinsame Schmausen. Und auch dazu wurden oft genug weitere Verwandtschaft, Freunde, Bekannte eingeladen. Meistens war das Schlemmen und Trinken überhaupt öffentlich, wie das ganze Weihnachtsfest. Gefeiert wurde in Kirchen, Schulen, Wirtshäusern, auf Straßen und Plätzen.

Anlässe dafür gab es wahrlich genug. Im Kern lieferten die kirchlichen Liturgien an den Feiertagen vier Szenenkomplexe, die nach Belieben ausgebaut und untereinander verbunden werden konnten: die mitternächtliche Mette (lateinisch: *officium matutinum = Morgenamt*), die Anbetung der Hirten am Weihnachtstag (lateinisch: *officium pastorum = Hirtenamt*), das Fest der Unschuldigen Kinder am 28. Dezember (lateinisch: *officium infantium = Kinderamt*) und die Anbetung der Könige am 6. Januar (lateinisch: *officium stellae = Sternamt*). Ganz besonders hoch her ging es, wie schon erwähnt, bei den Metten (abgeleitet von lateinisch *matutina*) in der Heiligen Nacht. Stundenlang, bis in den Morgen, dauerte in den Kirchen das berühmte *Quempas-Singen*, das Hirtenspiel, dessen verballhornte Bezeichnung sich ableitet von dem halb lateinischen, halb deutschen Weihnachtslied *Quem pastores laudavere – den die Hirten lobten sere*. Dazu wurden die Gotteshäuser ausgesprochen theatralisch ausstaffiert, die Mesner hatten alle Hände voll zu tun. In einer Mesner-Anleitung aus dem Jahr 1604 ist aufgezählt, was im Landshuter Martinsmünster alles an Weihnachten gebraucht wurde, wie viele Lichter und Fackeln angezündet werden mussten, um die Kirche zu erleuchten. Regelrechte Lichtspiele wurden da veranstaltet:

Bey der Metten in der heyligen Weinnacht brennt man im Khor von Baumöel baide, den Jesus und Maria Namen, item [= außerdem] den grossen geflambten Ring, alle mit Ampeln besteckht. Die soll man umb halb ailffe [= halb elf] anzünden und allsbald nach der Metten wider ablöschen.

Zu all den offiziellen Öllichtern, Kerzen und Fackeln kamen noch die unzähligen Wachsstöcke, Talg- und Unschlittkerzen in den Bänken der Kirchgänger. Dazu die Kohlenbecken, mit denen die Kirchen notdürftig geheizt wurden, der Weihrauch – ganz zu schweigen von den Ausdünstungen der oft angetrunkenen Leute selbst. Überdies verhielten sich die Feiernden nicht wie heute üblich ruhig, sondern gingen umher, tanzten, drängten sich zum Wiegen und Liebkosen des Christkinds an die Krippe. Manchmal heizten die Pfarrer mit ihren überlangen Predigten, in die sie Aufforderungen und Witze aller Art einbauten, die Stimmung zusätzlich auf. Kein Wunder, wenn es da häufig zu Zwischenfällen, zu Tumult und *Rumor* kam.

Aus Schwarzach bei Straubing ist ein Fall aus dem Jahr 1590 bekannt, wo dem Pfarrer die Unruhe in der Kirche wahrscheinlich zu viel geworden ist. Er wurde handgreiflich, weshalb man sich später über ihn beschwerte. Er habe …

… selben Jahres an Hayligen Weyhennachttage, zu der Vesper, vorm Hochwürdigen Sacrament mit ainem Tannen Peimel, daran Öpfl gesteckht gewest, vnder die khinder geschlagen.

Woraus wiederum zu schließen ist, dass es bereits damals in Altbayern üblich war, einen *Klausen-* oder *Christbaum* in die Hand zu nehmen, wie das der *Herr Winter* Moritz von Schwinds, die leibhaftigen Christkinder und die frühen Weihnachtsmänner getan haben. Tannenbäume waren, im Gegensatz zu heute, ein mobiles Requisit.

Aber auch außerhalb der Kirchen schlug die ausgelassene Weihnachtsbegeisterung leicht in Unsinn aller Art um, vielfach kam es beim wilden Treiben zu Unfällen, nicht selten wurden gar Straftaten verübt. Gefährlich war das mancherorts übliche Geißelschnalzen und Schießen zu Ehren des Christkindls, das in wüste und blutige Auseinandersetzungen münden konnte. Auch allerhand Gesindel nutzte die Gunst der Stunde: Auf dem Land war vor allem die zum Thomastag geschlachtete Mettensau, der sogenannte *Weihnachter*, gefährdet, während der drei- oder gar vierstündigen Mette die Beute von Dieben zu werden. Es war die Regel, dass deshalb ein Mann wachend im Haus blieb und die Nacht sinnierend vor dem gut geheizten Ofen verbrachte, um am Weihnachtstag dann zusammen mit den anderen Aufpassern aus der Nachbarschaft das *Hirtenamt* zu besuchen.

Wenn etwas passierte, hatten natürlich die Leute Oberwasser, die es *schon immer gewusst hatten*; manchen Leuten, vor allen den Reformatoren, ging der ganze *Zauber und Zinnober* einfach von Haus aus gegen den Strich. Gerade weil aber in evangelischen Gebieten die öffentliche Gewalt oft massiv gegen das überbordende Feiern vorging, taten sich die katholische Kirche und entsprechende Obrigkeiten schwer, gegen das ausgelassene weihnachtliche Treiben zu argumentieren. Es durfte halt nicht zu viel passieren, weil sonst die Stimmung im Volk gleich wieder von *Hosianna!* in *Kreuziget ihn!* umschlug. Von einem schlimmen Vorfall in seiner Kinderzeit in den 1770er Jahren, der die Volksseele zum Kochen brachte, berichtet der Münchner Joseph Alois Paur:

Ein rachgieriger Kerl war unter der Maske eines Klaubaufs in die Wohnung einer ihm verfeindeten Familie gekommen und hatte den fünfjährigen Buben braver Eltern, die dem Fremden Einlass gewährten, weil sie ihn für den bestellten Knecht Ruprecht hielten, weggeschleppt und ihm an einem abgelegenen Ort die Zunge abgeschnitten. Daraufhin war in genannter Stadt die gesamte Klaubauf-Mummerei verboten worden.

Freilich kann man davon ausgehen, dass sich dieses Verbot, ähnlich wie viele andere zuvor, nicht lange halten konnte. Die Kraft des althergebrachten Brauchs war einfach zu groß. Aller Aufklärung zum Trotz, gebot erst das neue bayerische Königreich von 1806 den Auswüchsen bei den geistlichen Spielen und vielfältigen weiteren weihnachtlichen Bräuchen auch in katholischen Gebieten nachhaltig Einhalt. Aber die radikal aufklärerische Revolution von oben schüttete, wie es halt so geht, das Kind mit dem Bad aus. Plötzlich ging es gegen alles, was mit Volksglauben zu tun hatte, gegen *das gantz geschmackhlose Treyben* allgemein. Die zahlreichen volksfestartigen Bräuche wie das *Anklopfen* wurden abgeschafft, die harmlosen Weihnachtskrippen, die sich durch die Jahrhunderte zu größter Pracht entwickelt hatten, mussten dran glauben und die altehrwürdige Mitternachtsmette wurde gleich ganz verboten. Die Aufklärer witterten bei diesen mitternächtlichen

Auf den Postkarten zu Anfang des 20. Jahrhunderts spielten Krampus und Klaubauf augenzwinkernd humorvolle Rollen …

... und auch die Erotik kam nicht zu kurz.

Mysterienfeiern ganz richtig *heidnisches Treiben*. Aber das wichtigste wird wohl gewesen sein: Wo nicht gefeiert wurde, konnte es auch keine Auswüchse mehr geben.

Bayern war ja 1799 unter die Herrschaft des Pfälzers Maximilian Joseph gekommen, dessen Minister Montgelas ganz im Sinne einer radikalen Aufklärung zu Beginn des 19. Jahrhunderts besonders scharf vorging. Doch scheint sich zunächst noch Widerspruch geregt zu haben. Im *Münchner Tagblatt* vom 14. Dezember 1803 heißt es:

Gleich wie also diese Abschaffung [des Klaubaufs] nicht plötzlich und schon für heuer vor sich gehen könnte, so ist das nämliche bei den sogenannten Klöpfelsnächten zu observieren. Die Lehrbuben und Bettelleute haben auf den heurigen Empfang von Geschenken einen Teil ihrer Lebensweise begründet, wodurch ihnen Rechtsansprüche zugewachsen sind; diese haben sie authore praetore [= im Angesicht der Obrigkeit] durch unfürdenklichen Besitz wohl erworben und finden sich noch dadurch mehr erhärtet, indem schon öfter Widersprüche dagegen erregt worden sind und diese Klöpfelsnächte dessen ungeachtet sich erhalten haben.

Offensichtlich musste man von Seiten der Obrigkeit bei der Durchsetzung der aufklärerischen Neuerungen vorsichtig und Schritt für Schritt vorgehen. Ein Fingerspitzengefühl, das die bayerischen Beamten völlig vermissen ließen, als im Jahr 1809 Tirol dem neu geschaffenen Königreich Bayern zugeschlagen worden war. Dort führten sie die Reformen anscheinend im Hauruckverfahren durch.

Der berühmte Tiroler Volksaufstand unter Andreas Hofer 1809 hat sich nachweislich daran entzündet, dass bayerische Beamte versuchten, das neue Verbot der Mitternachtsmette von heute auf morgen auch im Tirolischen durchzusetzen; dazu noch eine ganze Reihe andere Reformen: Es ging sogar das Gerücht, mit der Pockenschutzimpfung, die von Bayern verordnet worden war, solle den Tirolern der *Protestantismus eingeimpft* werden. Vielleicht würde das seit antiken Zeiten bairisch besiedelte Tirol heute noch zu Bayern gehören, wenn die siebengescheiten Beamten damals nur ein wenig mehr Verständnis für die Volksseele gehabt hätten!

Schon in der Antike mussten die Herrscher Rücksicht auf die Volksmeinung nehmen. Der letzte heidnische Geschichtsschreiber Zosimos berichtet, der christliche römische Kaiser Valentinian I. habe im Jahr 364 ein Edikt herausgegeben, das alle nächtlichen Zeremonien verbot. Davon betroffen war auch eines der vorchristlichen Weihnachtsfeste, die uralten *eleusinischen Mysterien*. Dem römischen Prokonsul Praetextatus gelang es aber, dem Kaiser das Verbot der Mysterien wieder auszureden:

Nachdem aber Praetextatus, der griechische Prokonsul, ein mit großer Tugend begabter Mann, ihm [Valentinian] dargelegt hatte, dass ein Leben als Grieche unmöglich sein würde unter einem Gesetz, das sie abhalten würde vom Vollzug der heiligen Mysterien, die das große Band ihrer Gemeinschaft seien, gestattete er die Feier in der üblichen Form, sein eigenes Edikt ignorierend und darauf bedacht, dass alles in hergebrachter Weise geschehe.

Doch das bedeutete nur Aufschub. Seit der Bronzezeit, rund 2.000 Jahre lang, hatten die Eleusinischen Mysterien für die Griechen das „Band der Gemeinschaft“ gebildet. Im Jahr 391 wurde dieses Band endgültig durchtrennt, alle „heidnischen“ Kulte verboten. Und die Griechen leisteten keinen Widerstand mehr, als die Gotenkrieger Alarichs drei Jahre später das altehrwürdige Heiligtum in Schutt und Asche legten.

Die Tiroler konnten noch Widerstand leisten, die Altbayern dagegen duckten sich, wenn auch murrend, unter die Anweisungen aus München. Sie waren es schon aus den Zeiten von Max Josephs Vorgänger Karl Theodor gewohnt, dass die Aufklärer nicht nur Straftaten wie Kindsmisshandlungen anprangerten, sondern auch in Geschmacksdingen übereifrige Hetze an den Tag legten. So hatte sich etwa das *Münchner Intelligenzblatt* vom 22. Februar 1783 darüber aufgeregt …

… welch ein unverständiges und tolles Gezeug man erst in den verfloßnen Weynachtferien [= Feiertagen] 1782 in der Stadt Neunburg in der obern Pfalz, Bißthums Regenspurg mit Geigen, Horn, Dudelsack ec. in der Kirche unterm Gottesdienste abgesungen habe. Man sollte nicht glauben, daß das hohe Ordinariat oder ein Dechant, Pfarrer oder eine weltliche Kirchenpoliceyobrigkeit so ein elendes Gewäsche länger geduldet könne.

Eines dieser Lieder, über die sich die Münchner Intelligenzler damals so großmächtig aufregten, geht in schönstem Oberpfälzer Dialekt so:

Hui! sama lusti Schaafhirten allsammt,
nir melankolisch nur fröhli beynannt.
I waiß a gute gar seltsame Post [= Neuigkeit],
de enk koin Hella net kost.
Manna geht's, es leit ja nimma voweilln,
müessen ge geschwindi auf Betlhem eyln.
Ist in en Stall a klaiß Kindl gebohrn,
und grouß mächtiga Kini drauß worn.

Den feinsinnigen Aufklärern, die nur Liedgut hören wollten, wie es ihrer Meinung nach *zu den Zeiten der ersten christlichen Jahrhunderte in Uebung war*, galt solch herzerfrischend einfache Volksfrömmigkeit nur als *elende Landmusik, welche oft mehr zum Gelächter, am wenigsten zur Andacht etwas beyträgt* und sie verlangten von der *hohen Regierung, daß sie diese Musik, preiswürdigst abschafft, und dagegen die neuen bischöflichen approbirten Kirchenlieder, zu singen verordnet.*

Neue Lieder

Solche neuen Kirchenlieder entstanden zu dieser Zeit überall. Darunter ist auch das bis heute berühmteste aller Weihnachtslieder. Uraufgeführt wurde es 1818 in Oberndorf gegenüber von Laufen an der Salzach, das zusammen mit dem Salzburger Land rechts der Salzach erst zwei Jahre zuvor österreichisch geworden war. Die Legende erzählt, dass in der Oberndorfer Kirche St. Nikolaus angeblich Mäuse den Blasebalg der Orgel durchlöchert hatten, sodass das Instrument akkurat auf Weihnachten seinen Dienst versagte. Daraufhin komponierte der Organist und Dorfschullehrer Franz Xaver Gruber ein Lied zu einem bereits vorhandenen sechsstrophigen Gedicht des örtlichen Hilfspfarrers Joseph Mohr, das ganz einfach zur Gitarrenbegleitung gesungen werden konnte.

Das Lied fand bei den Oberndorfern begeisterte Aufnahme und sie sangen es nach Weihnachten dem Orgelbaumeister Mauracher vor, der gekommen war, die Orgel zu reparieren. Mauracher wiederum brachte das Lied mit heim nach Fügen im Zillertal. 14 Jahre später,

Rechte Seite und folgende Doppelseite: Handschriftliche Originalfassung von „Stille Nacht". Das berühmteste Weihnachtslied der Welt entstand im salzburgischen Oberndorf, das damals *österreichisch Laufen* hieß.

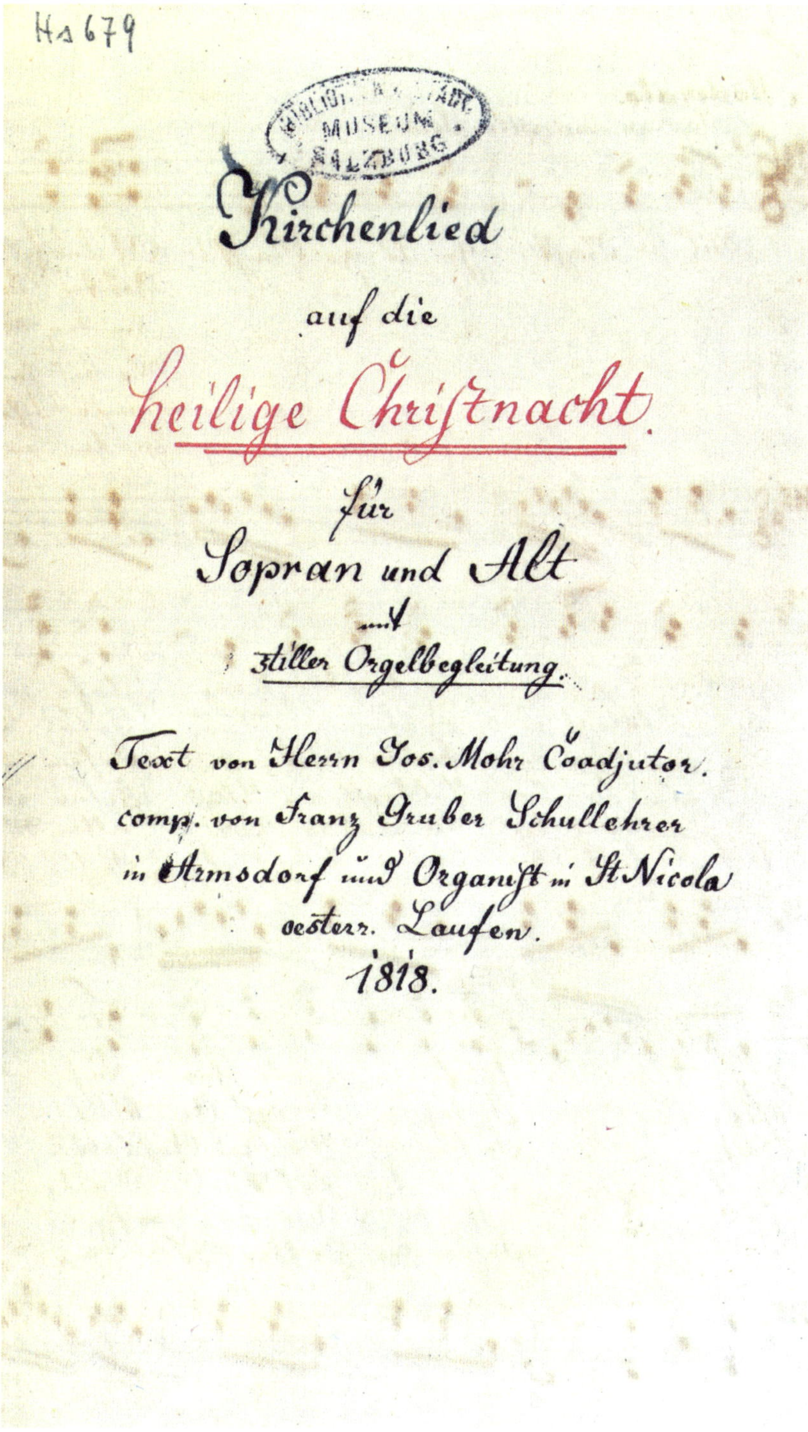

Kirchenlied
auf die
heilige Christnacht
für
Sopran und Alt
mit
stiller Orgelbegleitung.

Text von Herrn Jos. Mohr Coadjutor.
comp. von Franz Gruber Schullehrer
in Arnsdorf und Organist in St Nicola
oesterr. Laufen.
1818.

Moderato.
Sopran und Alto Solo
Tutti.

1832, waren die Stürme der Aufklärung vorüber. Echtes Volksliedgut erfreute sich bei den noch vor wenigen Jahrzehnten so aufgeklärten, reformfreudigen und jetzt romantisch rückwärtsgewandt-biedermeierlichen Städtern auf einmal wieder allergrößter Beliebtheit; und in Leipzig gab es ein großes Volksmusik-Konzert, bei dem Mauracher das Lied mit anderen Zillertaler Sängern vortrug. Ein Jahr später wurde es zusammen mit anderen *ächten Tyroler Liedern* gedruckt und trat seinen Siegeszug an um die Welt.

Mittlerweile wird *Stille Nacht, heilige Nacht*, in mehr als 300 Sprachen übersetzt, auf dem ganzen Globus gesungen und die Oberndorfer Stille-Nacht-Kapelle samt dem benachbarten Stille-Nacht-Museum ist eine internationale Touristenattraktion geworden.

Nicht überall aber ließen sich die Leute ihre alten Weihnachtsbräuche und Weihnachtslieder von den Aufklärern, den *gespreizten Herrn*, so leicht verbieten. Sie machten sich ihren Reim auf die Verbote. In einem Klöpfellied des 19. Jahrhunderts aus der Tittmoninger Gegend heißt es in der zweiten Strophe:

Dö alten Bräuch sollnt nimma gelten,
schreit mancher Spreizer der aufklärten Welt.
Dös san ja grad Prahler;
Möchtn ar alte Thaler!
Es gebnt grad nöd gern,
Solche Neumodiherrn.

Und deswegen sind die alten Lieder nie ganz in der Versenkung verschwunden. Noch zur Mitte des 19. Jahrhunderts sangen sie zum Beispiel in Bischofsmais im Bayerischen Wald das heute noch bekannte Lied:

Was duat denn da Ochs im Krippei drin?
Geh Engei duan auße treibn!
Hutschei heiei, hutschei heiei, hutschei heieio.

Letztlich haben sich die Aufklärer nicht so durchgesetzt, wie sie es gern gewollt hätten. Denn schon bald rührte sich die Gegenbewegung der Romantik, die auch bei der Obrigkeit immer mehr Anhänger fand: gebildete, manchmal sogar gelehrte Sammler, die plötzlich begannen, sich für *Volkskultur* zu interessieren. Einer ihrer allerersten war der beliebte österreichische Erzherzog Johann, der selbst bekundete: *Ich ehre alles, was auf Eigenheiten eines Volkes hindeutet.* So berichtet er über ein bäuerliches Dreikönigsspiel, das er 1816 erlebt hat:

Eine Art Comödie, halb gesprochen, halb gesungen. Der Eine trägt einen beleuchteten papierenen Stern, der sich drehet, voran, dann kommen die drei Könige in weißen Kitteln mit einer papierenen Krone auf dem Kopfe, endlich Herodes und die Engel, die alle schwer von einander zu trennen sind. Dann spielen die nämlichen Leute die Erschaffung der Welt, wo Gott Vater, der Engel, Adam, Eva, Satan, die Schlange vorkommen, letztere im Harlekinkleide und Satan als Bär mit Ketten. […] Die Deklamation ist rauh, die Leute gehen auf und ab, nach der Länge des Reimes und stoßen zuletzt mit dem Fuß.

Ruhe nach dem Sturm

Im Jahr 1825, als König Ludwig I. seinen Vater Max I. Joseph auf dem bayerischen Thron beerbte, war der aufklärerische Sturm gegen die Weihnachtsbräuche vorbei. Und auf einmal hatten weltliche und kirchliche Behörden nichts mehr gegen die Mitternachtsmetten, gegen die Weihnachtskrippen in den Kirchen oder Hirten- und Dreikönigsspiele einzuwenden. Am 13. Dezember 1825 verkündete das bischöfliche Ordinariat Regensburg:

Se. Majestät unser allergnädigster König haben unterm 6. d. M. [des Monats] erklärt, ihr allerhöchster Wille sey, daß der Gottesdienst, womit man sonst am heiligen Weihnachtsabende die Ankunft des Herrn feierte, nach altkirchlichem Brauche wieder um Mitternacht gehalten werde und am 24. dieses [ergänze: Monats] Nachts 12 Uhr zum ersten Male wieder statthabe.

Allerdings sollten die Metten *unter strenger policeylicher Aufsicht* stattfinden, damit es keine *Unordnungen und Excesse* gab.

Aus Rosenheim, Neumarkt-St.Veit, Straubing, Pfarrkirchen, Wolnzach, Nabburg und vielen weiteren bayerischen Orten ist überliefert, dass es bis weit ins 19. Jahrhundert hinein Hirten- und Weihnachtsspiele in mittelalterlicher oder barocker Tradition gegeben hat. Einige wurden sogar ganz neu geschrieben. In Halsbach etwa, das zwischen Altötting und Tittmoning liegt, ist ein Dreikönigsspiel belegt, das von dem Schriftsteller Ferdinand Joly stammt. Dieser Autor vieler Lieder und Theaterstücke wurde 1823 geboren und war als geniales, wenn auch ziemlich verbummeltes Original weit überregional bekannt. Sein Name wurde gar zur stehenden Redewendung: *Mein lieber Joly*.

Und das vorübergehende Verbot der Weihnachtsspiele hat etwas ganz Neues hervorgebracht: das Adventssingen. In aufgeklärt-konzertanter Form knüpften die Leute vor rund 200 Jahren damit an ihre alten weihnachtlich-musikalischen Traditionen an. Schon zu Anfang des 19. Jahrhunderts ist das konzertante Singen von Laien zur Advents- und Weihnachtszeit belegt. Von Grassau im Chiemgau stammt schließlich der älteste Beleg, dass die Leute dort außerhalb des Gottesdienstes, aber mit Erlaubnis des Pfarrers in der Kirche zusammenkamen, um gemeinsam Lieder zu singen und zu musizieren. Im Lauf des 19. Jahrhunderts sind zahlreiche weitere Weihnachts- und Wiegenlieder, auch mit ausgesprochenen Mundarttexten, dazugekommen, unter anderem das in den 1880er Jahren entstandene und heute in ganz Bayern und Österreich populäre *Es werd scho glei dumpa*, das allerdings, ganz in barocker Tradition, auf einen besinnlich-melancholischen Schluss nicht verzichten möchte:

Es werd scho glei dumpa, es werd scho glei Nacht,
Drum kim i zu dir her, mei Heiland auf d'Wacht.
Wui singa a Liadl, dem Liabling dem kloan,
Du mogst jo ned schlaffan, i hear die scho woan.
Hei, hei, hei, hei!
Schlaf siaß, herzliabs Kind!

Vergiss iatz, o Kinderl, dein Kummer, dei Load,
daß d'doda muaßt leidn im Stall auf da Hoad.
Es ziern ja die Engerl dei Liegerstatt aus.
Möcht schöna ned sein drin im König sein Haus.
Hei, hei, hei, hei!
Schlaf siaß, herzliabes Kind!

Adventssingen in Altötting. Neben dem Salzburger Adventssingen sind die Konzerte in der Altöttinger Basilika St. Anna das größte Adventssingen im bayerisch-österreichischen Raum.

Ja Kinderl, du bist halt im Kripperl so schen,
mi ziemt, i kann nimmer da weg von dir gehn.
I wünsch dir von Herzen die süaßte Ruah,
die Engerl vom Himmel, die deckn di zua.
Hei, hei, hei, hei!
Schlaf siaß, herzliabes Kind!

Mach zua deine Äugal in Ruah und in Fried
und gib ma zum Abschied dein Segn no grad mit!
Aft wern ja mei Schlaferl a sorgenlos sein,
aft kann i mi ruahli aufs Niederlegn gfrein.
Hei, hei, hei, hei!
Schlaf siaß, herzliabes Kind!

Komponiert hat es der 1839 geborene Geistliche Anton Reidinger aus dem Innviertel. Reidinger war unter anderem Sängerknabe in St. Florian und Schüler von Anton Bruckner. Als Innviertler Pfarrer bemühte er sich sehr um die Erneuerung der weihnachtlichen Musik und des Krippenspiels. Gestorben ist er während der Christmette in der Heiligen Nacht 1912.

Reidinger musste den endgültigen Untergang alpenländisch-barocker Traditionen in den Kriegs- und Terrorzeiten des 20. Jahrhunderts nicht mehr erleben. Doch Weihnachten hat sich selbst in Zeiten der Diktatur als ausgesprochen widerstandsfähig erwiesen. Obwohl sich die nationalsozialistischen Dichter und Propagandisten abmühten, das uralte heilige Geschehen ganz germanenselig auf Führer, Blut und Boden und in ein *Fest der Mütter* umzumünzen – den meisten war der neu geschaffene pseudoreligiöse Kitsch herzlich zuwider. Die alten Lieder wurden weitergesungen.

Trotz der Säkularisierung des modernen Konsumzeitalters – in der zweiten Hälfte des 20. Jahrhunderts sind die Adventssingen in den Städten vor allem Bayerns und Österreichs zu großmächtigen und prächtigen Veranstaltungen geworden. Das bekannteste ist mit Sicherheit das Salzburger Adventssingen. In Bayern gehört das Adventssingen in der Wallfahrtsbasilika von Altötting zu den bedeutendsten: 5.000 Menschen erleben da an sechs Tagen hintereinander die besten Musikanten aus dem Land zwischen Donau und Inn. Einfacher und bescheidener, aber nicht minder qualitätvoll sind die Adventssingen draußen auf den Dörfern. Man spürt in ihnen die altbayerische Freude an Musik und Spiel, die weit hinabführt in die Zeit.

Paradiesbaum

Im Mittelalter, als aus den Saturnaliengeschenken längst Weihnachts- oder Neujahrsgeschenke und aus dem Goldenen Zeitalter des Saturn längst das christliche Paradies geworden war, stellten die Leute in ihren Weihnachtsspielen am ehemaligen Tag des Saturn und jetzigen Adam-und-Eva-Tag, dem 24. Dezember, natürlich auch eben jenes Goldene Zeitalter, das Paradies, dar. Ein Umstand, dem wir unseren heutigen geschmückten Christbaum verdanken. Er stellt gewissermaßen eine Synthese dar aus *Baum des Lebens* und *Baum der Erkenntnis.*

Seinerzeit waren die echten Lebensbäume des Mittelmeers – die mit äußerst wenig Wasser gedeihenden Zypressengewächse – nördlich der Alpen noch unbekannt, weswegen man sich bei der *Frucht* des Baums der Erkenntnis einen Apfel vorstellte. Denn das lateinische Wort *malum* für *Apfel* bedeutet zufällig auch *böse.* Für die Paradiesspiele scheint man aus diesem Grund in den Vorhallen oder im Eingangsbereich der großen mittelalterlichen Kirchen immergrüne Tannen oder Fichten aufgestellt und mit *sündhaft verführerischen* roten Äpfeln versehen zu haben, von denen die Evadarstellerin ihrem Adam einen reichen sollte.

Die Farbensymbolik reicht weit zurück in die Geschichte. Die roten Äpfel am grünen Baum symbolisierten für die Gläubigen des Mittelalters Leben, Liebe und Wärme – also all das, was in der tiefsten Winternacht wieder neu beginnen sollte. Schon bei den Römern war Rot die Farbe der Liebe. Römische Bräute trugen traditionell einen roten Schleier, das sogenannte *flammeum,* ein Zeichen für Liebe und Fruchtbarkeit. Im roten Blut, das ihn durchpulst, lebt, nach alter Vorstellung, der Geist des Menschen. Wenn im Tod der Geist entweicht, dann entfärbt sich das Blut und wird zu Wasser. Wie bei Christus am Kreuz, aus dessen seitlicher Wunde rotes Blut und klares Wasser floss, woran man erkannte, dass er tot war.

Grün war schon immer eine göttliche Farbe, die Farbe der Wintersonnenwende, des Frühlings. Die Wiederauferstehung des Osiris als sein eigener Sohn Horus/Aion in der ägyptischen Weihe-Nacht wurde auf den Sarkophagen mit dem Sprießen grüner Gerstensprossen aus dem Körper des Osiris verglichen. Grün ist die Farbe des Leibes, Rot die Farbe des Geistes – *Leib und Blut* Christi zeigen also die Einheit von Körper und Geist an, die Vereinigung von Erde und Himmel. Das Keimen der Gerste, also die Herstellung von Malz als Ausgangsbasis des Biers, galt in Ägypten als heiliger Vorgang.

Wenn sich bei der Heiligen Hochzeit der Himmelvater über die Erdmutter wölbt und sie mit seinem Samen, dem Regen, befruchtet, entsteht neues Leben: Beim Bierbrauen vollzogen die alten Völker diese Heilige Hochzeit nach. Sie nahmen das Licht und den wässrigen Samen des Himmels sowie die Früchte der Erde und machten daraus eine göttliche Substanz, die, als fertiges Bier, selbstverständlich Ritualtrank war. Vor allem bei den Totenfeiern oder auch im Rahmen der winterlichen Sonnwendfeiern spielte es eine ähnlich große Rolle wie heute der Wein im christlichen Gottesdienst oder Bier und Wein beim Leichenschmaus nach einer Beerdigung. Übrigens hat man in der Antike nicht zwischen Wein aus Trauben und Wein aus Gerste, also Bier, unterschieden. Osiris war deshalb, ebenso wie seine griechische Entsprechung Dionysos, Wein- und Biergott zugleich. Im Rausch fühlten sich die gemeinschaftlich feiernden Menschen ihren Göttern nahe. Der Rauschtrank und das sättigende Brot galten gleichsam als paradiesische Lebensmittel und symbolisierten Wohlstand, Glück und Zufriedenheit. Im reichen Getreideland Ägypten war Bier neben seiner religiösen Bedeutung ein klassisches Volksnahrungsmittel und diente auch als Zahlungsmittel. Die pharaonischen Brauereien lieferten die göttliche Flüssigkeit an alle Einwohner des Reiches kostenlos – umgerechnet rund zehn Liter täglich.

In Ägypten lässt sich das Nebeneinander von trockener Wüste und grünen Nilufern besonders deutlich beobachten. In den Wüsten Arabiens war saftiges Grün dagegen äußerst selten. Es galt den Menschen als Symbol des Paradieses. Im Koran heißt es in Sure 18 über die Verstorbenen, *die glauben und gute Werke tun*, ihnen würden *die Gärten von Eden, durch welche Bäche fließen, zuteilwerden. Darin werden sie mit Armspangen aus Gold geschmückt und in grüne Gewänder aus feiner Seide und Brokat gekleidet sein.* Grün ist auch im Islam die Farbe Gottes und seiner Gläubigen.

Ähnlich wie im alten Ägypten Osiris, dessen Geist sich in Horus/Aion neu manifestiert, wurde der aus dem Geist geborene Christus im Mittelalter häufig als *grünender Gott der Welten* dargestellt. Grün galt als Farbe der Vermittlung zwischen dem Rot des Höllenfeuers und dem Blau des Himmels. Die Alchemisten sahen im *Grünen Licht* ein Symbol des Geistes und der Erleuchtung – zugleich auch ein Sinnbild für Tod und Leben. Mit Codenamen wie *Grüner Drache* oder *Grüner Löwe* bezeichneten sie die berüchtigte *prima materia* (= *erster Stoff, erste Materie*), deren Reinigung als erster Schritt bei der Herstellung des *Steins der Weisen* galt. Sie waren also Lösungsmittel, die imstande sein sollten, das rote Gold zu (er-)lösen. Rot wiederum war für die Alchemisten die Farbe jenes *Steins der Weisen*, der das Signum des Sonnenlichts trägt. Und wer im modernen Straßenverkehr vor der roten Ampel steht, dem bleibt nach wie vor nichts anderes übrig, als auf das erlösende Grün zu warten.

Die heilige Hildegard von Bingen (1098–1179) identifizierte in ihrem Hymnus *O nobilissima viriditas* Christus mit der grünen Kraft der kosmischen Schöpfung, die mit dem Rot des Feuers, der Farbe des Wandels, korrespondiert:

O edelste Grünkraft,
die wurzelt in der Sonne
und leuchtet in klarer Heiterkeit,
im Rund des kreisenden Rades,
das die Herrlichkeit des Irdischen nicht fasst:
Umarmt von der Herzkraft himmlischer Geheimnisse
rötest du wie das Morgenlicht
und flammst wie der Sonne Glut.
Du Grün,
bist umschlossen von Liebe.

Beide Farben, Rot und Grün, werden bei Hildegard überstrahlt vom gleißend hellen Licht der Vollendung – des Kosmos –, das alle Farben in sich zusammenschließt.

Das uralte Motiv des Grünens klingt auch in dem alten bayerisch-österreichischen Weihnachtslied *Grünet Felder, grünet Wiesen* nach:

Grünet Felder, grünet Wiesen
weil der Heiland ist geborn
Den Gott selber auserkiesen
sonsten wär'n wir all verlorn
Drum so lasset uns frohlocken

und ihm benedeien all
ja, ja, schaut nur es liegt dorten
in ein´m schlechten Ochsenstall.

Grüne Zweige, rote Äpfel und das Licht der Kerzen: In Altbayern hat sich aus diesen Komponenten des Paradiesbaums das sogenannte *Paradeisl* entwickelt, dessen einfachste Form aus pyramidenförmig zusammenlaufenden, bemalten Holzstäben besteht, in die Äpfel gesteckt sind. Die Grundform wurde dann mit Kerzen, später auch mit Holzspielzeug und Tannenzweigen geschmückt. Aus Franken sind

Wie Aion oder Christus im Rad: Der Mensch, im weißen kosmischen Licht, umschlossen vom Rot des Geistes. Links unten Hildegard von Bingen bei ihrer Vision; aus: Hildegard von Bingen, Buch der göttlichen Werke.

solche Christbaumvorläufer unter den Namen *Kloßbaum* (= *Nikolausbaum, Klausenbaum*) oder *Permettla* bekannt. In Teilen Niederbayerns und im Salzburger Land stellte man ähnliche Gestelle, *Klausenbaum* oder *Niklogartl* genannt, schon zu Nikolaus auf. In der Oberpfalz und in Oberfranken wiederum standen schon seit dem 4. Dezember geschmückte Barbarabäume im Wasser und begannen auf Weihnachten zu blühen.

Siegeszug des Christbaums

Die Tannenzweige, die sich die Zuschauer von Paradiesspielen am 24. Dezember vom Baum als Andenken an das segensreiche Erlebnis abschnitten, wurden im 15. Jahrhundert in ganz Süddeutschland so beliebt, dass die Paradiesbäume in den Kirchen nicht mehr reichten. 1525 musste der Salzburger Rat ein Verbot erlassen *betreffend des Abhacken des Weihnachtsgrün*. Bereits 1494 verurteilte der Straßburger Humanist Sebastian Brant in seinem berühmten „Narrenschiff" die Gewohnheit, Tannenzweige in den Wohnungen aufzuhängen, als *heidnisches Brauchtum*. Wie so oft überliefern sich die ältesten und zahlreichsten Nachrichten über bestimmte Bräuche in der gerümpften Nase, im Tadel, in Ge- und Verboten.

Doch weder Ratserlasse noch erhobene Zeigefinger beeindruckten die Leute. Tannenzweige und Christbaum waren bereits so beliebt, dass die Leute dafür ohne Skrupel gegen das siebte Gebot verstießen: In den Rechnungsbüchern von Schlettstadt im Elsass heißt es unter dem 21. Dezember 1521, der Stadtrat habe zwei Schillinge an die Förster gezahlt, die die Christbäume im Gemeindewald bewacht hatten; und am 17. Dezember 1555 mussten die Schlettstädter auf das Abholzen von Christbäumen sogar eine Geldstrafe aussetzen. Das Christbaumstehlen scheint also genauso alt zu sein wie der Christbaum selbst und noch die größten Waldbesitzer sollen sich ihre Bäume bis heute gern aus der Schonung des Nachbarn holen. Der Bedarf an Tannengrün war vor allem in protestantischen Städten, wie im bereits 1523 reformierten Straßburg, bald so groß, dass er kaum mehr gedeckt werden konnte. Aus dem Jahr 1535 ist überliefert, dass in Straßburg zusätzlich auch anderes Grün – Eiben, Stechpalmen und Buchsbäumchen – verkauft wurden.

Die Legende, Martin Luther habe den Christbaum erfunden, hat übrigens einen wahren Kern: Nachdem Luther und seine Reformatorenkollegen die Weihnachts- und damit auch Paradiesspiele abgeschafft hatten, konnten die Leute die Paradiesbäume in den Kirchen nicht mehr plündern. Deswegen holten sie sich die grünen Zweige ausschließlich aus dem Wald und stellten sich bald auch eigene Paradiesbäume in ihren Stuben auf. So wanderte der Christbaum aus den Kirchen in die Wohnungen und wurde zu einem Symbol evangelischer Kultur. Am Weihnachtsabend versammelte sich die Familie um den Baum, las das Weihnachtsevangelium und sang die althergebrachten deutschen Weihnachtslieder.

Kerzen besaßen die frühen Christbäume nicht immer. Den ersten mit Lichtern und Sternen geschmückten Tannenbaum kennen wir von einem Kupferstich Lucas Cranachs des Älteren aus dem Jahr 1509. Dafür waren sie praktisch immer mit den überlieferten roten Äpfeln geziert sowie mit weißen Oblaten; manchmal auch mit Rauschgold und Papierrosen, die an *die Ros* erinnern sollten, die der Wurzel Jesse *entsprungen* war. Der Schmuck wurde dann auf Dreikönig wieder abgeräumt – *abgeerntet*, wie es in den Chroniken heißt, weil sich an den Äpfeln und anderen angehängten Süßigkeiten die Kinder gütlich tun durften. Und wieder wissen wir darüber am meisten aus Verboten und spießigen Rügen: 1654 schrieb der Pfarrer des Straßburger Münsters Daniel Dannhauer, das Weihnachtsfest sei *von lauter Dummheiten umgeben*, zu denen vor allem der Tannenbaum gehöre, den man zu Hause aufstellt, mit Puppen und Süßigkeiten schmückt, bevor man ihn *wieder abschüttelt*.

Während des Barocks verbreitete sich dann der Christbaum im ganzen protestantischen Kulturraum Deutschlands. Der in Nürnberg gedruckte „Simplizianische Wundergeschichtskalender auf das Jahr 1795“ berichtet schließlich zum Ende dieser Epoche von einem Christbaum, der praktisch schon so ausgeschaut hat wie der unsere heute:

An allen Ästchen und Zweigen hingen nun allerhand kostbare Konditor- und Zuckerwaren: Engel, Puppen, Tiere und dergleichen, alles von Zucker, vergoldetes Obst von allen Sorten in großer Menge. Endlich war der Baum mit all seinen Zweigen und Früchten mit einem goldenen Netz, das an vielen tausend vergoldeten und an Schnüren gereihten Haselnüssen gar künstlich zubereitet war, überzogen und mit Girlanden und Bandelotten wie an einem Kronleuchter geziert. Zwischen allen diesen unbeschreiblichen Kostbarkeiten leuchteten eine unzählige Menge Wachslichtlein hervor, wie Sterne am

Himmel […], welches ein prächtiger Anblick war. Man sagt aber auch, daß dieser Christkindleinsbaum, der seinesgleichen in der ganzen Stadt und den Vorstädten, ja im ganzen Lande nicht weiter hatte, eigentlich nicht für kleine, sondern für große, erwachsene Kinder gemacht worden sei.

Das Schmücken eines Baums zur Weihnachtszeit beziehungsweise zu Wintersonnenwende oder Jahreswechsel ist kein Brauch, den der christliche Westen exklusiv für sich gepachtet hat. Andere Kulturen kennen ähnliche Traditionen. Während in Russland oder der Türkei *Abkömmlinge* des Christbaums als *Neujahrsbaum* aufgestellt werden, ist der Neujahrsbaum etwa in Vietnam oder Südchina völlig unabhängig von der europäischen Tradition entstanden. Dennoch hat er zu einer ähnlichen Form gefunden. Hier stellt man zum Neujahrsfest *Tết* einen lebenden Baum in oder vors Haus. Dabei handelt es sich häufig um ein mit Glückwünschen und Geldgeschenken geschmücktes Aprikosen- oder Kumquatbäumchen, das gleichzeitig Blätter, Blüten und Früchte tragen soll, die für Vergangenheit, Gegenwart und Zukunft stehen.

Zu den Anfangszeiten des bürgerlichen Christbaums – in der Barockzeit und im Biedermeier – durften es, ähnlich wie heute noch in den Kirchen, auch mehrere Christbäume sein.

Wie immer, wenn sich die kleinen und großen Kinder an etwas freuen, sind auch gleich die großen und kleinen Spielverderber zur Stelle. Der Christbaum galt schließlich die ganze Frühe Neuzeit hindurch als so *typisch lutherisch*, dass gehässige Katholiken das Luthertum als *Weihnachtsbaum-Religion* verspotteten. Mit der Aufklärung aber kam die verordnete *Toleranz*. Die ersten bayerischen Verfassungen von 1808 und 1818 etwa stellten Lutheraner und Katholiken gleich – und bisher strikt katholisch gebliebene Gebiete wie Altbayern und Schwaben erlitten einen Kulturschock. Das folgende Zitat stammt von aufgeklärten bayerischen Beamten, die Anfang des 19. Jahrhunderts in Gebieten wie Tirol, Franken oder Schwaben, die alle neu an Bayern gefallen waren, aufräumen wollten. Der *bayerisch-schwäbischen allerhöchsten Verordnung* aus dem Jahr 1804 war der Christbaum ein Dorn im Auge:

Auf die erhaltene Anzeige von der in einem großen Theile der hiesigen Provinz herrschenden Gewohnheit, den Kindern auf das Weihnachtsfest Christbäume aufzustellen, hat man sich veranlasst gesehen, diesen der Forstkultur so nachtheiligen und ganz zwecklosen Missbrauch abzustellen. So wird daher sämtlichen Polizeibehörden aufgetragen, dieses Verbot durch die geeigneten Wege allgemein bekannt zu machen, mit der nöthigen Aufmerksamkeit über dessen Vollziehung zu wachen, sich erforderlichen Falls, vorzüglich in Häusern, wo Kinder sind, durch Augenschein zu überzeugen und die Übertreter mit einer angemessenen Geld- oder Leibesstrafe zu belegen.

Glücklicherweise gingen die Zeiten der Kriminalisierung des Christbaums so schnell, wie sie gekommen waren. Bald sprach sich auch im alten, durchgehend katholischen Bayern, wo das Baumaufstellen zwischenzeitlich völlig unbekannt geworden war, herum, dass die wittelsbachische Königsfamilie zu Weihnachten einen geschmückten Baum in die Münchner Residenz bringen ließ. Denn Karoline von Baden, die Ehefrau von König Max I. Joseph, blieb bis zu ihrem Tod überzeugte Protestantin – und offenbar Christbaum-Anhängerin. Daneben taten die zahlreichen protestantischen Beamten, die mit der Erhebung Bayerns zum Königreich 1806 aus *Neubayern*, also der Pfalz, Schwaben und Franken, nach Altbayern versetzt worden waren, ein Übriges, den Christbaum zunächst bei den Münchner Bürgern, dann überall im Land bekannt zu machen. Bis zum Ende des 19. Jahrhunderts eroberte sich der Baum, an seinen Vorformen wie dem Paradeisl oder dem Barbarabaum vorbei, auch in Altbayern den ersten Platz in den weihnachtlichen Stuben der Stadtbürger.

Die kleinen Leute aber, vor allem die Leute auf dem Land, konnten mit dem *protestantischen Zeug* immer noch nichts anfangen. Erst nach dem Ersten Weltkrieg, in dessen Schützengräben der Christbaum immer wieder zum Zeugen weihnachtlicher Verbrüderungsszenen zwischen Angehörigen der feindlichen Armeen geworden war, versöhnten sich auch die Altbayern mit dem Brauch. Aus dem Krieg heimkehrende altbayerische genauso wie englische, italienische, französische oder amerikanische Bauernbuben machten nach 1918 ihre Fa-

Weihnachten im Schützengraben des Ersten Weltkriegs: Auf solchen Postkarten wurde der Christbaum zunächst in die weihnachtlichen Stuben Deutschlands und danach in die ganze Welt getragen.

Die erst wenige Jahrzehnte alten Postkarten trugen in der Zeit des Ersten Weltkriegs das mitteleuropäische Weihnachten hinaus in die Welt; rechts oben personifiziert durch das Christkind, rechts unten durch den Weihnachtsmann. Interessant ist das Weihnachtslied (auf die Melodie von *Oh Tannenbaum*) links: Dem Tannenzweig der Kindheit und dem Lorbeer des Kriegers wird der Palmzweig des Friedens zugesellt. Der Palmzweig konnte aber auch als Zeichen des Märtyrers verstanden werden.

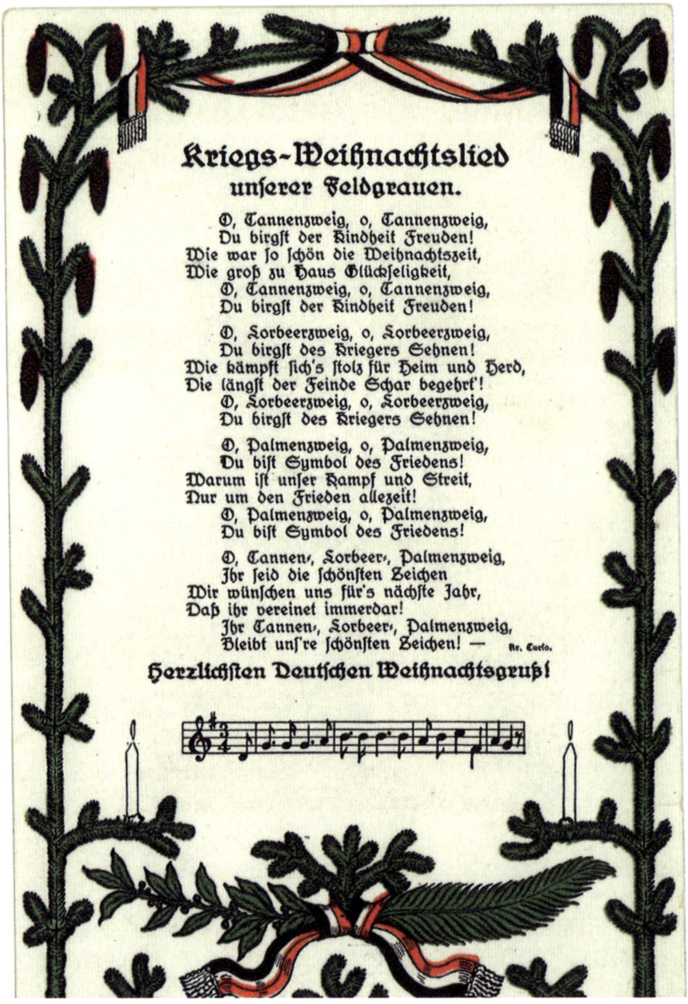

W.P.
Weihnachts-Sammlung
des bayrischen roten Kreuzes
für die Feldgrauen

milien endgültig bekannt mit dem geschmückten Baum, der jetzt rund um den Erdball zum weihnachtlichen Symbol schlechthin wurde.

Christbaumschmuck

Der Christbaum wurde also, ähnlich wie der Adventskranz, erst spät zum ökumenischen Gemeingut. Schneller als anderswo übernahmen katholische Familien den Brauch etwa in der altbayerischen Festungsstadt Ingolstadt, wo bereits vor dem Ersten Weltkrieg protestantische neben katholischen Soldaten Dienst taten. Bis heute ist in vielen Familien der meiste Schmuck für den Baum selbstgebastelt, wie ihn schon die Ingolstädter Schriftstellerin Marieluise Fleißer (1901–1974) zu Anfang des 20. Jahrhunderts mit ihrer Mutter hergestellt hat. Schöne, rotbackige Äpfel gehörten damals noch selbstverständlich dazu, wie beim Paradiesbaum vergangener Zeiten:

Drunten hatte die Mutter schon den Korb Äpfel hergerichtet und das Netz Nüsse. Ich rieb die Äpfel mit einem weichen Tuch ab, bis sie gleichmäßig rote Backen herzeigten, ich fing ihren Stiel in einer Fadenschlinge und machte sie zum Aufknüpfen fertig. Wenn kein Stiel dran war, steckte ich ein Zündholz dafür hinein, diese Äpfel mussten bald weggegessen werden vom Baum, weil sie faulten. Dann wurden die Christbaumdrähte am Stielansatz in die Nüsse geschoben, das war ihre verwundbare Stelle. Manchmal war die Nuss ein wenig hohl, ich schob immer mehr Draht nach, bis er sich sperrte. An diesem Draht wurde die Nuss in einem Teller voll Bier herumgewirbelt. Vorsichtig wie einen Schmetterlingsflügel legte ich ein Blättchen Rauschgold in die hohle Hand, drehte die angefeuchtete Nuss in das Blatt ein und tupfte die schaumigen Fetzen mit Watte fest. Die fertigen Nüsse hängte ich die vier Wände einer Pappschachtel entlang.

Nüsse als Symbole der Fruchtbarkeit mögen neben den roten Äpfeln schon früh beim Christbaumschmuck eine Rolle gespielt haben. Auch Attraktionen für Kinder waren bald dabei – Süßigkeiten und Spielzeug wie das das Zinn vom Ammersee oder das weitum bekannte Berchtesgadener Holzspielzeug, das im Winter auf Bergbauernhöfen entstand und von Hausierern in alle Welt verkauft wurde: von *Krattlern, Kretzern* oder *Hökern*, die ihren Laden, ihre *Kraxe, Kratte, Kretze, Höke* oder *Hucke* auf dem Rücken, also *Huckepack*, trugen. Die mobilen Händler *verkrattlerten, verhuckelten* oder *verhökerten* schon früh Erzeug-

Berchtesgadener War: Holzspielzeug wie dieses lag früher häufig unter dem Christbaum. Geschnitzte Trompeten, Vögel und Spansterne schmücken die Berchtesgadener Christbäume bis heute.

nisse katholischer Bergbauern für die Christbäume evangelischer Bürger – Glaubensgrenzen haben noch nie den Handel behindert.

Protestantisches Geld nahm man gern – protestantische Bürger aber konnte man nicht dulden: lutherische Bauern, die nach der Reformation das Gebiet des ehemaligen Reichsstifts Berchtesgaden verlassen mussten, siedelten sich im Erzgebirge an, wohin sie ihre Schnitzkunst mitbrachten und im lutherischen Sachsen begeisterte Abnehmer fanden. Heute gehören erzgebirgische Schnitzereien oder zumindest Kunsthandwerk Erzgebirger Art zu den wichtigsten Bestandteilen des Weihnachtsschmucks weltweit.

Neben verschiedenem Spielzeug hatten die damaligen Hausierer auch Sterne aus Stroh oder Hobelspänen, Wachsmodel und aromatische Springerle aus der Weihnachtsbäckerei im Angebot. Während essbarer Schmuck heute noch am Baum hängt, findet man kaum mehr Spielzeug in den Zweigen. Schwerere Spielsachen lagen aber auch in alten Zeiten schon meist darunter. Dazu gehörte unter anderem der *Nürnberger Tand,* der bekanntlich *in alle Land* gegangen ist: Nürnberg war besonders für seine Spielwarenindustrie bekannt. Ein Nürnberger *Dockenmacher* (= *Puppendrechsler, Spielzeugschnitzer*) soll es auch gewesen sein, der vor über 300 Jahren nach dem Vorbild seiner Puppen einen Engel entwickelte – als Andenken an sein verstorbenes Töchterlein, wie die Legende erzählt. Tatsache ist, dass die traditionellen *Gelbgoldschlägerwerkstätten* aus dem nahen Fürth ein dünnes Messingblech herstellten und sicher auch an Puppenmacher lieferten, das bei jeder Bewegung das typische Geräusch, ein *Rauschen,* machte. Aus diesem *Rauschgold* entstand dann der *Rauschgoldengel,* der seit dem 18. Jahrhundert die Spitze vieler traditioneller Christbäume schmückt.

Weihnachten war auch Hochsaison für die fränkischen *Drahtzieher.* Die berühmten Metall- und Drahtzieherwerkstätten rund um Nürnberg hatten 1608 von Kaiser Rudolf das Privileg erhalten, *leonische* Waren, also Metallwaren wie sie aus der Stadt Lyon (daher der Name) oder aus Oberitalien bekannt waren, herzustellen. Gezogen wurden unter anderem versilberte Kupfer- oder vergoldete Silberdrähte. Die wiederum fanden mit Vorliebe den Weg ins nahe katholische Altbayern, wo geschickte Nonnenhände mit ihnen Paramente, das heißt Textilien für kultische Zwecke, bestickten, Reliquien umsponnen oder Heiligenbilder einfassten. Von solchen sogenannten *Klosterarbeiten* war es nicht weit zum *leonischen* Christbaumschmuck. Denn bald begann man, vor allem aus gewalztem Silber- und Golddraht, dem *Plätt*, Sterne und andere Christbaumanhänger zu wickeln. Später hat man silberne Plättstreifen auch einfach so an den Baum gehängt, als Ersatz für den Winterschmuck der Natur, Eis und Schnee. Irgendein findiger fränkischer Fabrikant scheint dann auf die Idee gekommen zu sein, das Wort *Plätt* ins Italienische zu übersetzen und für seine Produkte als Marke zu verwenden. Seitdem gilt der seit dem Mittelalter in Italien gebräuchliche Begriff *Lametta* (= *gewalztes, gehämmertes Blech, Rasierklinge*) als Synonym für Weihnachtsflitter. In der Nachkriegszeit hat außerdem der seit Anfang des 20. Jahrhunderts berühmte *Perlenschmuck* aus dem böhmischen Gablonz an der Neiße in Neugablonz bei Kaufbeuren eine neue Heimat gefunden. Er besteht aus verspiegelten, hohlen Glasperlen, die zu filigranen Formen und Figuren zusammengesetzt werden.

Der bunte Baum war also schon bald Gegenstand einer innovativen Ausstattungsindustrie, wie er überhaupt die Fantasie vieler Menschen

Rauschgoldengel bestehen aus extrem dünn gewalzten Messingfolien, die bei Bewegung *rauschen*. Das Nürnberger Land war ein wichtiges Zentrum der Messingschläger und Drahtzieher.

anregte und sich früh auch von seiner christlichen Herkunft zu emanzipieren begann. Während man im katholischen Altbayern oft noch nichts wissen wollte vom Christbaum, begannen beispielsweise radikal aufgeklärte Bürgerkreise im protestantischen Berlin, ihn *freimaurerisch* zu dekorieren. Zur Arbeit der Freimaurer gehört bekanntlich auch die Rezeption ägyptischer Mysterien um Isis und Osiris. Die Berliner Autorin Lili Parthey (1800–1829), eine Enkelin des aufgeklärten Schriftstellers Friedrich Nicolai, beschreibt ihr Kinderweihnachten so:

Lisette putzte den ägyptischen Tannen- und Weihnachtsbaum mit Mandeln, Rosinen, Datteln und Feigen – Schlangen, Pyramiden, Obelisken, Thieren der Wüste, ägyptischen Gefäßen usw. [...] Ich war sehr animiert, als die Thore aufgingen und das helle Licht hereindrang.

Das helle Licht und der grüne Baum – selbst die radikalsten Aufklärer und größten Skeptizisten können sich diesem Zauber anscheinend nicht entziehen.

Grau, teurer Freund, ist alle Theorie
Und grün des Lebens goldner Baum!

Der goldene Kerzenglanz und das Grün des Christbaums hatten es auch dem Verfasser dieses berühmten Satzes angetan. Johann Wolfgang von Goethe, der diese Weisheit in seinem „Faust" dem Teufel Mephistopheles in den Mund legt, war ein begeisterter Anhänger des Christbaums. 1822 dichtet er anlässlich der privaten Weihnachtsfeier am Hof seines Freimaurerfreunds und Arbeitgebers Carl-August von Sachsen-Weimar:

Bäume leuchtend, Bäume blendend,
überall das Süße spendend,
in dem Glanze sich bewegend,
Alt und junges Herz erregend.

Solch ein Fest ist uns bescheret,
Mancher Gaben Schmuck verehret;
staunend schauen wir auf und nieder,
Hin und her und immer wieder.

Aber Fürst, wenn dir's begegnet
Und ein Abend dich so segnet,
daß als Lichter, daß als Flammen
Vor dir glänzen all zusammen.

Alles, was du ausgerichtet,
Alle, die du dir verpflichtet:
Mit erhöhten Geistesblicken
Fühltest herrliches Entzücken.

Angesichts des glänzenden Lichterbaums hat es schon so manchem die Sprache verschlagen – und selbst dem Mund eines großen Dichters können sich da ziemlich holprig stammelnde Reime entwinden.

Neujahr

staunen
aufbrechen
Morgen
morgen
Zukunft
jung
aufwachen
Frische

✵

Wo schon bloße Zeichen wie der strahlende Christbaum Begeisterungswunder tun können, welch staunende Begeisterung muss da einmal die schier unbegreifbare Erzählung davon ausgelöst haben, dass eine Jungfrau geboren hat, dass Gott Fleisch, ein *eingefleischter* Mensch geworden ist? In den ersten Jahrhunderten unserer Zeitrechnung war noch überhaupt nicht ausgemacht, ob dieses Wunder tatsächlich alle so glauben wollten. Klar: Christus hatte gelebt, dafür gab es ja ganz unverdächtige Zeugen. Aber – Gott ein Mensch, geboren aus einer Jungfrau, die selbst nach der Geburt Jungfrau geblieben ist? Das glaubt niemand einfach so, auch in der Antike nicht.

Im apokryphen Jakobusevangelium holt Joseph, als Maria kurz vor der Niederkunft steht, eine hebräische Hebamme. Die hat aber nichts zu tun, staunt nur und ist begeistert:

Heute ist ein großer Tag für meine Seele, denn meine Augen haben Wunderbares gesehen. Wahrlich, Gott sei gepriesen, denn Israel ist das Heil erstanden.

Eine Wolke, die zuvor die Höhle, in der Joseph und Maria Schutz suchten, verdüstert hatte, verschwindet, die Hebamme sieht ein großes Licht und danach ist auch schon das Kind da. Ihre Kunst ist gar nicht gebraucht worden – eine mühelose, völlig unblutige Geburt:

Was für ein großer Tag ist heute für mich, daß ich dieses Schauspiel habe sehen dürfen.

Die Botschaft ist klar: *Bei Gott ist kein Ding unmöglich.* Die handfeste Hebamme steht fassungslos vor Staunen und weiß, sie braucht sich keine weiteren Gedanken drüber zu machen, wie genau so etwas sein kann. Es war und ist ja auch bei ganz normalen Kindern, von denen jeder zu wissen glaubt, wie sie zustande kommen, ein Geheimnis, *wie sie sind* und überhaupt *dass sie sind.* Freilich kann der Mensch eine ganze Menge verstehen – Biologie und Medizin liefern dazu hervorragende Antworten – und doch ist bei jedem einzelnen Kind ein Wunder dabei. Die ganz einfache Tatsache bringt uns zum Staunen, dass da nicht *etwas gemacht wurde*, sondern *jemand geworden ist*, kein passiver

Körper, sondern ein aktives Lebewesen, dessen Werden, Sein und Vergehen kein Mensch im Griff haben kann. Eine *Person* (lateinisch: *per-sonare = hindurch-tönen*), bei der etwas jeweils ganz eigenes hindurchklingt aus den himmlischen Sphären, über die schon Pythagoras und seine griechischen Philosophenkollegen spekuliert haben: Es ist etwas, das jedes *Individuum* (lateinisch: *individuus = unteilbar*) ganz und unverlierbar allein für sich hat und das den Wert und die Würde jedes Einzelnen ausmacht – bis hinein in unsere modernen Verfassungen.

Unsere Lehre von der unteilbaren und unverletzlichen Würde des Menschen fußt auf dieser uralten Idee der Inkarnation, die manchmal theologisch so kompliziert begründet wird und doch einfach ist – einfach zum Staunen. Das ist auch dem im Übrigen ungeheuer gebildeten Kirchenvater Hieronymus (347 – 420) nicht anders gegangen. Er hat in Betlehem in einer Grotte direkt neben der Stallhöhle gehaust, in der Christus geboren worden sein soll, und seine Gedanken über diesen Ort des Eintritts in die Welt bei einer Predigt im Jahr 385 so formuliert:

Unter dem Vorwand, Christus zu ehren, haben wir heute die aus Lehm gefertigte Krippe entfernt und durch eine silberne ersetzt. Aber für mich war jene, die man fortgeschafft hat, viel kostbarer. […] Ich will diejenigen, die, um ihn zu ehren, so getan haben, nicht verurteilen, wie ich auch diejenigen nicht verurteile, die goldene Gefäße für den Tempel angefertigt haben. Aber ich sehe mit Staunen, dass der Herr und Schöpfer der Welt nicht in Gold und Silber, sondern in Staub geboren wurde.

Wahrscheinlich braucht der Mensch beides: Er braucht die Pracht von Weihrauch, Myrrhe und Gold, um vor diesem Hintergrund das einfache, duftende, schwitzende, manchmal blutige Leben und die Schönheit schlichter Begeisterung umso deutlicher erkennen zu können. Der Mensch braucht den Kontrast.

Es ist wie mit dem Himmel, der die Erde umarmt, wie mit der Nacht, die im Winter den Tag überwältigt und doch nicht unheimlich wird, weil sie erglänzt im Lichterschein. Es ist wie mit dem staunenswerten Geheimnis der Tage um Weihnachten.

Wir fassen keinen anderen Gott als den,
der in jenem Menschen ist, der vom Himmel kam.

Martin Luther (1483 – 1546)

Das Wunder, das den Lauf der Welt und den Gang menschlicher Dinge immer wieder unterbricht und vor dem Verderben rettet, ... ist schließlich die Tatsache der Natalität, das Geborensein ... Das „Wunder“ besteht darin, dass überhaupt Menschen geboren werden, und mit ihnen der Neuanfang, den sie handelnd verwirklichen können kraft ihres Geborenseins.

Hannah Arendt (1906 – 1975)

Nachweihnacht

Stephanus und die Rennpferde

Es war der römische Reformkaiser Aurelian (214–275 n. Chr.), der sich besonders für die Verbreitung des Sol-Invictus-Kults zur Wintersonnenwende einsetzte. Barbareneinfälle hatten im 3. Jahrhundert dem Römischen Reich schwer zu schaffen gemacht. Das Riesenimperium drohte auseinanderzufallen. Die alten Götter verloren gegenüber der Vielfalt an Kulturen mit je eigenen religiösen Traditionen im Reich zunehmend an Bedeutung.

Besonders die Nordgrenze des Reichs im heutigen Süddeutschland war bedroht. Markomannen und Vandalen fielen immer wieder ins Land vor den Alpen ein. Am erfolgreichsten waren die alamannischen Juthungen, die seit dem Beginn des 3. Jahrhunderts den Limes mehrfach überrannten. Letztlich war der Limes im Altmühltal nicht mehr zu halten und musste zurückverlegt werden an die Donau. Das sogenannte Dekumatland östlich des Rheins und nördlich der Donau im heutigen Baden-Württemberg musste ganz aufgegeben werden. Dort siedelten mit den Alamannen erstmals in großem Maßstab Germanen auf römischem Reichsboden. Im Jahr 271 überschritten die Alamannen sogar die Alpen und brachten Kaiser Aurelian bei Placentia (Piacenza) in der heutigen Lombardei eine schwere Niederlage bei. Die Angst vor den Germanen löste in den Jahren 271/272 eine schwere politische Krise in Rom aus. Es kam ständig zu Putschversuchen gegen den Kaiser. Aurelian begann in der Hauptstadt den Bau der Aurelianischen Mauer, die heute noch nahezu vollständig erhalten ist und noch bis ins 19. Jahrhundert zur Verteidigung Roms genutzt wurde. Im Jahr 272 endlich gelang Aurelian an der Donau ein vernichtender Sieg über die Goten, danach errang er militärische Erfolge im Osten des Reiches und in Gallien, das sich zuvor selbständig gemacht hatte. Die Einheit des Reiches war wiederhergestellt. Aurelian schrieb diesen Erfolg dem Beistand des Sol Invictus zu.

274 gab der Kaiser deswegen den Bau eines großen Tempels für den Sol Invictus, den unbesiegbaren Sonnengott, in Auftrag, als dessen Günstling und obersten Stellvertreter er sich verehren ließ. Aurelian ließ Münzen herausgeben mit der Umschrift *Sol, Dominus imperii Romani* (= *Sol, Herr des Römischen Reiches*). Gleichzeitig mit der Eröffnung

des Tempels wurde das Fest erstmals am 25. Dezember 274 begangen. Auf Anordnung des Kaisers wurden dazu spektakuläre Wagenrennen veranstaltet, wie es sie so aufwendig bis dahin nicht gegeben hatte. Seine Nachfolger führten die Tradition fort. Seitdem gehörten die Tage im Anschluss an den offiziellen Kaisergeburtstag am 25. Dezember den Rennpferden. In ganz Rom fieberte man alle Jahre wieder auf den ersten Tag der Spiele hin, den 26. Dezember.

Es ist wahrscheinlich, dass der heilige Stephanus, Schutzherr der Kutscher und Pferde sowie für das Gedeihen in Wald und Flur, sein Patronat aus der antiken Tradition geerbt hat. Stephanus, dessen Tag seit der Einführung des Weihnachtsfests im Jahr 354 am 26. Dezember gefeiert wird, wurde schon in den frühen Jahren des Christentums viel verehrt. Zusammen mit Laurentius gehört er zu den ersten sogenannten *Diakonen*, die die Apostel als Helfer (griechisch: *diakonos = Gehilfe, Helfer*) ernannten, nachdem das früheste Häuflein der Christen immer weiter anwuchs und seelsorgerisch betreut sein wollte. Die Gebeine des bei der allerersten Christenverfolgung in Jerusalem gesteinigten *Erzmärtyrers (= erster Märtyrer)* Stephanus kamen Mitte des 4. Jahrhunderts nach Rom und wurden dort neben denen des heiligen Laurentius in San Lorenzo fuori le mura begraben. Der Kult der beiden Heiligen breitete sich rasch in alle Provinzen des Römischen Reiches aus. Kirchen mit Laurentius-/Lorenz- und Stephanuspatrozinien gehören deswegen zu den ältesten im Alpenraum.

Die ehrwürdigste bayerische Stephanskirche ist der Dom zu Passau, die Hauptkirche eines Bistums, das nachweislich auf spätantike Wurzeln zurückgeht. Der Dom ist die Mutterkirche des Donau-Ostens. Die Diözese, deren Zentrum er ist, war jahrhundertelang die größte des Heiligen Römischen Reichs und bedeutend in der Ostmission. Als sich das bayerische Herzogtum im Früh- und Hochmittelalter immer weiter nach Osten ausbreitete, weitete sich damit auch das Passauer Diözesangebiet aus. Der Wiener Stephansdom, der viel besungene Steffl, ist genauso ein Passauer Ableger wie das ungarische Königreich, dessen erste Königin eine bayerische Prinzessin war und dessen erster König nach seiner Taufe nicht umsonst Stephan hieß – und sich die berühmte Stephanskrone aufs Haupt setzte.

Aufgrund seines Pferdepatronats war der Stephanitag das ganze Mittelalter hindurch und bis hinein in die Gegenwart ein besonders wichtiges Datum im Bauernkalender: Er galt als *Großer Pferdetag.*

Nach der Messe wurden das *Stephanswasser* und das *Stephanssalz* geweiht, das sogenannte *Geleck*, um es den Rössern verabreichen und die Tiere damit vor den bösen Umtrieben von Hexen und Druden schützen zu können. Auch zur Ader gelassen hat man die Tiere an diesem Tag, wozu sie zum Schmied gebracht wurden. Außerdem hat man spezielle Kirchen und Kapellen errichtet, in die man die Rösser zur Segnung führte. Ein Eichstätter Generalvikar beschreibt 1601 einen solchen Brauch in Beilngries:

Die Bauern bringen am Feste des heiligen Stephan zur St. Stephanskapelle, links von der Bühlkirche gelegen, ihre Pferde, und weil diese zu enge ist, um ihre Pferde [um den Altar] herumzuführen, kommen sie in die größere [= die Bühlkirche] und tun es nach dem Gottesdienste mit 24, 40, oft 50 Pferden und bringen für jedes ein Opfer. Davon ist das Pflaster ganz zerbrochen und zertreten. Obwohl dieser Brauch schon bei der letzten Visitation abgeschafft wurde, ist er doch bis jetzt geduldet worden, und nachdem man es nicht ganz abschaffen kann, sollte man wenigstens die Pferde außen um die Kapelle führen.

Das Abschaffen von Bräuchen hat eben zu keiner Zeit etwas genutzt. Ähnlich wie an Leonhardi gab es auch auf Stephani in fast jedem Dorf Pferdeumritte und -rennen. Wie die Menschen hatten auch die Pferde im Winter kaum etwas zu tun und mussten bewegt werden. Mancherorts gibt es das sogenannte *Stephanireiten* bis heute. Der größte Stephaniritt, eine Pferdeprozession mit zahlreichen lebenden Bildern, findet seit 1589 alle zwei Jahre in Erharting bei Mühldorf mit Hunderten von Teilnehmern aus Ober-, Niederbayern und Österreich statt.

Für das Stallpersonal, besonders für Rossknechte und Kutscher, war der Stephanstag der Tag des Dienstwechsels. Die Leute erhielten ihr Geld und gaben es leichtfertig am Abend des Feiertags aus. Nachdem seit Kathrein am 25. November die ganze Adventszeit hindurch Tanzvergnügen verboten gewesen waren, ging es jetzt am 26. Dezember erstmals wieder auf den Tanzboden.

Am Stephanitag war Weihnachten früher schon wieder vorbei, die winterliche Festzeit aber noch lange nicht. Und man feierte wie üblich in der Gemeinschaft: auf der Straße, in der Kirche, im Wirtshaus. Erst nach der Reformation, als viele der alten Bräuche abgeschafft und die Kirchen allein dem Wort Gottes vorbehalten bleiben sollten, wurde

Stephani ist der *Große Rosstag*: Einer der bis heute größten Umritte zu Ehren des Heiligen findet alljährlich in Erharting (Landkreis Mühldorf) statt. Mehr als 200 Gruppen zeigen dabei Bilder aus der Weihnachtsgeschichte und aus Heiligenlegenden. Bild oben: Töginger Dreikönigssänger hoch zu Ross beim Stephaniumritt, ca. 1934.
Bild links oben: Das lebende Bild – Steinigung des Stephanus im Erhartinger Stephaniritt in den 1920er Jahren.
Bild links unten: der Gruberbauernsohn Andreas Kirchisner aus Hart (links) mit den Knechten vom Hof im Festtagsgewand und mit ebenso festlich aufgezäumten Pferden vor dem Abmarsch zum Umritt im Jahr 1912.

aus dem Stephanitag der *zweite Weihnachtstag*. In bürgerlich-protestantischen Familien gehörte er im 17. und 18. Jahrhundert der *Weihnachtsruhe* in der Familie. Allenfalls, um in der Kirche einer erbaulichen Predigt und einer Weihnachtskantate zu lauschen, verließ man jetzt die stillen und behaglichen Stuben daheim.

Stille Tage, rauhe Nächte

Mit dem Weihnachtsfest hat der sogenannte *Weihnachtszwölfer* begonnen, die zwölf Tage dauernde *Zeit zwischen den Jahren*, die eigentliche *Rauhnachtszeit*. Der Festtag des heiligen Johannes am 27. Dezember galt zwar in bäuerlichen Gegenden bereits wieder als Werktag, dennoch nahm man sich Zeit für alle möglichen Feiervergnügen. Im Mittelpunkt stand dabei einmal mehr der junge Wein, der Heurige. Den brachte man in die Kirche, wo er als *Johannisminne* gesegnet wurde, danach kredenzte man ihn Nachbarn und Freunden. Einiges von dem gesegneten Wein wurde auch aufbewahrt für die Hochzeitspaare des kommenden Jahres. Sogar Kinder durften an der *Liebe des heiligen Johannes* teilhaben und Säuglinge schliefen wie selige Christkindl, wenn sie einige Tropfen davon auf den Schnuller geträufelt bekamen.

Der Brauch geht auf eine Anekdote aus der mittelalterlichen „Legenda Aurea“ zurück. Demnach wollte der Evangelist Johannes, der Jesus am meisten von allen Aposteln geliebt hat, der Artemis in Ephesos nicht opfern, weswegen es unter den Souvenirverkäufern am Tempel, die um ihren Umsatz fürchteten, zu Unruhen kam. Der oberste Tempelpriester stellte Johannes vor die Alternative, entweder zu opfern oder einen Giftkelch auszutrinken. Johannes aber schlug das Kreuzzeichen über den Kelch, das Gift entwich in Form einer Schlange, Johannes konnte ihn leer trinken ohne zu sterben und der Artemis-Oberpriester bekehrte sich ob dieses Schauspiels zum Christentum. Ähnlich wie St. Martin avancierte Johannes deshalb im Mittelalter zu einem Weinheiligen.

Der Brauch des *Minnetrinkens* ist ein letzter Rest von antikem Christentum im katholischen Bayern: In der griechischen Ostkirche war die sogenannte *Agape* üblich, ein fröhliches Beisammensein nach der Messe, das auf die Abendmahlsfeiern der Urchristen zurückgeht (griechisch: *agape* = *Liebe*; auch *Minne*). Als die Eucharistie sich immer weiter ritualisierte, spaltete sich das gemeinsame Essen und Trinken, das sogenannte *Liebesmahl* nach der Liturgie, ab. In der Ostkirche blieben diese Feiern, erneut ritualisiert, erhalten, in der Westkirche wurden sie vergessen. Die Johannisminne ist ein Reflex dieses spätantiken Brauchs, der über viele Jahrhunderte weitergegeben worden ist.

Erstmals erwähnt ist der Brauch für die Zeit des heiligen Emmeram in der ersten Hälfte des 7. Jahrhunderts. Emmeram gilt als einer der Apostel Bayerns. Die Baiovaren waren zwar zu seiner Zeit längst Christen, allerdings hatte sich die Erzdiözese von Aquileia (heute Venedig), zu der das österreichische und bayerische Alpenvorland seit römischer Zeit gehörte, im 6. und 7. Jahrhundert von Rom abgespalten und sich selbst zum Patriarchat gemacht. Die romtreuen bayerischen Herzöge hielten deswegen eine Mission im römischen Sinn für notwendig. Der iroschottische Katholik Emmeram kannte den antiken Brauch der Agape nicht und vermutete fälschlicherweise, die Bayern hätten zu jener Zeit den Götzendienst noch nicht völlig bei sich ausgemerzt, wenn sie, wie ihre Väter, mit ihren Kindern aus demselben Kelch die Minne Christi und der Dämonen tranken. Natürlich gelang es Emmeram nicht, den Brauch abzuschaffen. Immerhin wurden in der Folge die Kultgefäße der Heiligen Messe von den weltlichen der Agape getrennt.

In der Regensburger Dominikanerkirche hat sich ein Kelch aus dem 14. Jahrhundert erhalten, der aus einer in Gold gefassten Kokosnussschale besteht. Für den hohen Zweck des Minnetrinkens war so eine exotische Frucht gerade gut genug. Auf dem goldenen Kelchrand steht die Umschrift *TRINCHD SENT IOHANS MIN DAZ JU BOL GELING* (= *Trinkt Sankt Johanns Minne, daß* (das kommende Jahr) *Euch wohl gelinge*).

Noch bis ins 20. Jahrhundert lag im nördlichen Altbayern und in Oberfranken dabei die Betonung auf dem *Trinken*. Die Männer gingen am Abend des Johannestags ins Wirtshaus und tranken sich die *Stärk* an. Denn alles was an diesem Tag getrunken wurde – eben nicht nur der geweihte Wein – verlieh angeblich Kraft für ein ganzes langes Arbeitsjahr. Da machte es wenig aus, wenn man am Ende dieses Abends einmal schwach auf den Beinen war.

Streiche für Herodes

Der Festtag der Unschuldigen Kinder am 28. Dezember erinnert an den Betlehemitischen Kindermord. Dem Matthäusevangelium zufolge ließ König Herodes alle männlichen Neugeborenen Betlehems töten, um damit den *neugeborenen König der Juden* als vermeintlichen Rivalen auszuschalten. Bei dem Bericht handelt es sich möglicherweise um den Reflex einer historischen Begebenheit. Einem heidnischen römischen Schriftsteller zufolge soll König Herodes der Große befohlen haben, in Syrien alle Knaben unter zwei Jahren umzubringen – auch seinen eigenen Sohn. Kaiser Augustus soll daraufhin gesagt haben: *Bei Herodes ist es besser, sein Schwein zu sein als sein eigener Sohn.* Allerdings gibt es eine Reihe von Mythen, die ähnliches rund um die Geburt eines heiligen Königs berichten. In Indien soll zum Beispiel ein König namens Kansa eine Reihe von Kindern ermordet haben, weil ihm geweissagt worden war, dass ihm ein Knabe namens Krishna den Thron streitig machen würde.

Der Tag der Unschuldigen Kinder war im Mittelalter und in der Frühen Neuzeit nicht nur der Tag der Latein- und Domschüler, die mit ihrem Knabenbischof durch die Gegend zogen. Er galt selbstverständlich als Tag aller Kinder. Das klang schon in den liturgischen Tagesgebeten an. So singt man im Introitus: *Aus dem Mund von Kindern und Säuglingen, o Gott, verschaffst du dir Lob, Deinen Feinden zum Trotz (Ps8,2).* Der Volksmund hat daraus das Sprichwort *Kinder und Narren sagen die Wahrheit* gemacht. Es heißt nichts anderes, als dass es manchmal heilsam sein kann, verkehrte Welt zu spielen und auf die zu hören, die sonst nichts zu sagen haben.

Wie öfter in der ganzen Advents- und Weihnachtszeit spielten im Brauchtum des Unschuldigen-Kindleinstags Rutenstreiche eine große Rolle. Vornehmlich *pfefferten* (Altbayern, Franken), *fitzelten* (Altbayern) oder *kindelten* (Schwaben) dabei die Kinder erwachsene Leute, die ihnen auf der Straße begegneten. Zuweilen kamen sie auch in die Häuser und schlugen dort auf die Bewohner ein – mit Sprüchen wie:

Frisch und gsund, frisch und gsund,
Freudenreich lang leben!
Gsund bleibn, gern geben!

In einem 1811 erschienen Bericht heißt es aus der Steiermark:

Sie verschonen niemand, wagen sich an alle Hausinsassen ohne Unterschied des Standes oder Alters und hauen mitunter so lange auf Einen los, bis man sich durch ein kleines Geschenk von diesen Quälgeistern befreit.

Streiche müssen – das klingt in der Doppelbedeutung des Worts schon an – nicht immer mit der Rute verabreicht werden. Sie können auch auf andere Weise *gespielt* werden. Man kennt das beispielsweise aus dem voradventlichen Halloween-Brauch: *Trick or Treat! Süßes oder Saures!* Es ist eben seit der saturnalischen Antike immer das Gleiche: Die Winterwochen sind die Zeit der verkehrten Welt.

Spätestens mit dem Tag der Unschuldigen Kinder wurden auf den Bühnen in Kirchen und Wirtshäusern die Weihnachtsspiele fortgesetzt. Fand das Weihnachtsspiel in den Kirchen statt, hatte es oft entsprechende theologische Tiefe. Bei den Jesuiten in Amberg zum Beispiel wurde am 28. Dezember 1626 ein Dialog mit dem Titel „Die Hirten vor der Krippe des Christkindleins" aufgeführt. Wesentlich spektakulärer ging es da in den Wirtshäusern zu. Die Geschichte des Tages, der Kindermord sorgte schließlich für Dramatik. Um die Aufmerksamkeit der Zuschauer zu gewinnen, ertönte am Beginn jeder Vorstellung ein feines Glöcklein. Noch heute erklingt in Theatern und Opernhäusern auf der ganzen Welt eine Glocke oder ein Gong. Und sogar exakt das feine Glöcklein hat sich, der Abschaffung der Weihnachtsspiele zum Trotz, ebenfalls erhalten: Es läutet bis heute in vielen Familien die Kinderbescherung am Heiligen Abend ein.

In einem Stück, das im ganzen Alpenraum und, abgesehen von verschiedenen Variationen, vom 16. bis ins 19. Jahrhundert durchgehend gespielt wurde, beginnt die Handlung mit der Begrüßung durch einen *Trabanten,* also einen Diener oder eine Art Herold, der in die Geschichte einführt. Der Trabant ist es auch, der das Gespräch zwischen den Heiligen Drei Königen und Herodes vermittelt. Nachdem die Könige das Kind im Stall gefunden, verehrt und beschenkt haben, nimmt das Drama seinen Lauf: Ein Engel warnt die Heilige Familie, die daraufhin nach Ägypten flieht. Dann tritt der Hohepriester Kayphas auf, der Herodes die Sache mit dem neugeborenen König theologisch auseinandersetzt. Herodes sieht keine andere Lösung als den Kindermord zu befehlen, der schließlich durchgeführt wird – so blutig und grausam, dass selbst König Herodes darüber verzweifelt:

Ach wie brennt mich mein Gewissen!
Hat mich recht der Teufel bschissen,
daß ich hab vergießn lassen so viel unschuldiges Blut,
Das mich jetzt ewig reuen thut.

Herodes begeht Selbstmord, was wiederum den Teufel auf den Plan ruft, der den toten Herodes in die Hölle schleppt. Am Schluss treten noch einmal der Trabant, der Engel, Kayphas und der Teufel auf und verkünden die Moral der Geschichte:

O ihr Herrn und Frauen!
Habt das traurige Spektakel gesehen mit Augen,
Was sich hat ergangen;
Herodes ist von dem Teufel gefangen.
Ach wie schrecklich ist die Buß,
Die er dort jetzt leiden muß.

Jesulein streck aus deine Hand,
Beschütze unser Vaterland!
Beschütze Land und Leut
Jetzt bei der betrübten Zeit!
Beschütze uns vor Hunger, Krieg und Pestilenz
Das wünsch ich Euch zum guten End.

Ähnliches wünschten und wünschen heute noch die Sternsinger, die verkleidet als Heilige Drei Könige, früher bereits am Tag der Unschuldigen Kinder begannen, in die Häuser zu kommen, um ein gutes neues Jahr zu wünschen und Gaben einzuheimsen.

Jahresschluss

An der behaglichen Grundstimmung der Tage um den Jahreswechsel kann selbst die größte Dramatik nicht kratzen. Gemütlich ging es bereits in der Antike zu. Zur Zeit des spätantiken Redners Libanius (314–393) war das Christentum bereits römische Staatsreligion, die Saturnalien spielten keine große Rolle mehr. Gefeiert wurde trotzdem:

Alles atmet Frieden, Freiheit, Vergnügen. Auch der ärmste Bettler kann sich an dem teuersten Leckerbissen satt essen; die köstlichsten Gerichte sind ja in Hülle und Fülle vorhanden.

Schon die *Collegia*, die *Vereine* im alten Rom, pflegten in der Zeit zwischen den Jahren Vereinsfeste abzuhalten. Im Winter war nicht viel zu tun, die Mitglieder hatten Zeit. Man fand sich zusammen beim Essen und Trinken und besprach, was das alte Jahr gebracht hatte und was im neuen Jahr kommen mochte. Vor allem Süßigkeiten standen bei diesen Vereinsfesten in hohem Kurs. Beim Verein der römischen Elfenbeinschnitzer gab es beispielsweise zum Neujahrsfest Mohnkuchen, Datteln, Feigen und Birnen. Ganz ähnlich geht es heute noch zu bei den Jahrtagen der Bauernvereine, die vor allem in der Zeit zwischen den Jahren stattfinden: Es wird gut gegessen und getrunken und viel debattiert.

Süßigkeiten und Geschenke stehen auch bei anderen Vereinen im Vordergrund, die sich jetzt zu einer Christbaumversteigerung treffen. Dazu sammeln die Vereinsmitglieder vor Weihnachten bei örtlichen Geschäftsleuten Sachspenden. Am Veranstaltungstag wird dann ein Christbaum geschmückt. Als erstes werden Fressalien versteigert, Brotzeiten und Tortenstücke. Wenn alle satt sind, kommen die Sachspenden an die Reihe. Wer dem Verein etwas besonders Gutes tun will und was auf sein Renommee gibt, der stiftet das, was er ersteigert hat, gleich wieder retour, damit es noch einmal versteigert werden kann. Am meisten Ehre hebt auf, wer für teures Geld den Gipfel beziehungsweise gleich den ganzen Baum ersteigert.

Wie haltbar Traditionen sein können, zeigt die Tatsache, dass die Monate vom September (= *siebter* Monat) bis Dezember (= *zehnter* Monat) immer noch ihre alten Namen tragen, obwohl die Römer bereits im Jahr 153 v. Chr. den Jahresanfang vom 1. März auf den 1. Januar umgestellt hatten. Jetzt war aus dem Dezember der zwölfte und letzte Monat und aus den *Kalenden des Januars* der Neujahrstag geworden und damit eine Zeit des überschwänglichen Feierns geworden, die quasi nahtlos an den römischen *Saturnalienfasching* vor dem Saturntag am 24. Dezember anschloss. Und die Festtage dauerten, wie könnte es anders sein, bis zum 6. Januar. Libanius beschreibt das Fest der römischen Januar-Kalenden so:

Am dritten Januar kommen die Wettrennen [...]. Eine große Menschenmenge versammelt sich im Zirkus. Wenn das Rennen vorüber ist, geht alles zum Bad; dann werden die Tische aufgestellt, an denen sich die Menge beim Würfelspiel ergötzt, mit solchem Eifer, dass viele das Spiel durch die ganze Nacht fortsetzen [...]. Am vierten Januar sinkt die Festfreude von ihrer Höhe herab, sie ist aber auch am fünften noch nicht ganz zu Ende.

Selbst die Weihnachts- und Neujahrspost ist keine Erfindung unserer Zeit: Auf einer Neujahrskarte aus dem Jahr 1466 wünscht das Christkind *Ein guot selig jor*.

Klingt hier nicht viel von dem an, was auch heute noch die Zeit zwischen Weihnachten und Dreikönig ausmacht? Freilich sind die Wagenrennen im Zirkus eher der Konkurrenz in den Skisprungarenen gewichen, die das Fernsehen überträgt. Aber die Spaßbäder heutiger Tage werden jetzt genauso häufig frequentiert wie einstmals die römischen Thermen. Heute wie damals gehört köstliches Essen dazu – und auch das Glück wird zu Silvester immer noch versucht.

Das Glücksschwein aus Marzipan, das zu Neujahr überall zu haben ist und verschenkt wird, hat zusammen mit dem Sparschwein eine mystisch-mythische Wurzel: Als der Unterweltgott Hades Demeters Tochter Kore entführte, soll sich zu diesem Zweck ein Spalt in der Erde aufgetan haben, der den in der Nähe hütenden Sauhirten Eubuleus gleich mitverschlang. Ausgehend von diesem Mythos fanden im Rahmen der Demetermysterien regelmäßig Schweineopfer statt. Das Schwein galt allen antiken Völkern aufgrund seiner Fruchtbarkeit als ungeheuer wertvoll und als Symbol von Glück und Reichtum, nicht zuletzt weil es mit seinem Rüssel in der Erde wühlt, aus der ja alle Arten von saturnischen Reichtümern, Wohlstand und damit die glückliche Zukunft kamen. Gleichzeitig galt das weiße Schweinefleisch als besonders sauber und wurde im Rahmen von Reinigungsfeierlichkeiten verwendet.

Im frühen Mittelalter geriet der römische Neujahrstag allmählich in Vergessenheit. Bis ins Spätmittelalter feierte die Kirche, die ihr Kirchenjahr ja bereits zum 1. Advent beginnt, den Dreikönigstag als weltlichen Neujahrstag. Allerdings verschob sich im Laufe der Zeit der Termin wieder in Richtung Weihnachten, das dann im Jahr 1310 offiziell als Jahresbeginn festgelegt wurde. Mit der Wiederentdeckung der Antike in der Renaissance und der Einführung des Gregorianischen Kalenders im Jahr 1582 wuchs die Unsicherheit erneut und die Stimmen mehrten sich, doch ein gesondertes Neujahrsdatum einzuführen. Schließlich bestimmte Papst Innozenz XII. im Jahr 1691, dass Neujahr in der ganzen katholischen Kirche am althergebrachten Tag des römischen Neujahrsfests, dem 1. Januar, gefeiert werden sollte. Was nichts daran ändert, dass Weihnachten und Jahreswechsel bis heute in einem Atemzug genannt werden – nicht nur auf Glückwunschkarten. Und wenn es in dem uralten bayerischen Gedicht heißt:

A glückseligs neis Jahr
Und a Christkindl mit am krauslaten Haar

Das *Goldene Rössl* aus Altötting ist eines der wertvollsten Goldschmiedewerke des Spätmittelalters und eine spezielle Interpretation der Anbetung der Könige: Vor Maria mit dem Kind im Rosenhag aus Edelsteinen ist der französische König in Andacht niedergesunken. Der Diener rechts bringt Geschenke, ein weiterer Diener hält das Pferd, das den König gebracht hat.

– dann ist das auch ein Hinweis darauf, dass Christkindl und Neujahr eigentlich zusammengehören. Aus dem gleichen Grund muss man vorsichtig sein mit anderen mittelalterlichen Quellen, wenn sie *Neujahrsgeschenke* überliefern, die nach heutigem Verständnis wohl eher Weihnachtsgeschenke gewesen sein dürften. Das war schon bei den Römern so, die sich am 24. Dezember, am Weihetag ihres Saturntempels, genauso beschenkten wie eine Woche später zu Neujahr. Und das blieb so das ganze Mittelalter hindurch.

Neujahrsgeschenke waren auch die unermesslich kostbaren Goldschmiedearbeiten, die die Ingolstädter Prinzessin Isabeau de Bavière ihrem königlichen Gemahl Charles VI. von Frankreich verehrte. Der einzigartige Schatz kam später auf dem Pfandweg an den Bruder der Königin von Frankreich, den Ingolstädter Herzog Ludwig, der viele der wertvollen Stücke an das Münster zur Schönen Unserer Lieben Frau in seiner Residenzstadt vermachte. Der eigenartige Name der Kirche rührt von einem solchen Bildwerk aus Gold, Silber, Emaille und Edelsteinen her, das allerdings in den Wirren der Säkularisation verloren ging. Erhalten geblieben dagegen ist sein Schwesterstück, das berühmte Goldene Rössl, das die Königin dem König zu Neujahr 1405 schenkte. Es ist heute in der neuen Schatzkammer von Altötting zu sehen.

Mit der Verlegung des Neujahrstags auf den 1. Januar wurde der 31. Dezember, der Todestag des heiligen Papstes Silvester, zum letzten Tag des Jahres – ein schöner Zufall, denn in Silvesters Pontifikat (? – 335) fiel die Konstantinische Wende: Das römische Reich wurde christlich. Silvester steht damit zugleich am Ende des heidnischen und am Anfang des christlichen Rom. Bilder zeigen den Papst manchmal zusammen mit einem Stier. Der Legende zufolge soll er einen Stier, der im Namen Gottes getötet worden war, wieder zum Leben erweckt haben. Man kann das als Überwindung des Mithraskultes deuten. Das Blut der Opferstiere, das in den Mithrasmysterien der Erlösung diente, ist bei den unblutigen Opferfeiern des Christentums nicht mehr nötig – der Stier darf leben.

Böller und Schnalzer

Silvester ist heute wieder, wie schon zu römischen Zeiten ein Geschenktag. Anders als an Weihnachten steht dabei aber nicht das Beschenken von Verwandten und Freunden im Mittelpunkt. Jetzt geht es um kleinere Aufmerksamkeiten für den Postboten, den Müllmann oder die Zeitungsfrau. Auch zahlreiche Bräuche stehen mit dem Jahreswechsel in Zusammenhang. Manche sind neueren Ursprungs, andere, wie der Losbrauch, sehr alt. Noch immer wird in der Neujahrsnacht Blei gegossen und mancherorts werfen die Mädchen auch noch den Schuh, um zu erfahren, ob das neue Jahr einen Hochzeiter bringt.

Der bekannteste aller Silvesterbräuche ist das Lärmen und Knallen. Dabei sind die Feuerwerkskörper eigentlich erst eine Erscheinung der Neuzeit. Früher ist in Bayern mit Goaßln geschnalzt worden – wie es die Fasenickel im Altmühltal heute noch tun. Nach der Erfindung des Schwarzpulvers, hat man es natürlich aber auch damit krachen lassen. Am ausgeprägtesten ist dieser Brauch heute noch beim *Christkindl- und Neujahrsanschießen* der Berchtesgadener Weihnachtsschützen, deren erste urkundliche Erwähnung aus dem Jahr 1666 stammt. Über den Lärm der Schützen soll sich Mitte des 19. Jahrhunderts selbst der bayerische König Maximilian II. aufgeregt haben, der aufgrund der Knallerei in seinem Berchtesgadener Schloss kein Auge zumachte. Selbstverständlich konnte nicht einmal der König dagegen etwas ausrichten. Vielleicht wollte er auch bei seinen treuen Berchtesgadenern nicht für böses Blut sorgen.

Großherzoglich-hessische Landrichter griffen etwa zur gleichen Zeit schon härter durch:

Bekanntmachung.
(Großgerau) Von der Gendarmerie zu Rüsselsheim ist in der Neujahrsnacht ein Gewehr in Beschlag genommen worden, und der damit Betroffene konnte, weil er die Flucht ergriffen, nicht ermittelt werden.
Der Eigenthümer dieses Gewehres hat sich zu dessen Empfangnahme – gegen Ersatz der Inseratkosten – binnen 14 Tagen zu melden, widrigenfalls das Gewehr der fiscalischen Behörde zur weiteren Disposition über daßelbe überlassen werden wird.
Großgerau, den 7. Februar 1850.
Gr. Hess. Landgericht, gez. Becker

Die Begeisterung der Menschen für lautstarkes Feiern ist überall, in allen Kulturen und zu allen Zeiten, die gleiche. Und man muss wirklich kein Freund übertriebener Silvesterknallerei sein, um das

Motto *Brot statt Böller* als leicht sauertöpfisch zu empfinden. Brot *und* Böller muss es heißen. Es gilt nur, das rechte Maß zu finden – alles hat seine Zeit!

Vor der Erfindung des Schwarzpulvers mussten andere Instrumente Lärm machen. Besonders geeignet dafür waren Geißeln, die, wenn sie mit einer bestimmten Technik durch die Luft gezogen werden, einen lauten Überschallknall erzeugen. Die Tradition gibt es vor allem im süddeutschen Raum, in Bayern, Österreich und in der alemannischen Fastnacht. Gerade in der Winterzeit wird regelmäßig und ausgiebig geschnalzt und geschnellt. Im Anschluss an die Leonhardifahrt gibt es das *Leonhardidreschen* auf dem Tölzer Markt. Beim Wolfauslassen in Rinchnach wird geschnalzt und zahlreiche Perchtengruppen setzen danach auf die furchterregende akustische Wirkung der Goaßl. Nach Weihnachten beginnt aber die Hochzeit des Goaßlschnalzens.

Den Auftakt bilden die Fasenickl im Altmühltal. Dabei handelt es sich um aufwendig kostümierte, fränkisch-alemannische Fastnachtsfiguren, die im Raum Kipfenberg, Kinding und Enkering bereits vor Silvester mit dem Schnalzen beginnen und deutlich zeigen, dass das Verkleiden und Lärmen in der Weihnachtszeit und im Fasching zusammengehören. Wie bei den Perchten im Advent wird hinter einer dämonischen Maske mit verstellter Stimme *gefaselt* – vor allem gegenüber den Mädchen des Ortes. An die Kinder werden köstliche Brezen verteilt. Wichtigste Aufgabe der Fasenicklgruppen, die sich bis ins 18. Jahrhundert zurückverfolgen lassen, ist das unüberhörbare Schnalzen, das schließlich in einem großen Wettbewerb, der *Passen* aller Altmühltaler Fasenicklläufer, im Fasching endet.

Ganz ähnlich, doch ohne Kostüme, geht es beim *Aperschnalzen* im bayerischen Rupertiwinkel und im Salzburger Flachgau zu. Es beginnt am Stephanitag und dauert traditionell bis Faschingsdienstag. Höhepunkt des Aperschnalzens ist das sogenannte *Preisschnalzen*, das jedes Jahr in einem anderen Ort stattfindet. Um die 1800 Schnalzer nehmen daran teil.

Bricht der erste Morgen des neuen Jahres an,
so erscheint der Himmel nicht anders als am Tage zuvor,
aber doch ist einem seltsam frisch zumute.

Yosachida Kenko (1283 – 1350), japanischer Einsiedler und Schriftsteller

Neujahr

Gottesgebärerin

Gott ist Mensch – das ist die wichtigste Botschaft Weihnachtens; vermutlich die wichtigste Botschaft des Christentums überhaupt. Die Tatsache, dass Gott menschliche Gestalt angenommen hat, Fleisch und Blut geworden ist, unterscheidet das Christentum von den anderen monotheistischen Religionen, für die Gott häufig so fern und unnahbar ist, dass man sich ihm und seinem Willen nur unterwerfen kann. Diesen Aspekt kennt das Christentum auch. Daneben aber gibt es eben Gott als seinen eigenen vor allen Zeiten *eingeborenen* Sohn, der Mitmensch geworden ist, Nächster, Nachbar. Wie aber kann so etwas *funktionieren?* Was hat die frühen Christen dazu veranlasst, so zu denken?

Tatsache ist: Jesus Christus hatte eine leibliche Mutter, von der häufiger, wenn auch meist nur nebenbei in den Evangelien die Rede ist. Einen leiblichen Vater hat es nicht gegeben. Joseph galt ja nur als Ziehvater und lebte vermutlich zur Zeit von Jesu Wirken nicht mehr. Jesus galt möglicherweise in seiner Umgebung als uneheliches Kind. Er selbst redet von seinem *Vater im Himmel* und bezeichnet alle seine Freunde als Brüder. Damit wiederum sind alle Gläubigen Gotteskinder. Eine revolutionäre Idee – aber auch nicht so neu, dass man nicht uralte Vorstellungen darauf hätte anwenden können: Mithilfe solch althergebrachter Bilder, die im Mittelmeerraum schon immer das Wunder des Lebens erklärt haben, versuchten die Evangelisten, sich einen Reim darauf zu machen.

Palästina, das verhältnismäßig wasserreiche und deshalb fruchtbare Durchgangsland zwischen Afrika und Eurasien am Ostufer des Mittelmeers, war seit unvordenklichen Zeiten ein begehrtes, ein *Gelobtes Land*, um das sich – im Grunde bis heute – zahlreiche Völker stritten. Deswegen geriet es häufig unter Fremdherrschaft: Ägypter, Babylonier, Griechen wechselten sich in der Herrschaft ab. So entstand bei den Juden schon in alter Zeit die Weissagung, einst werde ein *Messias* (hebräisch: *Gesalbter*; griechisch: *Christos*) kommen, also ein gesalbter König, der sie von der Fremdherrschaft befreien würde. Zur Zeit der Geburt Jesu war dieser Messiasglaube hochaktuell, denn die Juden litten heftig unter der römischen Besatzung. Den uralten Prophezeiungen zufolge sollte der Messias aus Davids Stamm kommen.

Der Stammbaum Jesu aus der in der 2. Hälfte des 15. Jahrhunderts entstandenen Furtmeyr-Bibel. Berthold Furtmeyr aus Regensburg gilt als einer der bedeutendsten Miniaturenmaler am Übergang vom geschriebenen zum gedruckten Buch.

In den Evangelien finden sich zwei Stammbäume Jesu. Im Stammbaum des Lukasevangeliums heißt es:

Jesus war etwa dreißig Jahre alt, als er zum ersten Mal öffentlich auftrat. Man hielt ihn für den Sohn Josefs. Die Vorfahren Josefs waren: Eli, Mattat, Levi, Melchi, Jannai, Josef, Mattitja, Amos, Nahum, Hesli, Naggai, Mahat, Mattitja, Schimi, Josech, Joda, Johanan, Resa, Serubbabel, Schealtiël, Neri, Melchi, Addi, Kosam, Elmadam, Er, Joschua, Eliëser, Jorim, Mattat, Levi, Simeon, Juda, Josef, Jonam, Eljakim, Melea, Menna, Mattata, Natan, David, Isai, Obed, Boas, Salmon, Nachschon, Amminadab, Admin, Arni, Hezron, Perez, Juda, Jakob, Isaak, Abraham, Terach, Nahor, Serug, Regu, Peleg, Eber, Schelach, Kenan, Arpachschad, Sem, Noach, Lamech, Metuschelach, Henoch, Jered, Mahalalel, Kenan, Enosch, Set, Adam; (der stammte von) Gott.

Über Adam ist Gott also genauso der Vater Jesu wie der Vater aller Menschen. Die Vaterschaft Gottes bei Jesus unterscheidet sich lediglich darin, dass es in diesem Fall eine über den menschlichen Stammbaum hinausgehende, direkte *spirituelle* Abstammung aus dem *Geist Gottes* gibt.

Bei seinen Jüngern manifestierte sich spätestens nach Jesu Tod und Auferstehung der Glaube daran, dass er der den Juden verheißene Messias war, der *Gesalbte* (griechisch: *Christos*) Gott und Mensch zugleich. Gott durch seinen Vater, Mensch geworden aber durch seine Mutter wie es im sogenannten athanasischen Glaubensbekenntnis heißt:

Gott ist er aus der Wesenheit des Vaters von Ewigkeit gezeugt, und Mensch ist er aus der Wesenheit der Mutter in der Zeit geboren.

Das ist der Grund, warum Jesu Mutter Maria schon sehr früh höchste Verehrung genoss. Schließlich hatte sie nicht nur einen Menschen, sondern Gott selbst zur Welt gebracht. Im ältesten bekannten Mariengebet, das auf einem Papyrus aus dem 3. Jahrhundert n. Chr. überliefert ist, wird Maria nicht als bloße Mutter, sondern als *Gebärerin* (lateinisch: *genetrix*) beziehungsweise *Gottesgebärerin* (griechisch: *theotokos*) bezeichnet:

Hypo ten sen eusplanchnian katapheugomen Theotoke.
Unter dein mutiges Mitleid flüchten wir uns, Gottesgebärerin.

Griechisch *eusplanchnia* (= *Herzhaftigkeit, Mut, Mitleid, Erbarmen*) wurde später lateinisch mit *praesidium* (= *Schutz, Hilfe*; wörtlich: *Vorsitz*) übersetzt. Diese *schirmende* Gottesmutter erlangte im Mittelalter als *Schutzmantelmuttergottes* ungeheure Popularität.

Maria wird als Mutter Jesu nur in den Evangelien erwähnt, die viele Jahre nach Jesu Tod geschrieben wurden. Theoretisch könnte der Name Maria also auch ein sogenannter sprechender Name sein, der Jesu Mutter erst von den Evangelisten verliehen wurde. *Maria* beziehungsweise *Miriam* war jedenfalls zur Zeit Jesu ein geläufiger Name. Seine ursprüngliche Bedeutung ist nicht genau bekannt, lässt aber zahlreiche Deutungen zu. Das hebräische *Miriam* bedeutet *Meerestropfen*. Darin könnte *Meerstern* anklingen, der alte Beiname der Isis. Der Name könnte auch aus dem Ägyptischen abgeleitet sein: *meritamun* (= *Geliebte des Amun*). Amun war der ägyptische Sonnengott, gleichgesetzt mit Osiris. Für Marias frühe Verehrung als Gottesgebärerin könnte auch der Gleichklang des Namens Maria mit dem der uralten Göttin Maia verantwortlich sein, die in der ganzen alten Welt bekannt war. Bei den Griechen und Römern galt Maia als die *große Göttin*, die *Erdmutter*. Der Name *Maia* wurzelt in indoeuropäisch *magia* und ist verwandt mit lateinisch *magnus* und indisch-sanskrit *maha*; beides bedeutet *groß*. In Indien ist die Göttin *Maya* die *Welterschafferin*. Auch die jungfräuliche Mutter Buddhas heißt Maya.

Im Jahr 431 bestätigte das Konzil von Ephesos den Titel *Gottesgebärerin* für Maria. Dass eine menschliche Frau (einen) Gott zur Welt bringt, ist für die Antike keine ungewöhnliche Idee. Ähnliche Vorstellungen gab es in Babylon, Ägypten, im alten Persien oder in Griechenland. Nahezu alle frühen Kulturen kleiden in dieses Bild das Wunder des neuen Lebens. Die alten Sterndeuterpriester wussten um den Mondzyklus, den sie mit dem Menstruationszyklus der Frau verbanden – das Leben war also tatsächlich himmlischen Ursprungs.

Unter den Schutzmantel der großen Gottesgebärerin flüchteten sich bald einfache Bürger genauso wie mächtige Herrscher.

Das Ingolstädter Gnadenbild der *Dreimal wunderbaren Mutter* ist eine Kopie der antiken Ikone *Salus populi romani* (= *Heil des Römischen Volkes*) aus der römischen Weihnachtskirche S. Maria Maggiore (= Groß Sankt Marien). Die Legende erzählt, der Apostel Lukas habe diese Ikone eigenhändig gemalt. Sieben Kopien der Ikone wurden für den Jesuitenorden gefertigt und an die wichtigsten Niederlassungen weltweit verschickt. Das Ingolstädter Bild ist das einzig erhaltene und wird bis heute unter anderem von der sogenannten Schönstatt-Bewegung hochverehrt; Ingolstadt, Münster zur *Schönen Unserer Lieben Frau.*

Frau Luna

Das Hochfest der Gottesmutter Maria fällt zu Recht auf den Neujahrstag, mit dem die heutige bürgerliche Gesellschaft einen neuen Kalender beginnt. Die *Kalenden* waren bei den Römern der erste Tag oder die ersten Tage eines Monats, von denen selbstverständlich der erste Tag des Januars als Neujahrstag der wichtigste war. Der Begriff hängt zusammen mit griechisch *kalein* und lateinisch *calare* (= *rufen*). *Calo te, calo te* (= *ich rufe dich, ich rufe dich*) – diese Formel wiederholte seit uralten Zeiten der *pontifex minor* (= *kleinerer Priester*), ein Gehilfe des *pontifex maximus* (= *oberster Priester;* wörtlich: *oberster Brückenbauer*) in der Neumondnacht fünf oder sieben Mal. Die Mondgöttin *Luna* (wörtlich: *leuchtend, prächtig*), die Verkörperung des weiblichen Prinzips, die *launisch* (von lateinisch: *luna*) zu- und abnahm, wie es ihr gefiel, und dabei keine Rücksicht auf den männlichen Sonnengott walten ließ, sollte durch den Ruf verpflichtet werden, wiederzukommen. Denn nur durch die regelmäßige Wiederkehr Lunas – sprich: durch den Zyklus der Frau –, das wussten die Priester, kam auch das Leben in die Welt.

Nördlich der Alpen entsprechen der leuchtenden Mondgöttin die keltische *Brigida/Perchta* beziehungsweise die germanische *Frau Holle*. Auch in deren Namen stecken beide Bedeutungsseiten – das Strahlende Helle genauso wie das (im Schatten) Verborgene. Die Namen Brigida /Perchta sind verwandt mit dem englischen *bright* (= *leuchtend, hell, strahlend*) und dem deutschen Wort *prächtig*. Aber der Wortstamm steckt auch in *(ver)bergen*. Ganz ähnlich bei Frau Holle. Darin steckt *hell* genauso wie *(ver)hüllen*. Als Vollmond leuchtet der Erdtrabant, als Neumond ist er nur noch zu erahnen, wie durch einen Schleier verhüllt. Auch die antike Göttin Luna/Selene stand für beide Mondstadien. Um das zu symbolisieren, trägt sie einen großen Schleier; bei Neumond verhüllt sie sich damit, bei Vollmond öffnet sie ihn.

Im alemannischen Raum, besonders in der Schweiz, wird am Tag nach Neujahr der *Berchtoldstag* gefeiert. Berchtold ist selbstverständlich kein Name aus dem Heiligenkalender. Darin verbergen sich gleichermaßen *Perchta* und *Holle/Holda*. Man könnte das Wort aber auch so deuten: Am Berchtoldstag werden die *Perchten hold*, sprich: Die Rauhnächte sind vorbei, die Geister sind in die Unterwelt zurückgekehrt. Kein Lebender muss sich mehr fürchten. Und aus den Schrecknissen der Tiefe wächst strahlender Reichtum.

Solche Mythen sind uralte, gewissermaßen *selbstredende (Wort-) Bilder* für die eigentlich unsagbaren Wunder der Welt. Im Gegensatz zu den alten Religionen erschöpft sich das Christentum aber nicht im ewigen Kreislauf von Werden und Vergehen, harter Arbeit und Genuss der Ernte, Armut und Mammon, sondern geht einen Schritt weiter. Es verbindet die alten, für das einfache Volk wunderbar verständlichen Mythen mit den neuesten Erkenntnissen der griechischen Philosophie und der Naturwissenschaften. Herausgekommen sind Brücken zwischen alt und neu, zwischen einfach und kompliziert, zwischen staatstragend und revolutionär: dreifaltige Einheit, Kreisquadraturen.

Für diese einmalige Verbindung aus Religion und Philosophie stehen ganz besonders der Bischof und Kirchenlehrer Basilius der Große (um 330 – 1. Januar 379) sowie Bischof Gregor von Nazianz (um 339 – 25. Januar 390), deren gemeinsamen Festtag die römische Kirche am 2. Januar begeht. Beide gehörten zu den Begründern der intellektuellen Seite des Christentums, die dafür sorgten, dass aus der gemeindlich organisierten Wohlfühlreligion eine Glaubensgemeinschaft wurde, die die gebildete geistige Elite nicht ausschloss. Basilius und sein Bruder Gregor von Nyssa, der ebenfalls Bischof wurde, hatten sich während des Studiums mit Gregor von Nazianz angefreundet.

Ein weiterer Kommilitone war der Kaisersprössling Julian (um 331 – 363), der später als Kaiser Julian Apostata (= *der Abtrünnige*) in die Geschichte eingegangen ist. Der christlich erzogene Julian, ein Enkel Kaiser Konstantins, der die Hinwendung des Reichs zum Christentum perfekt gemacht hatte, war angewidert vom Verhalten der Christen seiner Zeit. Die *Konstantinische Wende* hatte an den Tag gebracht, woran das Christentum schon länger litt: provinzielles, kulturloses Denken, Abwendung vom großen Traditionsfluss im Reich, kleinliches theologisches Geplänkel, schwere Auseinandersetzungen zwischen Glaubensrichtungen, Fundamentalismus, Gewalttätigkeit gegenüber Andersdenkenden, besonders gegenüber den traditionellen sogenannten *Heiden*. Diesem traditionellen Heidentum wandte sich Julian, ein Anhänger der neuplatonischen Philosophenschule, wieder zu. Er wollte die Struktur der christlichen Reichskirche übernehmen und eine *heidnisch-philosophische Reichskirche* schaffen.

In seiner Jugend hatte Julian ein erstes kaiserliches Verbot heidnischer Kulte erlebt, das mit der Schließung und teilweisen Zerstörung der uralten Tempel und Kunstwerke einherging. Tempelschätze wurden

Die Geburt Buddhas aus der Seite der jungfräulichen Maya; Relief aus Gandhara, 2./3. Jahrhundert n. Chr.

Die jungfräuliche römische Göttin Luna/Diana/Proserpina/Ceres (griechisch: Selene/Artemis/Persephone/Demeter) mit ihren Attributen: Schleier und leuchtende Mondsichel auf dem Kopf. Die Gottesmutter Maria leugnet ihre historische Herkunft nicht, hat sie aber überwunden. Sie steht auf der Mondsichel. Die Fackel, die Luna in der Rechten hält, wird jetzt oft als Szepter der Himmelsherrscherin interpretiert. Hier ersetzt sie ein Granatapfel als Zeichen der Fruchtbarkeit (Bild oben: Luna Selene, 3. Jahrhundert n. Chr., Vatikanische Museen; Bild rechts: Mondsichelmadonna aus der Schule des Lukas Cranach, Schloss Johannisburg, Aschaffenburg).

zugunsten des Staates eingezogen. Man kann sich vorstellen, welchen Kulturschnitt die Menschen im Römischen Reich hinnehmen mussten, führt man sich vor Augen, was los wäre, wenn heute von einem Tag auf den andern jeder christliche Gottesdienst verboten und sämtliche Kirchen geschlossen würden. Julian ließ die Tempel wieder öffnen, sobald er Kaiser war. Ein kurzes Intermezzo: Nach seinem Tod wurden sie abermals und endgültig geschlossen und begannen zu verfallen. Um sie – im Sinn eines frühen Denkmalschutzgedankens – zu erhalten, ließen Julians Nachfolger die Gebäude nach und nach in Kirchen umwandeln. So fingen Heidentum und Christentum allmählich an, sich zu versöhnen. Traditionalisten stellten sich Christus neben Apollon auf den Hausaltar, Modernisten ließen Apollon weg. Eine neue Zeit begann.

Nur Julians früher Tod im Jahr 363 mit nur knapp über 30 Jahren hinderte ihn an der Umsetzung seines Plans einer heidnisch-philosophischen Reichskirche. Basilius und Gregor von Nazianz, die heftig mit Julian debattierten, gingen einen anderen Weg und sorgten für intellektuelle Brillanz innerhalb des Christentums, für eine *philosophische Kirche* unter christlichen Vorzeichen. Sie prägten unter anderem die hochphilosophische *Trinitätslehre*, die Lehre von der *Heiligen Dreifaltigkeit Gottes*, entscheidend und setzten sie im Christentum durch. Jetzt war Christus endgültig *wahrer Mensch* und *wahrer Gott* zugleich. Gregor von Nazianz war daneben auch einer der bedeutendsten Dichter der griechischen Spätantike. In seinen Werken verband er das traditionelle antike Denken mit christlichem Gedankengut. Basilius der Große war naturwissenschaftlich hochgebildet und erklärte einfachen Handwerkern in Kappadokien wie Regen aus Wasserdampf entsteht oder warum die Gezeiten in Mittelmeer und Atlantik unterschiedlich ausfallen.

Heilige Vorhaut

Während die katholische Kirche am 1. Januar das Hochfest der Gottesmutter feiert, begehen die evangelische, die anglikanische sowie die altkatholische Kirche am ersten Tag des Jahres den althergebrachten Gedenktag der Namensgebung Jesu. Dem Evangelium zufolge wurde der Erstgeborene Marias ja, wie es üblich war, acht Tage nach seiner Geburt zur Beschneidung in den Tempel gebracht, wo ihm – ähnlich wie bei der heutigen Taufe – der Name *Jesus* gegeben wurde. Seit der Liturgiereform holt die katholische Kirche den Tag am 3. Januar nach.

Gerade in den theologischen Auseinandersetzungen der Spätantike galt die nach jüdischer Tradition durchgeführte *Beschneidung des Herrn* als wichtiger Hinweis dafür, dass Jesus nicht nur wahrer Gott, sondern auch wahrer Mensch gewesen ist. Typisch für das Christentum: Neben hochgeistigen, philosophisch-theologischen Überlegungen bemächtigte sich auch ein mytheninteressiertes, volksreligiöses Publikum dieses Themas, das in der Folge ganz handgreiflich umgesetzt wurde. Die angebliche Reliquie der *Heiligen Vorhaut*, das einzige Körperstück vom Leib des Herrn, das nach der Himmelfahrt auf Erden geblieben war, soll in Byzanz aufbewahrt worden sein, von wo sie an Karl den Großen ging – der Legende nach das Geschenk eines Engels an den Kaiser. Danach wurde sie im Lateran, dem offiziellen Sitz der Päpste seit der Zeit Konstantins I., in Rom aufbewahrt, kam aber nach der Plünderung der Stadt 1527 in den Ort Calcata in Latium, von wo sie erst 1983 unter bisher ungeklärten Umständen verschwand.

Während des Mittelalters und der Frühen Neuzeit war die Reliquie so bedeutend, dass zahlreiche Orte behaupteten, ebenfalls im Besitz der Heiligen Vorhaut zu sein: Die Reliquie in der französischen Abtei Coulombs ist seit der Französischen Revolution unauffindbar, das Reliquiar in der Liebfrauenkirche Antwerpen ist dem Bildersturm zum Opfer gefallen. Auch in zahlreichen weiteren Kirchen wie in Santiago de Compostela, in Hildesheim oder im bayerischen Kloster Andechs wurden im Mittelalter angebliche Vorhaut-Reliquien gezeigt. Papst Innozenz III. (1160 – 1216) fiel die wundersame Vorhautvermehrung so auf die Nerven, dass er im Streit um die echte Reliquie geraten hat, die Angelegenheit doch am besten dem lieben Gott zu überlassen.

Im 4. Jahrhundert ist aus dem frühen Christentum die besondere Mischung geworden, die es heute ausmacht: Da war einerseits die Volksreligion, die hemmungslos die alten sogenannten heidnischen Traditionen aufnahm, die schon zuvor vielerlei kuriose Blüten getrieben hatten und jetzt weitertreiben durften. Gefördert wurde dieser Vorgang durch die Kaiser und ihre Verwaltungsangestellten, die Bischöfe, die dadurch den Zusammenhalt innerhalb des Römischen Reichs stärken wollten. Andererseits steckte hinter der Religion eine hochmoderne Denkart, die auch Intellektuelle befriedigte, weil sie alle Stränge der antiken Philosophie weiterentwickelte und dadurch den Boden bereitete für die einzigartige kulturelle Entwicklung des Abendlands.

Nur sehr wenige Dinge ereignen sich zur rechten Zeit
und alles Übrige ereignet sich überhaupt nicht.

Herodot (um 485 – um 425 v. Chr.), griechischer Geschichtsschreiber

Epiphanie

Erscheinungen

Die späten Kaiser des Römischen Reichs, beziehungsweise die ersten Kaiser des byzantinischen Reichs in Konstantinopel, hatten den *Adventus*, das heißt ihre *Ankunft*, ihr Erscheinen vor dem Hofstaat, perfektioniert. Während die Leute in gespannte, erwartungsvolle Stille verfielen, versammelten sich der Kaiser und seine Familie hinter einem Vorhang, dem *velum* (lateinisch: *Segel, Hülle, Schleier*). Hatte die Spannung ihren Höhepunkt erreicht, wurde der Vorhang weggezogen: Der Kaiser erschien, es war *Epiphanie, Erscheinung des Herrn*. In dem griechischen Wort *epiphania* (= *Erscheinung;* wörtlich: *Aufleuchten*) steckt die uralte indoeuropäische Wortwurzel *pha-*, die alles Heilige bezeichnet und die, wie wir gesehen haben, auch im *Feuer* steckt und im *Feiern*.

Die Tradition der Epiphanie hat sich über die Jahrtausende im christlichen Ritus gehalten: der *Leib des Herrn*, unsichtbar im Tabernakel, aus dem er für den eucharistischen Segen hervorgeholt wird, während der Priester, angetan mit dem Rauchmantel, ihn verdeckt und in ein spezielles *Schaugefäß* (= *Monstranz*) gibt. Dann dreht sich der Priester um: Der Herr erscheint in Weihrauch, Gold und Glöckleinklang. In der Ostkirche findet, ganz ähnlich, die Wandlung der Hostie hinter der Ikonostase statt, hinter der dreitürigen Wand, die in orthodoxen Kirchen Altarraum und Kirchenschiff teilt. Erst für den gewandelten Leib des Herrn wird der Vorhang beiseite gezogen, der Priester tritt mit der Hostie hervor: Es ist Epiphanie. Vorher herrscht die andächtige Stille des Adventus. Mag das Ritual der Messe jetzt auch wortreich weitergehen – diese Stille wirkt nach. Genauso wie in diesen Tagen, dieser Zeit zwischen den Jahren, zwischen den beiden großen Weihnachtsfesten, der Heiligen Nacht und der Epiphanie, trotz allem Trubel eine Zeit der Stille, eine stille Zeit schwebt.

Ganz besonders festlich war bereits in heidnischen Zeiten die Epiphanie des Kaisers am offiziellen Kaisergeburtstag, dem 25. Dezember. Die christlichen Kaiser des Römischen beziehungsweise Byzantinischen Reichs behielten die Epiphanie an Weihnachten bei. Die Auswirkungen reichten bis ins römisch beherrschte Ägypten dieser Zeit: Um nicht mit dem offiziellen Staatsfest am 25. Dezember ins Gehege zu kommen, scheinen sich die bis vor Kurzem noch konkurrierenden ägyptischen Priester wieder versöhnt und den Geburtstag ihres Horus/Aion wieder gemeinsam am 6. Januar gefeiert zu haben. Der zypriotische Bischof Epiphanios von Salamis berichtet jedenfalls Ende des 4. Jahrhunderts, dass im ägyptischen Alexandria in der Nacht vom 5. auf den 6. Januar das Fest der Geburt des Aion aus der Jungfrau Kore zelebriert wurde. Immer noch fand diese Geburt im Tempel der Kore in einem unterirdischen Schrein statt, wo sich ein hölzernes Bildnis des Aion befand. Dort wachten die Priester die ganze Nacht und sangen Hymnen. Das Aionbildnis wurde dann in der Morgendämmerung mit fünf goldenen Kreuzen geschmückt und in einer Prozession umhergetragen.

Bei dieser Erscheinung des Horus/Aion handelt es sich um eine sogenannte *Theophanie,* also das *Erscheinen eines Gottes.* Solche Theophanien waren in den alten Religionen ein gängiges Muster: Ein Gott offenbarte sich in einem Mythos den Sterblichen, er zeigte sich ihnen in seiner wahren Gestalt. Im Kult wurde dieses Sich-Zeigen dann gleichsam nachgespielt durch die Präsentation des Kultbildes vor den Gläubigen. Auch der griechische Gott und mythische Christusvorläufer Dionysos zeigte sich im Rahmen einer Theophanie. Gefeiert wurde seine göttliche Epiphanie am Festtag Pithoigia, am Ende des Winters. Jetzt war die rechte Zeit, den neuen Wein zu probieren, und es sollte sich zeigen, ob der Weingott Dionysos ganze Arbeit geleistet hatte. Die Athenischen Winzer probierten, der Gott zeigte sich, und aus der rituellen Probe, der göttlichen Epiphanie, wurde ein im Wortsinn rauschendes Fest.

Bei Jesus Christus erzählen die Evangelien von mehreren *Erscheinungen,* in denen seine göttlichen Eigenschaften offenbar werden. Berühmt ist etwa seine Verklärung, die nicht umsonst genau sechs Monate nach dem 6. Januar, am 6. August, gefeiert wird. Am altehrwürdigen 6. Januar begeht die Ostkirche das Fest der Theophanie, die Westkirche feiert Epiphanie. Drei große Epiphanie-/Theophanie-Geheimnisse bilden den Kern dieses Festes: Den Magiern, den Heiligen Drei Königen, zeigt sich der Neugeborene von Betlehem erstmals als oberster Herr, als im Fleisch erschienener König, vor dem sie sich niederwerfen. In der Taufe im Jordan offenbart eine Stimme aus den Wolken, dass Jesus ihr geliebter Sohn sei. Und bei der Hochzeit zu Kana offenbart sich Jesus selbst in seinem ersten Wunder. Ist es ein Zufall, dass es sich dabei um die Wandlung von Wasser in Wein handelt?

Adventus und Epiphanie Kaiser Justinians (um 482 – 565): Der vermutlich lebensgetreu porträtierte Kaiser präsentiert in seiner Funktion als oberster Priester des Reiches dem Hofstaat das Brot der Eucharistie. Als Zeichen seines Hohepriestertums trägt er einen Nimbus (= Heiligenschein); Mosaik um 547, Ravenna San Vitale.

Zeitpunkte

Zur rechten Zeit wird alles offenbar: Die Sterndeuter, die *magoi*, *Magier* des Evangeliums, kommen nicht von ungefähr aus dem Osten, aus Mesopotamien, von dort also, wo man die längste Tradition des Blicks zum Himmel hatte. Sie haben den Stern gesehen, wissen, dass die Zeit gekommen ist, sich auf den Weg zu machen, um rechtzeitig, *in der Fülle der Zeit*, nach Betlehem zu kommen. Den *kairos*, den *rechten Zeitpunkt*, zu entdecken für Verrichtungen aller Art, die mit der Zeit im ewigen Jahreslauf (griechisch: *chronos*) anfallen, selbst das Gesehene zu begreifen und es anschließend in gut verständlichen Zeichen und Bildern für alle begreifbar zu machen, ist die höchste Kunst der alten Priesterkönige. Deswegen wurden sie *magoi* (wörtlich: *die Großen*) genannt.

Kairos, die göttliche Personifizierung des rechten Augenblicks, hat an der Stirn eine wilde Mähne, damit man *die Gelegenheit beim Schopfe packen* kann. Dafür hat er am Hinterkopf keine Haare – wenn die Gelegenheit verstrichen ist, stehen wir fassungslos. Was vorbei ist, ist vorbei.

Saturn, Ceres, Osiris – die vielen anderen Ackerbaugötter und ihre Vertreter, die Menschen, wollten ihn schon immer wissen, den richtigen Zeitpunkt für Aussaat und Ernte, das rechte Maß für alle Dinge. Man muss wissen, wie und vor allem auch wann man dran ist. Die Bibel zählt im Buch Kohelet auf, was man in der Antike darunter verstand:

Alles hat seine Stunde. Für jedes Geschehen unter dem Himmel gibt es eine bestimmte Zeit: eine Zeit zum Gebären / und eine Zeit zum Sterben, / eine Zeit zum Pflanzen / und eine Zeit zum Abernten der Pflanzen, / eine Zeit zum Töten / und eine Zeit zum Heilen, / eine Zeit zum Niederreißen / und eine Zeit zum Bauen, / eine Zeit zum Weinen / und eine Zeit zum Lachen, / eine Zeit für die Klage / und eine Zeit für den Tanz, / eine Zeit zum Steinewerfen / und eine Zeit zum Steinesammeln, / eine Zeit zum Umarmen / und eine Zeit, die Umarmung zu lösen, / eine Zeit zum Suchen / und eine Zeit zum Verlieren, / eine Zeit zum Behalten / und eine Zeit zum Wegwerfen, / eine Zeit zum Zerreißen / und eine Zeit zum Zusammennähen, / eine Zeit zum Schweigen / und eine Zeit zum Reden, / eine Zeit zum Lieben / und eine Zeit zum Hassen, / eine Zeit für den Krieg / und eine Zeit für den Frieden.

Aber was ist das: die Zeit? Die längste Zeit seiner etwa zwei Millionen Jahre dauernden Entwicklung hat der Mensch gleichsam im Paradies verbracht. Ähnlich den Tieren, war es ihm gut genug zu wissen, dass er da war. Was die Zukunft bringen mochte, interessierte ihn kaum. Der Wunsch, in die Zukunft schauen zu können und dazu vielleicht aus der Vergangenheit zu lernen – dieser Wunsch wuchs erst mit der Erfindung der Landwirtschaft vor etwa 12500 Jahren; und damit erst kam ein Gefühl auf für die verrinnende Zeit. Was aber die Zeit genau ist, das weiß der Mensch bis heute nicht. Real ist eigentlich bloß die Gegenwart, ein ausdehnungsloser Punkt im Lauf der Zeit – Vergangenheit und Zukunft existieren nur in unseren Gedanken. Heraklit, einer der Begründer der griechischen Philosophie, wusste bekanntlich, dass man nie in denselben Fluss steigt, weil *alles fließt*. Tag und Nacht, schwarz und weiß, gut und böse – alles wechselt sich ab und löst sich auf im Jahreslauf. Für Platon ist die Zeit nur eine Idee, ein bewegtes Abbild dessen, was eigentlich ist. Für Aristoteles besteht die Zeit nur aus der Veränderung. Wenn sich nichts verändert, steht die Zeit still.

Seit Albert Einstein wissen wir, dass der Raum und alles was ist, vermutlich nur deshalb ist, weil es die Zeit gibt. Materie und Zeit wiederum sind vielleicht nichts anderes als *geronnene Energie*. Womit man wieder bei der Ausgangsfrage wäre. *Was also ist Zeit?*, fragte auch der mit vielen philosophischen Denkschulen vertraute Kirchenlehrer Aurelius Augustinus (354 – 430):

Wenn mich niemand danach fragt, weiß ich es; will ich es einem Fragenden erklären, weiß ich es nicht.

Noch heute können weder Naturwissenschaften noch Philosophie darauf eine erschöpfende Antwort geben.

Vergangenheit und Zukunft

Der römische Gott Janus, nach dem die Römer den ersten Monat des Jahres *Januarius* benannt haben, galt als Sohn des Saturn, des Bauern- und Bodengottes, der Grundlage von allem. Janus war der Gott des

Der Glockenschlag als Symbol für Christi Geburt: ein unfassbar kurzes Ereignis mit langem Nachhall.

Eingangs und des Ausgangs, der Türen und Tore, des Lebens und des Todes, des letzten und des kommenden Jahrs – Janus war doppelgesichtig, um in Vergangenheit und Zukunft gleichzeitig blicken zu können.

Die Tore im Tempel des doppelgesichtigen Gottes lagen sich gegenüber. Die Römer pflegten sie zu öffnen, wenn Krieg war: Janus sah bei beiden Toren hinaus, sah den guten Ausgang und den schlechten Ausgang des Krieges – nur er wusste letztendlich, welches Ende bevorstand. Man konnte in sein Heiligtum hineingehen, ihm opfern und für einen guten Ausgang beten. Erst wenn der Frieden siegreich hergestellt war, schloss man seine Tore wieder. Ein seltener Fall – der erste römische Kaiser Oktavian, genannt Augustus, rühmte sich in seiner Autobiographie:

Den Ianus Quirinus, der nach dem Wunsch unserer Vorväter geschlossen sein sollte, wenn im gesamten römischen Reichsgebiet zu Wasser und zu Lande durch Siege errungener Friede herrschte – dies soll, so wird überliefert, vor meiner Geburt seit Gründung der Stadt überhaupt erst zweimal geschehen sein – dieser wurde, während ich der erste Mann des Staates war, auf Anordnung des Senats dreimal geschlossen.

Perfekte Propaganda. Ja, die Römer sollten wissen, was sie an ihrem *göttlichen Cäsar Augustus* hatten. Auch wenn er seine Gegner gnadenlos beseitigte – er galt als *Friedensfürst,* hatte jedenfalls den Kairos beim Schopf gepackt.

Der Friedensfürst, der *zu der Zeit, in der das Gebot ausging von dem Kaiser Augustus* am östlichen Ende des Mittelmeers geboren wurde, war von ganz anderer Art. Das wusste jeder Zeitgenosse, jeder halbwegs gebildete Einwohner des Römischen Reichs, der das griechisch verfasste Lukasevangelium las oder wenigstens davon hörte. Es wurde deutlich gegenübergestellt: Hier der skrupellose Machtpolitiker, an dessen Händen Blut klebte, der sich aber als Friedensbringer feiern ließ – dort und zur gleichen Zeit ein kleines, unschuldiges Kind, das die Magier aus den traditionellen Kulturen des Morgenlands als König verehrten.

Doppelgesichtig wie Janus kann auch der Mensch sein. Doch er ist kein allwissender Gott. Zwar kann auch er in die Vergangenheit blicken und aus dieser Herkunft möglicherweise Wege in die Zukunft ablesen. Doch die Erinnerung ist trügerisch und die Zukunft bleibt auch bei noch so viel Anstrengung größtenteils dunkel. Alles, was wir erkennen können, sind Phänomene.

Das Fremdwort *Phänomen* stammt von dem griechischen Verb *phainomai* ab, das auch in *epiphania* und im lateinischen *fanum* (= *Heiligtum, Tempel*) steckt. *Phainomai* bedeutet *ich strahle auf, scheine*. Doch das griechische Wort hat, ebenso wie seine deutsche Entsprechung *scheinen*, zwei Bedeutungen: Wenn ein Bild *aufscheint*, kann es nur so *scheinen*, als ob es wahr wäre. Selbst wer staunend vor der Schönheit der Welt steht, kann nie sicher sein, ob es sie tatsächlich gibt oder ob alles nur ein Trugbild ist. Staunen und Zweifeln, wie es der ungläubige Thomas tut, sind die zwei Grundbedingungen der Religion. Glauben verlangt nicht blindes Vertrauen wider scheinbar besseres Wissen. Glauben muss vernünftig sein.

Ja, die Sterndeuter verstanden etwas von Opposition, von zwei Sternen, die sich gegenüberstanden, aber grundverschieden waren – um 180 Grad auseinander. Augustus mochte tatsächlich mit Krieg, Mord und Totschlag einen mehr oder weniger bleiernen Frieden erkauft haben. Aber das war bestenfalls vorübergehend, das wusste auch damals jeder lebenserfahrene Zeitgenosse. Auf und Nieder, Krieg und Frieden: So ist es eben in der Zeit, auf der Welt, deren ewiger Grund die Bewegung ist. Dem gegenüber stand – das hatten die Könige aus der uralten Kultur des Ostens begriffen – das Königtum dieses Kindes. Das war nicht von dieser Welt. Ein anderes Friedensreich, ein größeres, das klein anfängt: da nämlich, wo sich der eine mit dem anderen aussöhnt und inneren Frieden gewinnt, wo Nachbarn nebeneinandersitzen, um gemeinsam zu feiern.. Das ist die Geschichte hinter der Geschichte, hinter dem Mythos. Und das ist ja gerade die Aufgabe eines Mythos: Aus den mythischen Bildern tritt die Botschaft (griechisch: *euangelion* = *gute Nachricht, Botschaft*) hervor – klar wie die Sonne. Für jeden.

Ob die Sternsinger, die seit Jahrhunderten durch Dörfer und Städte ziehen und den Häusern den Segen bringen, sich bewusst machen, in welch ehrwürdiger, mythischer Tradition sie stehen? Wahrscheinlich eher selten. Früher einmal war es oft genug pure Not, die die verkleideten Kinder in der Hoffnung auf eine kleine Gabe an die Türen der Leute brachte, heute stehen Freude und der Spass im Vordergrund, für sich selbst und andere etwas Schönes zu tun. Wichtig aber ist, dass es diese Tradition gibt, dass sie weiterwirkt durch Jahrtausende – von den Sterndeutern der Frühgeschichte bis heute. Das Christentum hat

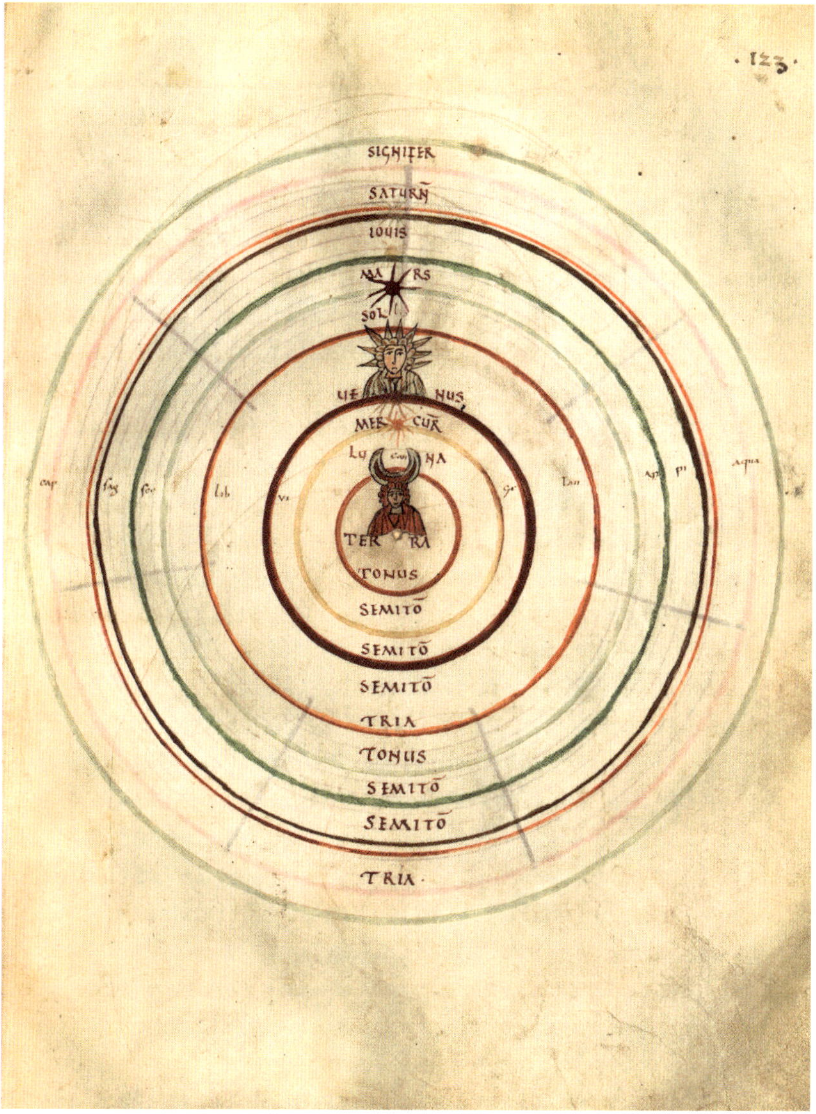

Der Umlauf der Sonne und der Planeten: Das geozentrische Weltbild ging auf Aristoteles zurück und beherrschte das Denken bis in die Neuzeit. Terra, die Erde, liegt in der Mitte, dann folgen die Bahnen von Mond, Merkur, Sonne, Mars, Jupiter, Saturn und die der Sterne. In den äußersten, höchsten Sphären des Himmels vermutete man das Reich Gottes. In dieser Illustration eines astronomischen Werks aus der Staatsbibliothek München sind interessanterweise nur Erde und Sonne als Personen dargestellt – und zwar so, dass die Erde, wie einstmals die großen Muttergottheiten, den Mond auf dem Kopf trägt.

sich in der Antike ganz bewusst in solche Traditionen gestellt. Traditionen, die sichtbar machen sollen, dass die Welt und der Mensch mitten darin an den Kreislauf der Zeit gebunden sind, wie seit jeher. Aber er kann wissen: Es gibt Fragen und Antworten, Sehnsüchte und Botschaften, die von zeitlichen Zwängen erlösen, die aufschauen lassen und den Blick öffnen. Weit über die Welt hinaus.

Da ist er wieder, der gekonnte Spagat zwischen traditioneller Volksreligion und hoher Philosophie: Man wusste, dass man den Leuten nicht mit philosophischen Finessen kommen konnte. Die meisten brauchten Bilder, um zu verstehen. Sie brauchten Formen, um darin das, was sie nicht begreifen konnten, aufzufangen. Freilich hat es immer wieder Leute gegeben, die sich an diesen *Formen* gestoßen haben, weil sie ihnen zu laut, zu grell waren; sogenannte *Reformer*, die nicht verstehen konnten, dass das lautstarke Feiern zur rechten Zeit zum Verstehen des leisen Heiligen dazugehört, dass das *Fest* und das *Fanum* zwei Seiten der gleichen Medaille sind.

Um die Wende vom 15. zum 16. Jahrhundert wetterte etwa der spätmittelalterliche Theologe Johann Geiler von Kaysersberg (1445 – 1510), ein gedanklicher Vorläufer der Reformation, der als Prediger in Augsburg tausende Menschen anzog, gegen die Weihnachtsbräuche. Ihm waren alle Feierformen, die nicht andächtig und wohlgesittet abliefen, ein Dorn im Aug. Geiler sagte, schon die Heiden hätten den Gott Janus gefeiert *mit Tanzen und Springen, mit Stechen* [= Turnierkämpfen], *mit Tannenreis legen, mit Schmausen, oder daß sie einander Gaben schicken oder Lebkuchen*. Und weil es die Heiden getan hätten, deswegen sei all das unschicklich für einen Christenmenschen.

Es stimmt schon: Mit einem puristisch eng gefassten christlichen Fundamentalismus haben diese Fest- und Feierbräuche nicht viel zu tun. Es sind eben Formen, mithilfe derer man feiert, was sich ohne sie nicht fassen ließe: heilige und weniger heilige Formen, in die der geheimnisvolle Inhalt fließen kann, der davon erzählt, dass Gott Wirklichkeit geworden ist in der Welt. Und Wirklichkeit wird er in der Gemeinschaft, im gemeinschaftlichen friedlichen Feiern. Die Menschen der Antike haben das gewusst. Und der Kirchenvater Augustinus, selbst ein Kind der Antike, hat betont:

Die Wirklichkeit selbst nämlich, die man heute als christliche Religion bezeichnet, bestand auch schon bei den Alten, ja, sie fehlte niemals seit Beginn

Die Antike glaubte, wenn man ans Ende der Welt kommt, dort, wo Erde und Himmel sich treffen, muss man auf die Knie fallen und die Schultern beugen. Wer das tut, der *blickt durch*; Flammarions Holzstich – erstmals erschienen in *L'atmosphère*, Paris 1888.

der Menschheit, bis dass Christus im Fleische kam; seither begann man lediglich die wahre Religion, die schon immer bestand, die christliche zu nennen.

Dreikönig

Auch Symbole sind Formen, Vergleiche, die fassen helfen: Gold, Weihrauch und Myrrhe bringen die Magier aus dem Morgenland. Drei in der Antike königlich-teure Geschenke – nur von dieser Anzahl der Gaben ist abgeleitet, dass es sich um *drei Könige* gehandelt hat, die dem Stern nach Betlehem folgten. Die Bibel spricht nur von einer unbestimmten Anzahl *magoi,* also *Magiern,* die mit Geschenken kamen, drei symbolhaft magischen Geschenken.

Zahlenmystik war in der Antike überall zu finden. Die Zahl Eins symbolisierte den Uranfang, den *einen unbekannten höchsten Gott* (griechisch: *theos hypsistos*) des Hellenismus. Zwei, zweimal eins, war die Zahl der heiligen Vollendung, der Dialektik; jedes Ding hat auch sein Gegenteil – im Himmel und auf Erden. Drei, die heilige Zahl der Vereinigung von eins und zwei: Das Dreieck war und ist das Symbol des (göttlichen) Auges und des Lichts. Mit der Spitze nach oben symbolisierte es das Feuer und die männliche Zeugungskraft. Mit der Spitze nach unten das Wasser und das weibliche Geschlecht. Die Zahl Vier, zweimal zwei, war die heilige Zahl der vier Weltgegenden und Himmelsrichtungen, der Elemente und Temperamente. Die Zahl Fünf, die Vereinigung von drei und zwei, die Finger der Hand, die fünf Sinne. Sechs, zweimal drei, die vollständige Zahl, die Zahl Salomons und Davids; das männliche und weibliche Dreieck übereinander, das Hexagramm, war das Symbol der Vereinigung, der Synthese von sichtbarer und unsichtbarer Welt. Sieben, drei und vier, stand und steht für die Tage der Woche, die Zahl der (bekannten) Planeten, die Weltwunder und Hügel Roms. Acht, zweimal vier, ist nach wie vor die Zahl der Unendlichkeit: Der achte Tag ist der Tag der Wiederkehr Christi, achtfach ist das Rad Buddhas; achtzackig ist auch nach alter Überlieferung der Stern von Betlehem.

Die Zahl Drei ist die allerheiligste Zahl der alten Welt. Dreifach waren alle Hauptgötter, dreifach waren Himmel, Erde und Unterwelt, die bekannten Erdteile waren drei an der Zahl (Europa, Asien, Afrika), drei Grundsätze hat die uralte Lehre des persischen Priesters Zarathustra (gute Gedanken, gute Worte, gute Taten), auch die indischen Seelenkräfte sind drei: das Finstere, das Bewegte, das Seiende.

In Kupfer gestochener sechszackiger Weihnachtsstern aus der Oberpfalz mit magischen Segenswünschen für das neue Jahr. Zwischen den Sternzacken sind den Symbolen der drei Könige die Kürzel der heiligen Familie mit kleinen Gebetsanrufungen zugesellt.

Und dreifaltig ist auch der christliche Gott, nicht zuletzt auch die Heilige Familie: Vater, Mutter, Kind. Aller guten Dinge sind drei. Auch Weihrauch und Myrrhe und Gold.

Weihrauch, Myrrhe, Gold

Weihrauch ist außerordentlich kostbar, denn er gedeiht nur in dem speziellen Monsunklima Südarabiens und Somalias. In wasserarmen, heißen Gegenden dient er zur Desinfektion. Die Ägypter schätzten den Wohlgeruch des Weihrauchs und kannten seine desinfizierende Wirkung, weswegen sie ihn zusammen mit der Myrrhe zum Mumifizieren einsetzten. Noch heute benutzen ihn die Beduinen zum Desinfizieren der Kleidung.

In Ägypten nannte man die Weihrauchperlen *Schweiß der Götter*. Man importierte sie aus dem Land Punt, das heute in etwa mit dem Jemen und dem südlichen Oman gleichzusetzen ist. Weihrauch war sehr teuer, die Ägypter tauschten dafür seltene Glasperlen und kostbare Bronzewerkzeuge ein. Um leichteren Zugang zum begehrten Weihrauch zu erlangen, ließ Königin Hatschepsut (1479–1458 v. Chr.) eine Expedition nach Punt zusammenstellen. Zunächst mit Erfolg. Die Krieger brachten *grünende Weihrauchbäume, 31 Stück, herbeigeführt unter den Kostbarkeiten für die Majestät des Gottes Amun, des Herrn der irdischen Throne. Niemals ist Ähnliches gesehen worden seit der Erschaffung der Welt*. Die Weihrauchbäume wurden vor dem Totentempel der Königin angepflanzt, gingen offenbar aber schnell ein.

Weihrauch enthält geringe Mengen des berauschenden Stoffes Cannabinol, wie er auch in der Hanfpflanze zu finden ist. Schon die Griechen und dann auch die Römer schätzten die stimmungssteigernde Wirkung bei ihren Mysterienfeiern, Orakel- und Kultopfern wie etwa dem Kaiseropfer am Tag des Sol invictus oder bei der Epiphanie der kaiserlichen Familie.

Myrrhe ist das Harz eines Balsambaums, das in der Antike wie heute ebenfalls aus Arabien oder dem östlichen Afrika eingeführt werden muss. Es wurde zum Räuchern benutzt, aber auch verwendet für allerhand Salben und Öle, die man zur Behandlung von Entzündungen und Wunden brauchte. Die bittere Myrrhe wurde dem Wein beigegeben – als Würzmittel und weil sie konservierende Wirkung besaß.

Gold zuletzt ist das älteste und edelste aller Metalle, die der antike Mensch kannte. Gold korrodiert nicht und besteht ewig. Golden ist

Sternsinger in einer Stadt; Nürnberger Holzschnitt 1680/1700

die Haut und das Fleisch der antiken Götter. Die Farbe des Goldes kommt direkt von Gott, der göttlichen Sonne, aus dem himmlischen Feuer. Gold ist das Metall der Pharaonen und aller Könige, deren Aufgabe es war, Handel und Wandel zu überwachen und den Frieden zu garantieren. Nur im Frieden konnte Wohlstand gedeihen, der wiederum aus dem friedlichen Austausch von Waren mithilfe des Zahlungsmittels Gold erwuchs.

Der ägyptische Pharao Tutanchamun wurde in einem dreifachen goldenen Sarg bestattet. Der erste, äußere, ein vergoldeter Holzsarg, zeigt den Pharao als Gottvater Osiris mit allen Insignien der Macht; Osiris steht für den Tod. Auf dem zweiten Sarg, der ebenfalls aus vergoldetem Holz besteht, tritt Tutanchamun als Gottessohn Horus oder Sokar mit Falkenschwingen auf. Horus/Sokar steht für die Auferstehung. Der innere Sarg aus 110,4 Kilogramm purem Gold birgt schließlich die Mumie. Darauf lässt sich Tutanchamun als Gott Ptah deuten. Ptah ist zusammen mit Horus/Sokar und Osiris der dritte Gott der großen ägyptischen Reichstriade. Ptah ist der Schöpfergott, der sich selbst erschafft und von dem alles Leben ausgeht.

Ptah ist ein sprechender Name. Der Schöpfergott, der den Menschen aus Lehm geformt hat, haucht seinem Geschöpf mit diesem *Ptah*, dem Geräusch, das beim Ausatmen entsteht, seinen göttlichen Atem ein – ganz ähnlich wie der biblische Gott. Schon die ältesten Kulturen sahen im Windhauch, der durch den Mund ein- und ausgeht und sich mit der Luft verbindet, den göttlichen Geist, die Seele. Ohne den Atem, die Luft in Bewegung, wäre auch den Lebenden das Sprechen unmöglich. So wispern im Windhauch, der die Blätter bewegt, die körperlos gewordenen Stimmen der Verstorbenen. Das Rauchopfer aus Weihrauch und Myrrhe, das sich zusammen mit der Luft erhebt, sich in ihr verwirbelt und schließlich auflöst, trägt nach uralter Vorstellung die Essenz des Lebens hinauf zu Gott.

Das indoeuropäische Wort *Atem* (indisch-sanskrit: *atma*) bedeutet *Seele, Lebenshauch*; auf Hebräisch *ru(a)ch*, im Griechischen heißt dieser Windhauch *pneuma*, auf Lateinisch *spiritus*. Und überall bedeutet das Wort das Gleiche. Der *spiritus sanctus*, der *Heilige Geist*, ist im Christentum bis heute die dritte Person der göttlichen Dreifaltigkeit.

Weihrauchbaum im Weihrauchmuseum von Salalah im Oman

Seit der Antike ist der Weihrauch eine der kostbarsten Opfergaben. Früher standen Weihrauchopfer im Dienst des römischen Kaiserkults, besonders der Epiphanie; eine ähnliche Funktion erfüllt er in den katholischen und orthodoxen Kirchen. Theologisch symbolisiert der Rauch die himmelwärts steigenden Gebete.

Er kommt auf Maria herab, damit aus ihr Gott selbst als sein eigener Sohn auf die Welt kommen kann.

Völker der Welt

Wie praktisch alle Geschichten rund um Weihnachten verbindet die Geschichte von den Heiligen Drei Königen die Gegenwart mit den Mythen der alten Welt, die da waren, seit die Menschen sich Gedanken machen über die Zeit, ihr woher und wohin – von Anfang an. Die Könige sind Sinnbild für alle Völker der Welt, die zu dem Kind wallfahrten.

Zahlreiche Kulturen begannen sich in hellenistischer Zeit, also in den Jahrhunderten vor der und um die Zeitenwende, dem Monotheismus zuzuwenden. In vielen dieser Kulturen rund ums Mittelmeer gab es uralte Überlieferungen, denen zufolge *das Licht zur Erleuchtung der Welt* von den monotheistischen Juden zu erwarten war. Die Juden wiederum nannten diese Leute, die sie als das *messianische Volk* anerkannten, daneben aber ihre eigene Kultur beibehielten und sich nicht beschneiden ließen, *Gottesfürchtige*. Die noch verbliebene, dünn gewordene Trennwand zwischen Juden und Heiden wurde mit dem Erscheinen des Messias, des Christus endgültig eingerissen. Die Heiligen Drei Könige sind die ersten Zeugen dafür: Man brauchte kein Jude sein, um Christ werden zu können.

Gleichzeitig hatten die Könige alles stehen und liegen lassen, ihre Heimat, ihre ganze Welt hinter sich gelassen, um nach Betlehem zu ziehen. Auch darin wurden sie zu Vorbildern: Denn nach antiker Vorstellung konnten auch bereits getaufte Christen noch heidnisch leben – dann nämlich, wenn sie die Welt nicht hinter sich lassen wollten und das weltliche dem geistig-geistlichen Leben vorzogen. Johannes Chrysostomus (349 – 407), der Erzbischof von Konstantinopel, formulierte es so: *Folgen auch wir den Magiern, und wenden wir uns soviel als möglich ab vom heidnischen Leben [...]. Verlasse also auch du alle weltliche Lebensweise und eile nach Betlehem, wo das Haus des geistigen Brotes ist* [der aramäische Ortsname *Betlehem* bedeutet *Haus des Brotes, Brothausen*].

Kaspar, Melchior und Balthasar, so heißen die drei Könige nur bei den orthodoxen und lateinischen Christen; bei Syrern, Armeniern und Äthiopiern haben sie andere Namen wie Larvandad, Kagba oder Sisisba – die Liste der Namen ist lang. Die westlichen Namen sind seit dem 6. Jahrhundert überliefert: *Kaspar* ist persisch und bedeutet soviel wie *Schatzmeister*. Melchiors Name ist hebräisch: *Melek* steht für den König des Lichts. Und schließlich *Balthasar*. Sein Name ist babylonisch: *Balsazar* heißt *Gott ist Schützer*. Der englische Mönch Beda Venerabilis (um 672 – 735) fügt den Magiern dann einen weiteren Mythos hinzu: Der junge Kaspar stehe für Afrika, schrieb er, der mittelalte Balthasar sei aus Asien und der alte Melchior ein Europäer. Bedas Schrift hatte Wirkung: Häufig ist seitdem Kaspar als Schwarzafrikaner dargestellt. Im Lauf des Mittelalters wurden die Mythen und Legenden um die drei Könige Legion.

Griechisch *mythein* bedeutet *erzählen*. Ein Mythos ist eine mündlich berichtete Geschichte. Eine Legende (lateinisch: *legenda = das zu Lesende*) ist eine aufgeschriebene Geschichte. Beides, Mythos und Legende, sind Erzählungen. Grundlegende Erzählungen zumeist, die erklären, warum etwas ist, wie es ist. Erzählungen also, die Zusammenhänge und Hintergründe vermitteln. Im Spätmittelalter kamen noch die Bilder, quasi als künstlerische Legenden, dazu. Vor allem Maler und Bildhauer interpretierten nun die heiligen Geschichten auf ihre Weise, was ihnen schließlich die Gegnerschaft protestantischer Theologen zuzog. Denn Bilder genauso wie Mythen und Legenden berichten nicht einfach Fakten – sie erklären, verdeutlichen sie, legen sie aus. Sie erzählen,

Myrrhe (von semitisch: *m-r-r = bitter*). Im Oman verbrennt man sie heute noch zuweilen, um böse Geister zu vertreiben.

was wahr ist – in einem höheren Sinn. In irgendeiner Art verpflichtend waren diese Wahrheiten aber nicht. Jedem stand frei, etwas wegzulassen oder auch etwas hinzuzutun: Denn als *wahr* galt im Mittelalter das, was *schön* war und *gute* Wirkung hatte. Am Ende des Mittelalters und in der Frühen Neuzeit wollte man das aber nicht mehr gelten lassen. Jetzt hieß es immer öfter, dieses oder jenes sei *schön und gut, aber …*

Abgesehen vom Überschwang der Bilder im Spätmittelalter hatte die Inflation der Dreikönigsmythen und -legenden aber auch einen ganz und gar handfesten Grund: Im Jahr 1162 belagerte Kaiser Friedrich Barbarossa die reiche lombardische Stadt Mailand. Schließlich mussten sich die widerspenstigen Mailänder auf Gnade und Ungnade dem Kaiser ergeben. Zum Dank für tatkräftige Hilfe überließ daraufhin Barbarossa seinem Kanzler, dem Kölner Erzbischof Rainald von Dassel, als Geschenk die Gebeine der Heiligen Drei Könige, die sich angeblich schon seit der Spätantike in Mailand befunden hatten. 1164 in Köln angekommen entwickelte sich um sie eine der bedeutendsten Wallfahrten im Heiligen Römischen Reich. In der Folge wechselte im deutschen Sprachraum das Fest am 6. Januar seinen Namen: Es hieß nun nicht mehr *Epiphanie*, sondern *Dreikönigstag*.

Neben Epiphanie und Dreikönig ist noch ein dritter Name für den 6. Januar gebräuchlich – zumindest im Süden des deutschen Sprachraums: *Hochneujahr* oder *Großneujahr*. Seit 1691 erst wird ja Neujahr in der ganzen westlichen Christenheit am alten römischen Neujahrsdatum, dem 1. Januar, gefeiert. Den Menschen der Jahrhunderte zuvor war dieses Datum zu heidnisch vorgekommen. Für sie war zunächst Weihnachten, später oft auch der Dreikönigstag der erste Tag des neuen Jahrs. Allerdings sahen die meisten das nicht so streng – und im Prinzip trifft sich das auch mit unserem heutigen Gefühl: Das Jahr wechselt in der Weihnachtszeit. Es endet an Weihnachten und beginnt neu am Tag nach Dreikönig. Die Tage der Rauhnächte dazwischen bilden die Weihnachts- und Neujahrszeit, die *Zeit zwischen den Jahren*, die ihren Höhepunkt eben an Hochneujahr erreicht.

Bohnenkönig

Mit Dreikönig endet also die Weihnachtszeit im engeren Sinn, nicht jedoch der Weihnachtsfestkreis. Und auch wenn jetzt die Ferien zu Ende gehen und damit nicht nur die Schulkinder zurück in die Schule, sondern auch viele Erwachsene, die über die Feiertage daheim geblieben waren, wieder in die Arbeit müssen – an den Voraussetzungen der winterlich-weihnachtlichen Zeit hat sich nichts geändert: Die Tage bleiben kurz, die Nächte lang und finster, es ist kalt. Es gibt also – abseits der technischen Errungenschaften der Neuzeit, die sich kaum von den Gegebenheiten der Natur beeindrucken lassen – nicht viel zu tun in Stall und Hof. Noch bis vor gut 100 Jahren hat das nahezu 100 Prozent der Bevölkerung betroffen.

Man feierte also weiter. Die Bauern einfacher, die Adeligen teilweise sehr aufwendig. Und noch heute schließen sich an die Tage nach Dreikönig die festlichen Neujahrsempfänge an: Wer viel bedeutet, wird viel eingeladen und kann so bis Ende Januar weiterfeiern. Das war im Spätmittelalter nicht anders. Das zu Beginn des 15. Jahrhunderts entstandene Stundenbuch mit der berühmtesten Buchmalerei des Spätmittelalters, das „Très Riches Heures", zeigt für den Januar einen solchen Neujahrsempfang des Herzogs von Berry, eines Bruders des französischen Königs. Neben zahlreichen anderen Herrschaften begrüßte er an seinem Tisch den Bischof von Chartres.

Viel bescheidener waren selbstverständlich die Vergnügungen der einfachen Leute. Eines, das sehr weit zurückweist in die Antike, ist das Spiel vom Bohnenkönig, das rund um Dreikönig praktisch in ganz Europa gespielt wurde und sich hie und da bis heute erhalten hat. Die damit verbundenen Bräuche erinnern stark an den Saufkönig der römischen Saturnalien: Der König wird entweder durch das Los bestimmt oder durch den Königskuchen. Dabei handelt es sich um ein Kuchengebäck, in das eine getrocknete, harte Bohne eingebacken wird; heute ist vor allem in Frankreich eher der Brauch verbreitet, eine kleine Königsfigur aus Porzellan oder Kunststoff unter den Kuchenteig zu mischen. Wer die Bohne bzw. den kleinen König findet, bekommt eine Krone aufgesetzt und darf den ganzen Tag Befehle erteilen. Und während es rund geht, wird natürlich reichlich gegessen und hauptsächlich getrunken.

Neujahrsempfang beim Herzog von Berry: Der Zeremonienmeister bittet die Gäste zum Defilee („aproche, aproche"). Mit Pelzhaube sitzt der Herzog vor einem runden Ofenschirm. Er ist komplett im Profil abgebildet – eine Anspielung auf den Gott Janus, der über den Januar herrscht.

Wunder geschehen nicht im Widerspruch zur Natur,
sondern nur im Widerspruch zu dem,
was uns über die Natur bekannt ist.

Augustinus von Hippo (354 – 430), Kirchenlehrer und Philosoph

Lichtmess

Reinigung

Wie Weihnachten im Advent vorglüht, glüht es auch nach. Allen liturgischen und sonstigen Reformen zum Trotz, dauert die Weihnachtszeit im weiteren Sinn immer bis Lichtmess am 2. Februar; auch wenn die Unsitte um sich greift, die Weihnachtsdeko samt Christbaum bereits zum 1. Advent aufzustellen und sie noch im Dezember wieder abzuräumen, ohne zumindest den 6. Januar abzuwarten. Wenigstens in katholischen Kirchen bleiben die Christbäume die vollen 40 Tage bis Lichtmess stehen und manchmal lässt man in den Häusern zumindest die Krippe so lange aufgebaut.

Wenn es sich um eine sogenannte *Jahreskrippe* mit wechselnden Bildern handelt, zeigt sie am ersten Sonntag nach Dreikönig die Taufe des Herrn im Jordan. Die Offenbarung Jesu durch die Stimme aus den Wolken, die ihn nach der Taufe als *geliebten Sohn* bezeichnet, gehört ja zu den Geheimnissen um die Epiphanie. Das Eintauchen in Wasser zur rituellen Reinigung war vor und nach Johannes dem Täufer in zahlreichen Kulturen bekannt. Wasser gilt als Urmaterie, die in fast allen Schöpfungsmythen vorkommt. Wasser steht nahezu überall in Zusammenhang mit den Aspekten der Fruchtbarkeit und wird in Gegensatz zur Wüste gesetzt. Tatsächlich heißt es unmittelbar nach dem Taufbericht im Markusevangelium:

Und sogleich trieb der Geist Jesus in die Wüste. Jesus blieb vierzig Tage in der Wüste und wurde vom Satan in Versuchung geführt. Er lebte bei den wilden Tieren und die Engel dienten ihm.

Diesen berühmten 40 Tagen sind wir bereits vor Weihnachten begegnet. 40 Tage dauerte schon die alte Adventsfastenzeit nach Martini. Unmittelbar mit Weihnachten beginnt aber eine neue 40-tägige Frist, die mit den Reinigungsvorschriften im Judentum zu tun hat. Nach jüdischem Glauben musste eine Frau 40 Tage nach der Geburt eines Sohnes ein Reinigungsopfer im Tempel darbringen. Da Jesus zugleich der Erstgeborene war und jede Erstgeburt in Erinnerung an das erste jüdische Passahfest Gott gehört, musste auch er in den Tempel gebracht und dort mit einem stellvertretenden Opfer ausgelöst werden.

Alle ersten Früchte der Ernte dürfen nicht von Menschen genossen oder verwendet werden, sondern gehören Gott oder den Göttern; die ersten Früchte von Bäumen werden drei Jahre lang nicht gepflückt, der erstgekelterte Wein auf der Erde vergossen – solche Opfer gehören zu den ältesten religiösen Praktiken seit der Mensch als Bauer sesshaft geworden ist. Und unter die *Erstlingsfrüchte* zählten eben auch die jeweils erstgeborenen Kinder einer Familie. Auch sie gehörten Gott. Sie waren besonders privilegiert, oft für den Priesterstand bestimmt oder mussten den Göttern auf andere Art dargebracht werden. Hinweise auf Menschenopfer gibt es in allen alten Kulturen weltweit. Doch inwieweit sie im Rahmen offizieller kultischer Handlungen konkret umgesetzt wurden, ist unklar. Wenn es sie tatsächlich gegeben hat, so wurden sie spätestens im 1. Jahrtausend v. Chr. religiös tabuisiert und durch stellvertretende Tier- oder Geldopfer abgelöst wie bei der durch Gott verhinderten Opferung Isaaks durch Abraham. In den Kulturen rund ums Mittelmeer waren männliche Wiederkäuer bevorzugte Opfertiere bei Opferfesten, vor allem Widder und Böcke; das jüdische Passahfest ist so ein Opferfest. Im Gedenken an die Passahnacht musste jeder männliche Erstgeborene die besagten 40 Tage nach seiner Geburt im Tempel durch ein Opfer ausgelöst werden. Im christlichen Verständnis weist die *Darstellung Jesu im Tempel* bereits auf seine Rolle als *Opferlamm* an Ostern voraus. Damit werden die uralten Vorstellungen mit dem Bild vom Lamm, das geschlachtet wird, fortgesetzt.

Rechnet man ab Weihnachten 40 Tage ins neue Jahr hinein, so landet man beim Festtag für *Mariä Reinigung* und *Darstellung Jesu im Tempel* am 2. Februar, dem sogenannten *Lichtmesstag*. Auch in der römischen Antike gab es nach dem Festtrubel der weitgehend arbeitsfreien Wintertage zur Mitte des Februars (lateinisch: *februare = reinigen*) ein Reinigungsfest: die *Lupercalien*. Der Haupttag, der Tag der *Sühnung* (lateinisch: *dies februatus* = wörtlich: *gereinigter Tag*) war der 15. Tag des 2. Monats, der daher den Namen *Februarius* bekam. Die Lupercalien wurden unter anderem mit Buß- und Lichterprozessionen begangen, wofür speziell Kerzen geweiht wurden. Ein Brauch, der sich in der Spätantike zusammen mit dem Festtag ins Christliche wendete – Lichtmess.

Aber nicht nur die Idee der Buße und Reinigung traf sich bei diesem römischen Fest mit dem christlich-jüdischen Verständnis – auch die

Idee des stellvertretenden Opfers gab es. Vom Ursprung her handelte es sich bei den Lupercalien um ein uraltes Hirtenfest (lateinisch: *lupercus = Hirte;* wörtlich: *Wolfsabwehrer*), bei dem auf eine blutige Opferzeremonie auf dem Palatin ein Opfermahl folgte. Es wurden junge Ziegenböcke geopfert, anschließend zwei vornehme junge Männer mit dem blutigen Messer berührt – als Zeichen dafür, dass die Böcke stellvertretend für sie geopfert worden waren. Als Mitglieder der führenden Schicht Roms sollten sie wie ihre Hirtenvorfahren bereit sein, ihr Leben für die ihnen anvertraute Herde hinzugeben. Nach dem Opfer wurde eine Art Perchtenlauf veranstaltet: Die Priester legten die bluttriefenden Felle der Böcke an, zerschnitten weitere Bälger zu Riemen. Damit zogen sie jetzt ausgelassen durch die Stadt und versetzten Frauen, denen sie begegneten, Streiche. Die ließen sich das gern gefallen, weil die Riemen Fruchtbarkeit, Kinderreichtum bringen sollten.

Die Lupercalien galten als einer der grundlegenden Kulte der Stadt Rom und fielen in den ersten Jahrhunderten auch zeitlich mit dem Fest Mariä Reinigung/Darstellung Jesu zusammen. Die 40 Tage wurden nämlich bis ins 6. Jahrhundert vom alten Weihnachtstermin am 6.Januar aus gerechnet. Der Festtag war damals der 14. Februar, der Vorabend des eigentlichen Lupercalientags. Deswegen und vermutlich wegen der zahlreichen Anklänge an das jüdisch-christliche Reinigungsfest Lichtmess haben sich die Lupercalien am längsten von allen alten heidnischen Kultfesten gehalten. Sie wurden erst im Jahr 494 n. Chr. abgeschafft – 18 Jahre nachdem der letzte weströmische Kaiser abgesetzt worden war.

Schlenkelweil

Der lupercalische Perchtenlauf ging praktisch nahtlos über in die römischen *stultorum feriae* (= *Festtage der Narren*), die am 17. Februar ihren Höhepunkt erlebten. Man sieht: Die Saturnalien waren schon im alten Rom nicht genug, um die winterliche Feierlust der Leute zu befriedigen, und Perchtenläufe, sprich: Maskenfeste, vor und nach der Wintersonnenwende waren an der Tagesordnung.

Und auch dieses Motiv hat sich gehalten über viele Jahrhunderte: Der Lichtmesstag selbst galt bis in die Mitte des 20. Jahrhunderts als Ein- und Ausstandstag für die Dienstboten, die danach auf Kosten ihres neuen Dienstherrn und mit dessen *Urlaub* (wörtlich: *Erlaubnis*) frei, eben Urlaub machten. Wie schon zu Allerheiligen, auf Martini und aus mancherlei anderen Anlässen rund um Weihnachten war jetzt noch einmal – oder immer noch – die Gelegenheit für Freizeit. Und wiederum waren die Leute flüssig, weil sie Lohn bekommen hatten. Deswegen wurden in vielen Orten Lichtmessmärkte abgehalten, die zahlreiche Möglichkeiten boten, das Verdiente wieder loszuwerden. Gleichzeitig konnten auf diesen Märkten auch Kontakte mit eventuellen neuen Dienstherren geknüpft werden.

Das Wort *Urlaub* hängt, ebenso wie *glauben*, mit *Laub* und *Liebe* zusammen. Die Erlaubnis des Dienstherrn ist eine Liebestat. Übrigens: Im Alpenraum hießen die Urlaubstage des Gesindes *Schlankel-* oder *Schlenkelweil*. Das Wort ist mit der *Schlange* verwandt und kommt von mittelhochdeutsch *slangen/slingen* für *hin- und herziehen, kriechen, schleichen*. Das noch heute gebräuchliche Wort *Schlingel* für Nichtsnutz kommt daher. Die Schlenkelweil war, wie schon in der Antike die Tage um die Lupercalien, eine Zeit des erlaubten Müßiggangs, die in der Regel Mitte Februar nahtlos in die tollen Tage des Faschings überging, um am Aschermittwoch ihr letztlich bußfertiges Ende zu finden.

Sich Zeit zu nehmen für sich und seine Privatangelegenheiten, ist selbstverständlich keine Erfindung der Neuzeit. Bei den Griechen hieß das *scholé* (= *Muße*). Von diesem Wort stammt auch der lateinische Begriff *schola*, von dem wiederum unser Wort *Schule* kommt. *Scholé*, also Zeit für persönliche Bildung, für das Nachdenken (= *philosophia*) oder gute Gespräche (= *rhetorika*) zu haben, galt als das höchste Ideal des Lebens. Aber auch die Sklaven, denen die wohlhabenden Griechen ihre *scholé* verdankten, mussten nicht unablässig arbeiten. Rund 60 Tage im Jahr durften sie an religiösen Festen und Feierlichkeiten teilnehmen. An Feiertagen nämlich war jegliche Arbeit verboten. Werktage andererseits galten als Gegenteil von *scholé*: Griechisch *a-scholia* bedeutet *Arbeit*.

Das gleiche Ideal pflegten die Römer: Dort hieß die Zeit für Muße *otium*. Und auch bei ihnen leitete sich das Wort für *Arbeit* bezeichnenderweise vom Wort für *Muße* ab: *neg-otium* (= *Arbeit, Geschäft, Handel*). Doch weder Griechen noch Römer waren zu Mußezeiten untätig. Sowohl *scholé* als auch *otium* waren zwar selbstbestimmte Zeit, man musste sie aber gewinnbringend für die Allgemeinheit einsetzen. Es bestand sogar so etwas wie ein ehrenhafter Zwang zur Arbeit. Selbst die reichen Herren unter den Griechen und Römern arbeiteten also in unserem Sinn, ganz ähnlich wie ihre Sklaven, an den Tagen im

Jahr, an denen das religiöse Gesetz (lateinisch: *fas*) die Arbeit erlaubte (lateinisch: *dies fasti = Arbeitstage*). Lediglich an den gut 100 *dies nefasti* (= *Fest-, Feiertage*; wörtlich: *Nicht-Arbeitstag*) im Jahr, an denen das religiöse Gesetz die Arbeit verbot, war man zum Nichtstun gewissermaßen verpflichtet.

Fast Fasten

Es entspricht also dem normalen Lauf des Jahres, dass nach den *dies nefasti*, den Fest- und Feiertagen, die *dies fasti* kommen, die *Fastentage*. Im Mittelalter hat man mit *Fasten* den Gegensatz zu den *Nicht-Fasten*, der üppigen Fest- und Feierzeit rund um die Wintersonnenwende, bezeichnet. Jetzt begann die Arbeit wieder, der Ernst des Lebens, die Zeit des untätigen Schlenkelns und Schlemmens war vorbei. Am Ende des Winters, wenn mancherorts die Vorräte sowieso schon nahezu aufgebraucht waren, war jetzt *Fasten* im heutigen Sinn von *(Speise-)Enthaltsamkeit* angesagt. Zeit nicht nur für die symbolische Reinigung, sondern für tatsächliche Entschlackung – bis zur Feier der Erneuerung des Lebens an Ostern. Wieder kommen hier die uralten Ideen der 40-tägigen Reinigung ins Spiel. Doch diesmal wird das Kind nicht, wie bei den römischen Lupercalien oder an Mariä Reinigung, nur symbolisch geopfert. Nach christlichem Glauben wird sich an Ostern der Gottessohn selbst als Passahlamm hingeben, leibhaftig, blutig, real.

Fasten aus religiösen Gründen gab und gibt es in praktisch allen Kulturen von der Antike bis heute. Vom Mittelalter bis in die Neuzeit galt an Fasttagen wie dem Aschermittwoch oder dem wöchentlichen Freitag sowie in den Fastenzeiten vor Weihnachten und Ostern *einmal tägliche Sättigung*. Verzichtet werden musste auf das Fleisch warmblütiger Tiere, auf Milchprodukte und Eier. Da Fisch sehr teuer war und praktisch nur auf die Tische wohlhabender Leute kam, ernährte sich der Großteil der Leute in dieser Zeit von einfachen Mehlspeisen, Nüssen, Samen und Trockenfrüchten; besonders für hart arbeitende Menschen eine große Herausforderung. Zumal insgesamt etwa ein Drittel des Jahres gefastet werden musste. Schon früh warnte deswegen Hildegard von Bingen vor übermäßigem Fasten im Sinn selbstauferlegter zusätzlicher Kasteiung (lateinisch *castus = enthaltsam, keusch*), wodurch *die Säfte des Körpers in Aufruhr* geraten, *weil ihm nicht die Grünkraft der rechten Ernährung vergönnt* wird.

Solche Ermahnungen galten unter anderem für Leute, die über ihre tägliche Arbeit hinaus auf den Baustellen von großen Stadtkirchen und Domen ehrenamtliche Arbeit leisteten. Für die Arbeiter an der Landshuter Martinskirche oder am Ingolstädter Münster stellte der Papst deswegen ab 1487 die berühmten *Schmalz- und Butterbriefe* aus, die den Verzehr von Butter, Milch, Käse und Eiern auch zu offiziellen Fastenzeiten erlaubten. Dass die Reichen sich entsprechende Briefe kaufen konnten, rief wiederum die Reformatoren auf den Plan, die eine solche Ungerechtigkeit geißelten. Deswegen genehmigte die Kurie wenige Jahrzehnte später Milchprodukte und Eier generell. Komplett ausgenommen vom Fasten waren außerdem Arme, Kranke, Kinder und Schwerstarbeiter. Ab dem Dreißigjährigen Krieg auch die Soldaten, *weil die nötige Fastenkost für soviel Militär samt Weib, Kind und Troß nicht aufzutreiben war.*

Bevor *Schmalhans Küchenmeister* wurde, gab es außerdem noch eine Galgenfrist: die Fastnacht beziehungsweise den Fasching (= *Fast-Schank*). Mit Fastnacht war ursprünglich nur der Vorabend des Aschermittwochs gemeint – ähnlich wie Weihnacht einmal nur den Vorabend des Geburtsfests unseres Herrn bezeichnet hat. Und so wie im alten Rom das Narrenfest unmittelbar auf das Reinigungsfest folgte blieb es auch im christlichen Mittelalter: Der frühestmögliche Termin für Fastnachts- beziehungsweise Faschingsdienstag ist der 3. Februar.

Ostern ist bekanntlich ein bewegliches Fest, das immer am ersten Sonntag nach dem Frühlingsvollmond gefeiert wird. Wenn man die 40 Tage der Fastenzeit von Ostern aus zurückrechnet und die sechs fastenfreien (weil arbeitsfreien) Sonntage hinzuzählt, kommt man auf den Aschermittwoch, dessen spätester Termin – je nach Frühlingsvollmond – der 10. März und frühester Termin der 4. Februar ist.

Dem launischen Mond sei Dank können die tollen Tage also bis zu 35 Tage dauern. Meistens noch länger, denn wie im alten Rom ist ja auch schon an Lichtmess und der Zeit davor allerorten närrisches Treiben zu beobachten. Und sogar danach noch können die Leute es nicht lassen kindisch zu sein, sich selbst und andere immer wieder zum Narren zu machen: So gehört das *Politiker-Derblecken* in der Fastenzeit genauso zum närrischen Brauchtum (*Kinder und Narren sagen die Wahrheit*) wie das *In-den-April-Schicken* (*Jemanden zum Narren machen*). Auch der langohrige Osterhase ist, jedenfalls von seiner Abstammung her, bloß eine Witzfigur: Er ist eigentlich ein Narr mit Eselsohren, der den

Kindern den Narrenauftrag erteilt, in Garten und Feld nach Haseneiern zu suchen – und die Erwachsenen schauen amüsiert zu.

Warum die Eier zu Ostern bunt sind, hat einen einfachen Grund: Weil Eier bis ins 15. Jahrhundert während der Fastenzeit nicht gegessen werden durften und weil außerdem die Hühner im Frühjahr verstärkt zu legen begannen, hatte sich auf Ostern immer ein Vorrat an älteren Eiern angesammelt. Diese wurden rot gefärbt und bei der Auferstehungsfeier in der Osternacht zusammen mit den extra verzierten und frischen, weil in der Karwoche gelegten Eiern geweiht. Karwocheneier, die als besonders heilig galten, und ältere Eier auseinanderzuhalten, war (und ist) wichtig. Nur ältere Eier haben schon so viel Kohlendioxid durch die Schale verloren, dass sie sich leicht schälen lassen, wenn sie gekocht sind. Dass die Eier im Mittelalter *rot* gefärbt wurden, bedeutet übrigens nicht, dass sie ausschließlich rot waren. In früheren Jahrhunderten konnte *rot* (ähnlich wie noch heute etwa im Russischen) auch *bunt* oder *schön* bedeuten.

Vorbild des Osterhasen: Ein eierlegender Narr, der kleine Narren ausbrütet; Holzschnitt von Urs Graf, Straßburg 1512.

Die Lust am Närrischen geht im Übrigen weit über den eselsohrigen Narren zu Ostern hinaus. Noch zu Pfingsten gibt es den *Pfingstochsen* oder *Pfingstlümmel*, auf dessen Kosten man sich den ganzen Tag lustig macht, bloß weil er als letzter aufgestanden ist. Vielerorts wird dieser Pfingstnarr zum *Wasservogel*, der am Pfingstmontag von einer Gruppe der jeweiligen Dorfgemeinschaft vorgeführt wird. Manchmal macht sich gleich die ganze Truppe mit bunten Blätterkostümen *zum Narren* und kommt mit flotten Sprüchen wie:

Da Bauer hot a groß Vermögen,
Er kunt uns leicht an Taler gebn

an die Haustüren. Dazu werden die Hausbewohner mit Stegreif-Gstanzln ausgesungen. Wofür es im Gegenzug vor allem Getränke und (früher) Eier oder (heute) Geld gibt. Abschließend heißt es dann meist:

Mia san so bresltrucka,
ois wiar an Ofakrucka.
D'Wasservögel muaß ma giaßn,
sonst tuat's es boid verdriaßn.

Zum Ausgleich für ihre Großzügigkeit dürfen die Schenkenden die Wasservögel dann mit Wasser bespritzen oder gleich im Dorfweiher untertauchen.

Beim Wasservogelfest in dem damals noch selbständigen Dorf Neuhausen bei München war es üblich, zum nahegelegenen Schloss Nymphenburg zu ziehen, dem König mit einem Vers die Aufwartung zu machen und im Gegenzug königlich beschenkt zu werden. Im Jahr 1828 kam der Neuhauser Wasservogelgruppe aber die Gruppe aus Moosach zuvor. Im Schlosshof, vor den Augen des Königs, entwickelte sich daraufhin eine wilde Rauferei, die Ludwig I. dazu bewog, das Wasservogelfest fürderhin zu verbieten.

Kerzenfest

Die uralten Wurzeln der Feste wirken fort bis in die Gegenwart. Noch heute wird in den katholischen Kirchen an Lichtmess, ähnlich wie bei den Lupercalien im alten Rom, der Jahresbedarf an Kerzen für ein ganzes Jahr geweiht. Und vor der Erfindung des elektrischen Lichts brachte man auch den privaten Bedarf an Kerzen zur Weihe in die Kirche. In Bayern, wo Lichtmess bis 1912 ein offizieller Feiertag war, war es auf den Bauernhöfen überdies Brauch, dass jedes Mannsbild der Frau, die ihm das Jahr über *aufbettete*, also das Bett machte, ein reich verziertes Wachsstöckel verehrte.

Für die Wachszieher und Kerzenmacher ging jetzt eine arbeitsreiche Saison zu Ende. Das ganze Jahr über hatten sich in ihren Wachsgewölben tonnenweise Kerzen in allen Größen angesammelt. Das meiste davon wurde im Januar direkt an Pfarreien, Privathaushalte und an Händler verkauft, damit es an Lichtmess geweiht werden konnte. Jeder Haushalt brauchte spezielle Kerzen für besondere Anlässe: Kommunion- und Hochzeitskerzen, schwarze Wetterkerzen, die bei Gewitter angezündet wurden, um das Haus vor Schaden zu bewahren, sogenannte *Versehkerzen*, die neben einem im Haus aufgebahrten Verstorbenen angezündet wurden, dazu normale Haushaltskerzen und Wachsstöcke sowie die kleinsten sogenannten *Pfennig- oder Rosenkranzlichter*. Sie brannten grade so lange, wie ein Rosenkranz dauerte.

Ebenfalls ein wichtiger Kerzentag ist der unmittelbar auf Lichtmess folgende Festtag des heiligen Blasius von Sebaste am 3. Februar. In den katholischen Kirchen wird der Blasiussegen oft auch schon am Vorabend, also am Abend des Lichtmesstags, erteilt. Der Segen, der mit zwei gekreuzten, brennenden Kerzen gespendet wird, soll das Jahr über gegen Halskrankheiten helfen. Der Segen Gottes ist eben nicht nur gut für die Seele, sondern für den ganzen Menschen. Zum Halspatron ist Blasius geworden, weil er während seiner Martyrer-Gefangenschaft einem Mithäftling, der drohte, an einer Fischgräte zu ersticken, durch sein Gebet das Leben gerettet hat. Dieses Grätenwunder scheint besonders passend im Hinblick auf anstehende Fischessen am Aschermittwoch und die ganze folgende Fastenzeit bis zum Karfreitag.

Neben den römischen Lupercalien hat Maria Lichtmess noch eine zweite wichtige Wurzel in den keltischen Kulturen. Der 1. Februar war nämlich der Festtag der wichtigsten keltischen Göttin Brigid. In der Nacht vom 1. auf den 2. Februar wurde ihr zu Ehren das Frühlingsfest *Imbolc* gefeiert, das ganz ähnlich wie die Lupercalien ein Hirten- und Herdenfest war. Die *prächtige, leuchtende* Brigid – und ihre süddeutsche Verwandtschaft Perchta – war die Schutzherrin allen Lebens, des Viehs und des Feuers. Christianisiert als heilige *Brigida von Kildare* ist sie bis heute die wichtigste Schutzheilige Irlands. Bis ins Jahr 1220 ist in Kildare ihr zu Ehren sogar ein ewiges Feuer unterhalten worden.

Noch heute wird die heilige Brigid von Kildare mit dem ewigen Feuer der keltischen Brigid dargestellt. Die Wärme dieses *St. Brigidenfeuers* soll ab Februar die Erde von unten wärmen und so für den Frühling sorgen. Denn unübersehbar nimmt jetzt der Tag zu:

An Stephani ein Muckenschritt
zu Neujahr ein Hahnentritt
Dreikönig ein Hirschensprung
Lichtmess eine ganze Stund

– lautet ein alter Merksatz. Mit zunehmendem Licht und steigender Wärme begann nun nach den langen *Feierabenden* endlich wieder das *Tagwerk*.

Sieg des Lichts

Wie finster die Welt vor der Erfindung des elektrischen Lichts einmal war, mag man sich heute kaum noch vorstellen. Nachdem Oskar von Miller 1882 die weltweit erste Fernübertragung elektrischer Energie von Miesbach nach München gelungen war, hielt zu Beginn des 20. Jahrhunderts das elektrische Licht zuerst in den Städten und dann in den Dörfern Mitteleuropas siegreichen Einzug. Von vielen wurde es freudig begrüßt, die wenigen, denen *das Elektrisch*, wie man sagte, unheimlich war, wurden als Ewiggestrige verspottet. Nur manchen, wie etwa dem Münchner Schriftsteller Lion Feuchtwanger, gelang es, das Unbehagen in Worte zu fassen. In seinem 1930 erschienenen Roman „Erfolg" schrieb Feuchtwanger über die Bayern und ihr Land:

Das Wasser ihrer Flüße verwandelte sich in Elektrizität, schlanke Masten der Überlandleitungen schwangen sich, grauglänzend, filigranhaft klar, in die leichte Luft. Ihr schöner, finsterer Walchensee mußte sich verschandeln lassen durch ein großes Werk, das Bogenlampen leuchten machen sollte und Wagen antreiben. Das Gesicht des Landes änderte sich.

Erst allmählich wird deutlich, was in den wenigen Jahrzehnten seither passiert ist: Der Gegensatz zwischen Licht und Dunkel ist verschwunden. Das *Feuer*, die *Feier* und das *Fest* haben ihren uralten Zusammenhang verloren, die Erleuchtung ist der Ausleuchtung gewichen. Längst gibt es abgelegene Berggemeinden in Bayern und Österreich, die sich ihren reichen, nicht durch künstliches Licht beeinträchtigten Sternenhimmel als Welterbe schützen lassen wollen. Nicht nur Astronomen beklagen die *Lichtverschmutzung*, die den Blick hinauf in den Himmel verstellt. Auch Kulturwissenschaftler wittern einen Zusammenhang zwischen dem Verschwinden des Sternenhimmels und der *Materialisierung* der Welt. Die Menschen haben den lichten Himmel durch künstliches Licht verdunkelt. Sie sehen die Sterne nicht mehr und müssen sich mit höchst irdischen *Stars* begnügen.

Ist es ein Wunder, wenn gerade Weihnachten mit seinem uralten Thema des Kampfes zwischen Licht und Dunkel darunter ganz besonders leidet? Orgiastische Exzesse elektrischen Lichts, die weit über die Christbäume hinauswuchern in die Landschaft, lassen einen manchmal angst und bang sein um die Zukunft des Dunkels in der Materialschlacht des Geleucht und Gelichters.

Irgendwo aber wird es immer Orte geben, wo sie noch erfahrbar ist, die lichte Dunkelheit, die heimelige, stille Nacht, die sich, gewappnet nur mit wenigen Kerzenlichtern, gegen die pure Finsternis behauptet. Wo schon eine Kerze sehen hilft und das Todesdunkel überwindet – was wollen da die wohlfeilen Beleuchtungswatt ausrichten, die sich mit lächerlicher Verschwendung anstemmen gegen die kosmische Tiefe der Mittwinternacht?

Es werde Licht, hieß es ganz am Anfang der biblischen Schöpfungsgeschichte. Und es ward Licht. Egal, ob Horus, Prometheus, Lucifer oder andere mythische Lichtträger – sie alle haben es Jesus, dem Christus, letztlich nicht gleichtun können. Denn Weihnachten ist mehr als das Ringen des Lichts mit dem Dunkel; so wie auch das Kind in der Krippe nicht bloß Horus oder Aion ist: ein personifizierter Kosmos, entstanden aus der Vereinigung von Osiris (*pneuma, Geist*) und Isis (*physis, Materie*). Alles das ist nur zu verständlich, allzu menschlich.

Wenn Mythen in jedem Detail verständlich sind, bleiben sie Verstandesgeschichten – ausgedachte Kopfgeburten, die nur um sich selbst kreisen. Aber es gibt überall im Leben ein irrationales Moment, das den Verstand übertrumpft: das Herz. Der Kosmos allein wäre eisig kalt ohne die Wärme eines Gefühls, des Feuers der Liebe,

das, wie die Christen glauben, im Kind in der Krippe historische Realität geworden ist. Aber nicht nur die Christen vertrauen darauf. Alle Menschen hoffen, wissen aber auch in ihrem tiefsten Inneren, dass die allerfinsterste Winternacht nicht das Ende ist. Dass aus ihr neues Licht entsteht, das die Welt erleuchtet.

Irdischer Star: eine Göttin der Mode auf dem Altar des Konsums in der Münchner Maximilianstraße

Portner: *Brandner Kaspar Egidius. Heimgerufen im 70. Lebensjahr. Welchem verziehen durch Gnade. Heimgekehrt im 71. Erwartet von seinen Lieben und von der ganzen himmlischen Gmoa*

Hl. Michael: *Gmoa??*

Hl. Nantwein: *Gemeinde. G m o a.*

Franz von Kobell (1803-1882) / Kurt Wilhelm (1923-2009),
aus: „Die Geschichte vom Brandner Kaspar"

Sisyphos

Wenn es Advent und Weihnachten wird, wenn es auf den uralten Festtag des kürzesten Tags zugeht, mitten in der längsten Nacht, werden der Glaube und die Hoffnung von Jahrtausenden sichtbar: in ehrwürdigen und geheimnisvollen Zeichen und Bildern, die heute Christus meinen und gleichzeitig den Gott anrufen, den die Menschen schon immer gesucht haben.

Freilich: Viele haben diese Suche längst aufgegeben in der Weihnachtszeit des 21. Jahrhunderts. Wichtelparaden und rotbackige Weihnachtsmänner, Konsumfreuden, vorproduzierte Fließbandgefühle – all das kann unterhaltsam sein, geht aber mit Sicherheit auch dem Gutmütigsten und Dickfelligsten irgendwann auf die Nerven. Die Fest- und Feierverweigerer kann man verstehen – und sie werden immer mehr. Es steigen die Zahlen derjenigen, die sich an solchen Tagen, in denen das Feiern quasi gesamtgesellschaftlich erwartet wird, in die Arbeit oder zumindest in den Urlaubsalltag flüchten. Aber was tauschen sie ein und was kriegen sie dafür, wenn sie aus vermeintlich falschen Festen und verlogenen Wundern in die Normalität flüchten? Jeder normale Mensch ist, wie der sagenhafte König Sisyphos aus Korinth, dazu verdammt, den schweren Stein der Alltagsnormalität immer wieder bergauf zu rollen.

Sisyphos hat in der homerischen Antike als der verschlagenste aller Menschen gegolten. Er soll so schlau gewesen sein, dass es ihm sogar gelungen ist, Thanatos, den Tod, zu überlisten – er hat ihn einfach betrunken gemacht und gefesselt, was in der Folge ein ziemliches Durcheinander auf der Welt ausgelöst hat: Der Unterwelt fehlte der Nachschub. Niemand konnte mehr sterben, nicht einmal auf den Schlachtfeldern hat es mehr Tote gegeben. Letzteres brachte besonders den Kriegsgott Ares auf. Ares entfesselte den Tod und entführte Sisyphos ins Totenreich. Vorher aber hatte dieser seiner Frau noch eingeschärft, ja keine Leichenfeiern für ihn abzuhalten. In der Hölle des Hades wiederum ist sehr schnell aufgefallen, dass um den König von Korinth niemand getrauert hat. So konnte Sisyphos unter dem Vorwand, für ein angemessenes Leichenbegängnis zu sorgen, bei Hades

Urlaub nehmen, auf die Welt zurückkehren, in Freuden bei seiner Frau weiterleben, ohne einen Gedanken daran zu verschwenden, in die Unterwelt zurück zu müssen.

Thanatos holte Sisyphos schließlich mit Gewalt und in der Hölle verurteilten ihn Hades und Persephone dazu, einen Felsblock bergan zu rollen, der ihm kurz vor dem Erreichen des Gipfels regelmäßig entgleiten und wieder zu Tal stürzen sollte: Arbeit ohne Ende, ohne die Freude über ein gelungenes Werk – eine Horrorvorstellung für die Antike, denn ...

... ein Leben ohne Festtage ist wie eine weite Reise ohne Einkehr.

So formulierte es der griechische Philosoph Demokrit (460 – 370 v. Chr.). Im 20. Jahrhundert hat man die Sache anders gesehen. Sisyphos ist für den Philosophen und Autor Albert Camus der Prototyp des modernen Menschen. Der Blinde, der im Finstern tappt, in einer Nacht ohne Ende – am Schluss seines berühmt gewordenen *Versuchs über das Absurde* mit dem Titel „Der Mythos des Sisyphos" entwirft Camus noch einmal alte Bilder für große Fragen:

Derart überzeugt vom ganz und gar menschlichen Ursprung alles Menschlichen, ein Blinder, der sehen möchte und weiß, dass die Nacht kein Ende hat, ist er immer unterwegs. Noch rollt der Stein. [...] Dieses Universum, das nun keinen Herrn mehr kennt, kommt ihm weder unfruchtbar noch wertlos vor. Jeder Gran dieses Steins, jedes mineralische Aufblitzen in diesem in Nacht gehüllten Berg ist eine Welt für sich. Der Kampf gegen Gipfel vermag ein Menschenherz auszufüllen. Wir müssen uns Sisyphos als einen glücklichen Menschen vorstellen.

Glücklich vielleicht schon, weil er beschäftigt ist ohne Ende. Aber mit Sicherheit auch einsam. 100 Jahre vor Camus hat sich der bayerische Schriftsteller Franz von Kobell (1803–1882) genau mit diesem Punkt des Sisyphos-Mythos auseinandergesetzt. Er hat sich für sein berühmtestes Werk des Stoffes bedient – aber ganz was anderes daraus gemacht. In seiner bis heute vielfach verfilmten und für die Bühne bearbeiteten „Gschicht vom Brandner Kaspar" ist der Büchsenmacher und Jagdgehilfe Kaspar Brandner vom Tegernsee viel zu beschäftigt, um dem Tod, dem bairischen *Boandlkramer*, Folge zu leisten. Ähnlich wie Sisyphos überlistet er ihn mit Hilfe eines ebenso ausgezeichneten wie hochprozentigen Kerschgeists. Anschließend gibt's aber keinen Ärger in der Hölle, sondern im Himmel, und der Brandner wird nicht zum Sisyphos im Jenseits, sondern im Diesseits: Die zusätzlich ergaunerten Jahre kommen ihn hart an, weil alle, die er einst gekannt hat, wegsterben; der Brandner wird einsam. Und als der Tod ein zweites Mal kommt, willigt er ein, zumindest probeweise ins Paradies zu schauen. Und was für ein Wunder: Da sind bereits alle, mit denen der Brandner im Leben gelacht, gefeiert, gelebt und die er geliebt hat. So bleibt der Brandner zuletzt gern da.

Der Brandner Kaspar ist die christliche Version des Mythos von Sisyphos und die viel tröstlichere: Aus der Unterwelt ist das Paradies geworden – und das ist gar nicht unzugänglich und fern. Wir dürfen hineinschauen, wenn wir feiern, miteinander feiern, das Leben feiern. Das ist die neue Kategorie, die das Christentum einführt: Das traditionelle Opfermahl, das alle alten Religionen gekannt haben, wird umgedeutet in ein gemeinschaftliches Essen und Trinken – ritualisiert zunächst in der Kirche. Am Ende des Rituals aber steht das *Ite missa est!* (wörtlich: *Geht, es ist Aussendung!*; von diesem lateinischen *missa* leitet sich das deutsche Wort *Messe* her). Und die im Wortsinn *Ausgelassenen* feiern draußen weiter. Bei der *Kir-Mess*, beim *Kirchtag*, im Wirtshaus oder im Freien – da wird die rituelle Feier in eine ganz und gar weltliche gewandelt. *What a mess!* – mit Alltagsnormalität hat das gar nichts zu tun. Ob auf einer Wallfahrt, beim Popkonzert oder im Fußballstadion: In der Gemeinschaft ist kein Mensch ganz normal. In der Gemeinschaft darf man das Besondere erwarten. Vielleicht sogar das Wunder.

Die Hoffnung *Non semper hyems* (= *Winter ist nicht immer*) bewegte die Menschen zu allen Zeiten. Für den Drucker Andreas Sommer ein naheliegender, ungeheuer modern anmutender Werbeslogan: Nicht immer Winter heißt eben: *Sommer*; Vignette aus einem Band mit weihnachtlichen Ansingliedern, Straubing 1590.

Anhang

Personen-, Sach- und Ortsregister
Literatur in kleiner Auswahl
Bildnachweis

Personen-, Sach- und Ortsregister

H

L

M

W

Z

Literatur
in kleiner Auswahl

Aiblinger, Simon: Vom echten bayerischen Leben. Bräuche – Feste – Zeitvertreib, München 1975.

Andresen, Carl / Erbse, Hartmut / Gigon, Olof [u.a.]: Lexikon der Alten Welt, Zürich u. München 1990.

Assmann, Jan, Steinzeit und Sternzeit. Altägyptische Zeitkonzepte, München 2011

Ders.: Ägypten. Eine Sinngeschichte, München 1996

Ders.: Religion und kulturelles Gedächtnis. Zehn Studien, München 2018

Blomenhofer, Josef / Huber, Gerald / Pfeilschifter, Georg: Ein Kind geborn. Ingolstädter Krippen aus drei Jahrhunderten, Regensburg 2008.

Camus, Albert: Der Mythos des Sisyphos, Reinbek 2004.

Chesterton, Gilbert Keith, Orthodoxie. Eine Handreichung für die Ungläubigen, mit einem Vorwort von Martin Mosebach, Kißlegg 2011

Ders.: Ketzer. Eine Verteidigung der Orthodoxie gegen ihre Verächter, Frankfurt 1998

Decker, Bernhard: Das Ende des mittelalterlichen Kultbildes und die Plastik Hans Leinbergers, Bamberg 1985

Demuth, Stefan: Das Mythische in der Natur. Die Entstehung der Tier- und Pflanzenarten in der antiken Mythologie, Regensburg 2012.

Eichenseer, Adolf u. Erika: Oberpfälzer Weihnacht. Ein Hausbuch von Kathrein bis Lichtmeß, Regensburg 2000.

Eser, Auguste (Hrsg.): Marie Schandri's berühmtes Regensburger Kochbuch. 2000 Original-Kochrezepte auf Grund vierzigjähriger Erfahrung zunächst für die bürgerliche Küche. Gänzlich umgearbeitet und herausgegeben von Auguste Eser, geb. Coppenrath. Mit Anhang: I. Die vollständige Fastenküche, oder praktische Anleitung zur Zubereitung von Fastenspeisen. II. Die Einmachkunst, Regensburg 1919.

Flasch, Kurt, Der Teufel und seine Engel. Die neue Biographie, München 2015

Gamber, Klaus (Hrsg.): Cantiones Germanicae im Regensburger Obsequiale von 1570. Erste offizielles katholisches Gesangbuch Deutschlands, Regensburg 1983.

Giebel, Marion: Das Geheimnis der Mysterien. Antike Kulte in Griechenland, Rom und Ägypten, Düsseldorf u. Zürich 2003.

Dies.: Kaiser Julian Apostata. Die Wiederkehr der alten Götter, Düsseldorf u. Zürich 2002.

Gockerell, Nina (Hrsg.): Weihnachtszeit. Feste zwischen Advent und Neujahr in Süddeutschland und Österreich 1840-1940, München/London/New York 2000.

Dies. / Jacks, Gisela: Weihnachtliche Bräuche in Hamburg und Norddeutschland, in München und Oberbayern, München 1985.

Görg, Manfred: Mythos, Glaube und Geschichte. Die Bilder des christlichen Credo und ihre Wurzeln im alten Ägypten, Düsseldorf 1992.

Hipp, Hans: Lebzelten. Wachsstöcke. Votivgaben. Handwerk und Brauch, Pfaffenhofen 1982.

Ders.: Votivgaben. Heilung durch den Glauben, Pfaffenhofen 1984.

Irenäus: Geburt in der Höhle. Das Weihnachtsfest in der Überlieferung der Ostkirche, Freiburg 1989.

Kasper, Walter [u.a.]: Lexikon für Theologie und Kirche, München 2017.

Kluge, Friedrich / Seebold, Elmar: Etymologisches Wörterbuch der deutschen Sprache, Berlin u. New York 1999.

Korn, Friedrich: Etymologisch-symbolisch-mythologisches Real-Wörterbuch zum Handgebrauche für Bibelforscher, Archäologen und bildende Künstler; enthaltend die Thier-, Pflanzen-, Farben- und Zahlen-Symbolik; mit Rücksichtnahme auf die symbolische Anwendung mehrerer Städte-, Länder- und Völker-Namen des Alterthums, wie auch auf die symbolische Bedeutung der Feste, gottesdienstlichen Gebräuche und Ceremonialgesetze aller Nationen; auf die symbolische Poesie und Malerei, Bildnerei, Ornamentik und Architectur, auf die Kunstsymbolik und Iconographie des Mittelalters u.a.m., Stuttgart 1845.

Lang, Bernhard: Jesus der Hund. Leben und Lehre eines jüdischen Kynikers, München 2010.

Mariacher, Bruno (Editorische Leitung): Lexikon des Mittelalters. Studienausgabe in 9 Bänden (inkl. Register), München 2003.

Markmiller, Fritz: Der Tag der ist so freudenreich. Advent und Weihnachten, Regensburg 1981.

Markschies, Christoph / Wolf, Hubert (Hrsg.) / Schüler, Barbara (Mitarbeit): Erinnerungsorte des Christentums, München 2010.

Meilinger, W.: Der Hl. Nikolaus und seine Kramperln und Buttenmandln, Berchtesgaden 2015.

Möbius, Friedrich: Wohnung. Tempel. Gotteshaus. Betrachtungen zur Anthropologie religiösen Verhaltens, Regensburg 2008.

Münchner Bildungswerk (Hg.), Klaubauf, Klöpfeln, Kletzenbrot. Der Münchner Adventskalender von Angelika Dreyer und Martina Sepp, München 2012

Norden, Eduard: Die Geburt des Kindes. Geschichte einer religiösen Idee. 3. unveränderter Abdruck d. Auflage v. 1924, Darmstadt 1958.

Paul, Werner, Weihnachtsbräuche in Bayern. Kulturgeschichte des Brauchtums von Advent bis Heilig Drei König, Berchtesgaden 2007

Pfeifer, Michael: Der Weihrauch. Geschichte. Bedeutung. Verwendung, Regensburg 1997.

Plutarch, Über Isis und Osiris, Text, Übersetzung und Kommentar von Theodor Hopfner, I. Teil: Die Sage, II. Teil: Die Deutungen der Sage, Darmstadt 1967

Rattlmüller, Paul Ernst: Auf Weihnachtn zua, München 1976.

Reichholf, Josef H.: Das Rätsel der Menschwerdung. Die Entstehung des Menschen im Wechselspiel der Natur, München 1993.

Ders.: Warum die Menschen sesshaft wurden. Das größte Rätsel unserer Geschichte, Frankfurt/Main 2008.

Scharrer, Werner: St. Nikolaus in Schwaben. Ein Volksheiliger in Kirche, Kunst und Brauchtum, Gessertshausen 1991.

Schweiggert, Alfons: Winter- und Weihnachtsgeister in Bayern. Geheimnisvolle Gestalten und Bräuche von Allerseelen bis Dreikönig, Dachau 1996.

Seebach, Helmut: Alte Feste in der Pfalz. Advent, Weihnachten, Silvester, Dreikönigstag, Mainz 1995.

Ders.: Alte Feste in der Pfalz Bd. 2. Fastnacht, Annweiler-Queichhambach 1997.

Shaw, Garry J., Götter am Nil. Ägyptische Mythologie für Einsteiger, Darmstadt 2015

Stadt Landshut (Hrsg.): Der heilige Gesang zum Gottesdienste in der römisch-katholischen Kirche. Faksimile-Ausgabe nach d. Exemplar d. Niedersächsischen Staats- und Universitätsbibliothek Göttingen, Landshut 2003.

Stille, Eva: Christbaumschmuck des 20. Jahrhunderts: Kunst, Kitsch und Kuriositäten, München 1993.

Voragine, Jacobus de: Legenda aurea – Goldene Legende. Legendae Sanctorum – Legenden der Heiligen, Lateinisch – Deutsch, übersetzt von Bruno W. Häuptli, Freiburg im Breisgau 2014.

Walther, Lutz (Hg.), Antike Mythen und ihre Rezeption. Ein Lexikon, Stuttgart 2009

Weber, Karl Wilhelm: Alltag im Alten Rom. Das Leben in der Stadt, Mannheim 2003.

Weber-Kellermann, Ingeborg: Das Weihnachtsfest. Eine Kultur- und Sozialgeschichte der Weihnachtszeit, Luzern u. Frankfurt/Main 1978.

Werner, Paul / Werner, Richilde: Weihnachtsbräuche in Bayern. Kulturgeschichte des Brauchtums von Advent bis Heilig Dreikönig, Berchtesgaden 1999.

Bildnachweis

Staatsbibliothek Bamberg, Gerald Raab (Foto): 11, 37, 55, 139, 142, 195, 197, 218, 300

Staatliche Antikensammlungen und Glyptothek München: 19

Hans Schertl: 20

Bayerische Staatsbibliothek München: 27, 29, 58, 69, 75, 177, 303

Stefanie Huber: 33, 34, 39, 45,66, 82, 83, 85, 88/89/90, 102, 109, 122, 127, 128, 130–133, 136, 148, 158, 164, 169, 190 oben, 193, 204, 205, 207, 208, 221, 228, 229, 233, 234/235, 244, 247, 253, 255, 274, 289, 291, 297, 298, 305, 307, 309, 311, 312, 317, 325, 330, 336

Verlagsanstalt Tyrolia Ges.m.b.H. Innsbruck/Wien: 43

R. Gogräfe: 50

Berthold Werner (wikipedia): 68

Georg Pfeilschifter: 72, 73, 101, 141, 180, 187, 210, 211, 286

Ruge (wikipedia): 78

Rabax63 (wikipedia): 104

Jastrow (wikipedia) : 107

Plenk-Verlag: 116, 117, 119

Wolfgang Sauber (wikipedia): 137

Ahert (wikipedia): 145

Bayerisches Nationalmuseum München, Walter Haberland (Foto): 146, 147

Staatliches Museum Ägyptischer Kunst München, Marianne Franke (Foto): 174, 176

G.dallorto (wikipedia): 190 unten

Tilman2007 (wikipedia): 216

Stift Admont - Kunsthistorische Sammlung: 222

Heiner Heine/Altoetting-Herz Bayern: 239, 276

Bayerisches Armeemuseum Ingolstadt: 249, 250, 251.

Verein für Brauchtumspflege Erharting e.V.: 266, 267

Universitätsbibliothek Augsburg: 282

Andreas Praefcke (wikipedia): 285

Marie-Lan Nguyen (wikipedia): 290

Stockfoto: 314